KB189310

발심수행장

열강기라는 말은 정열적으로 강의한 것을 기록했다는 말이 아니다.
원효 스님의 저술을 이해하기 쉽게
한 문단 한 문단 나누어서 강의하듯이 썼다고 해서 붙인 이름이다.

元曉思想─修行觀

발심수행장

공파 스님 裂講記

불광출판사

발심수행장의 위치

부처님이 인도에 출현하시자 중국에 노자가 나타나 하늘의 도를 가르치기 시작했다. 부처님이 깨달음을 이루어 인간 혁명의 법륜을 굴리자 중국에 공자가 출생해 인간들에게 지상의 도인 인본 사상을 펼치기 시작했다. 그 후 1세기에 인도에서 마명보살이 태어나 대승불교를 정립할 때, 중동에서는 예수가 태어나 신약 성서를 설하고 있었다. 마명보살의 대승불교는 동쪽인 중국으로 전해졌고, 예수의 신약 성서는 반대쪽인 서양으로 넘어갔다. 그 뒤 600년이 흘러 신라에서는 원효가 태어나 대승불교의 진수라 평하는 **기신론 해동소**를 쓰기 시작했고, 동시에 중동에서는 무함마드가 태어나 하느님의 유일한 사자는 자기뿐이라고 선언하면서 이슬람교를 창시하고 있었다.

역사적으로 보면 우연치고는 정말 기이하리만치 그 시기가 동세대를 오르내린다. 그 결과 마명보살의 대승불교는 동쪽을 맡고 예수의 기독교는 서쪽을 담당하게 되었으며, 그 중간은 무함마드의 가르침이 자리 잡게 되었다. 동쪽에 붉은 해인 불교가 나타나 불로써 어둠을 제거하자 서쪽에는 차가운 달인 기독교가 나타나 물로써 원죄를 씻기 시작했고, 그 중간인 낮과 밤의 공백은 이슬람이 나타나 예언으로 여백을 메웠던 것이다.

마명보살이 정립해 동쪽으로 온 대승불교는 대륙의 끝 지점인 신라에 와서 원효 스님에 의해 완전히 귀결된다. 그것은 바로 원효 스님이 **십문화쟁론**을 지어 백가쟁명으로 정통을 주장하며 고집을 피우던 모든 불교들을 일심으로 귀납시켜주었기 때문이다. **십문화쟁론**에 의해 신라불교는 천년의 세월 동안 무수한 사람들에게 희망과 발원을 제시했고, 그에 걸맞은 아름다운 문화를 만들어냈다.

원효 스님이 이 글을 쓰신 장소는 명확하지 않으나 서라벌 벌판 어느 외진 촌락 아니면 남산 기슭 어디쯤에서였을 것 같다. 시기는 출가하신 지 얼마 되지 않아 초심의 마음을 갖고 그분 나름대로 정진에 가행을 하고 계셨을 때라 사료된다. 그것은 **발심수행장**의 내용이 본인은 물론 타인들에게도 모두 경책하는 경구로 쓰여 있기 때문이다. 보통 이런 경구는 큰 서원을 하는 시작 단계에서 불굴의 의지로 정진해나가겠다는 의연한 결의를 담은 문장이기 때문이다.

원효 스님은 이 **발심수행장**을 시작으로 척박한 인간 세계를 수십 년간의 각고 끝에 기름진 옥토로 만들어놓았다. 때로는 저술가로, 때로는 사상가로, 또 어떤 때는 음악가나 논술가로 활동하시다가 마지막에는 정토왕생을 간곡히 권하는 것으로 그분의 보살행은 끝을 맺는다.

놀랍게도 어떤 사람들은 원효 스님의 **발심수행장**을 에세이로 보기도 한다. 수필은 인간들이 세상을 살아가면서 느끼고 경험한 것들을 형식에 구애됨이 없이 쓴 산문체의 글을 말한다. 하지만 **발심수행장**은 중생을 변혁시키는 경구 모음이다. 인간의 삶을 살아가면서 느낀 것을 적은 것이 아니라, 인간의 삶 자체가 도깨비들 장난 같은 놀음들이니 그 삶으로부터 완전히 벗어나라고 하는 각성의 경고들로 엮였기 때문이다.

발심수행장은 아주 쉽게 쓰인 경구들이다. 원래 모르는 사람들이 간단한 것을 어려운 말로 도배하지만 아는 자는 있는 그대로 쉽게 표현한다. 글은 단순히 의미를 전달해주는 수단이기 때문이다. 그러므로 수단이 복잡하고 난해하면 그 목적을 이룰 수 없다. 부처님이 맨 처음 말씀하신 **아함경**의 문장들만 봐도 매우 간결하게 엮여 있다. 불경에 버금간다는 중국의 **육조단경**도 그 문체가 매끄럽고 간략하기는 마찬가지다.

원효 스님이 쓰신 **발심수행장**은 그분이 남기신 300여 권의 저술 중에서 가장 짧고 쉽게 쓰인 글이지만 불교 수행의 진수인 바라밀을 남김없이 새겨 넣고 있다. 고작 706자밖에 안 되면서도 한 문장 한 대목마다 죄업을 제거하는 각검이 번뜩이고 무명을 걷어내는 등불이 광휘하고 있다.

원효 스님은 이렇게 짧은 글로도 파격적인 내용을 전달해 사람들을 졸도시킬 만큼 글재주를 가지신 분이다. 누구든지 수용하는 자세만 가지면 마치 수만 볼트의 전기에 감전된 것 같은 강한 전율을 느낄 것이다. 그것이 자기의 안일을 각성시켜 생사를 벗어나야겠다는 결연한 의지를 일으키는 획기적인 발심이 되도록 도와줄 것이다.

　　그러니 붉은 심장이 타는 정열, 정상적 사고를 가진 자들은 원효 스님의 말씀에 귀를 기울이고 그분의 막대기 속으로 들어가야 한다. 그러면 산다. 살고 싶은 자들은 이 말씀을 생명줄로 잡고 시시때때로 독송하여 자기를 다잡아야 한다. 그렇게 하면 원효 스님의 자비가 가슴 속에서 세차게 꿈틀거리는 것을 진하게 느낄 수 있을 것이다.

　　부처님 가신 지 2560년 정월원단
　　원효센터에서 공파

목차

불교는 생사의 고리를 끊는 특별한 가르침을 갖고 세상에 나타났다. 생사의 고통이 몸서리치게 싫어질 때 이것으로부터 탈피하고자 하는 방법을 찾게 된다. 그러나 복 없는 범부들은 억겁을 생사로 고통받아 오면서도 생사가 얼마나 심각한지 전혀 실감하지 못하고 있다. 그러므로 중생의 삶이 고통 덩어리라는 것을 전제하지 않으면, 그 사람은 불교의 원초적인 가르침과는 인연이 없다.

세상을 둘러싸고 있는 것이 바다이고 천지에 웅덩이 없는 곳이 없지만 목마른 뱁새 한 마리에게 필요한 물의 양은 풀잎에 떨어지는 낙수 한 방울로 충분하다. 이처럼 우주 천지에 부처님이 계시고 사람 사는 곳마다 사찰이 넘쳐나는 상태로 중생의 고통을 발제하고 있지만 박복한 중생들에게는 그저 사찰이 구경거리일 뿐 그곳에서 조그마한 불법의 이익도 얻어가지 못하고 있다. 가끔가다 금산에서 튕겨 나온 금빛 자갈 하나를 힘들게 줍고서 파안대소하는 비루의 거지들처럼 이 절 저 절 때맞춰 다니면서 금빛 나는 부처님 모습을 쳐다

보는 믿음으로 최고의 이익을 챙기고 있는 정도다. 그것은 그저 자기 기호에 맞는 절을 찾아 중생생활에 필요한 문화생활을 부분적으로 즐기는 것으로 사찰을 이용할 뿐 생사의 뿌리를 뽑아주는 불교의 원대한 가르침에는 아예 관심 자체를 두려고 하지 않기 때문이다. 아니 그보다 관심을 가질 만큼의 역량이 되지 않기 때문에 그렇다고 해야 옳을 것이다.

불교는 아주 놀랍게도 지성인과 부자들의 종교다. 그 가르침이 자신보다도 모두 다 남을 먼저 생각하는 이타의 교리로 설해져 있기 때문이다. 따라서 머리가 똑똑해야 이 가르침을 이해할 수 있고 남을 배려할 정도의 경제적 여유를 갖춰야 이타 사상을 받아들일 수 있다. 불교는 받는 것보다 언제나 베풂을 말한다. 가지는 것보다 주라고 한다. 줄 때 가지는 것이 되고 베풀 때 자기가 행복해진다고 한다. 머리가 둔하고 가진 것이 없는 자가 이런 말을 들을 때 기분이 어떨까. 뭔 개떡 같은 소리냐고 할 것이다. 그래서 불교는, 불교를 받아들일 수 있는 그릇이 된 자들만이 불교의 진수를 알게 된다고 하는 것이다.

불교는 모든 중생이 지성인과 부자가 되기를 바라고 있다. 그래야만이 부처님 말씀이 그 공간에 비집고 들어갈 수 있기 때문이다. 돈이 없는 사람에게 투자를 이야기하면 그 사람들은 웃는다. 배당 확률 100퍼센트를 보장하는 확실한 투자처라고 해도 손을 흔든다. 마찬가지다. 육체적으로 사는 것이 급박해 여유가 없는 사람들에게 깨달음을 이야기하고 복을 지어야 복을 받는다고 하면 그 사람들은 뭐라 할까. 그냥 슬쩍 쳐다보고 돌아서버린다. 불교는 정신적으로나 물질적으로나 안정이 된 사람에게 설해진 교리이기 때문에 무지하고 가난한 자는 언제나 가르침의 언저리로만 맴돌게 되어 있다.

그러면 이 무지하고 가난한 그들을 어떻게 할 것인가. 그냥 내버려둘 것인가. 불교는 이 사람들을 지성인과 부자로 성장시키기 위해 무량한 방법을 팔만장경에 모두 다 설해놓았다. 초등학생을 단계적으로 교육시켜 대학에 들어가도록 국가가 보호하고 성장시키는 것과 같다. 따라서 누구든지 단연코 생사의 고통을 벗어나야겠다는 자들은 이 지침대로 따라가면 불법의 진수를 만날 수 있게 된다. 그러므로 본인 자신이 일단 불법을 받아들여야겠다는 간절한 마음을 갖고 성장해야 한다. 그 성장은 자리와 이타인 지혜와 복덕을 함께 구비하도록 바탕 그릇을 만들어주는 것이다. 반면에 그렇게 성장하고 싶지 않는 자들은 끝까지 불교의 껍데기를 맴돌면서 방황과 기복으로 윤회하는 고통의 삶을 살게 될 것이다.

부처님께서는 **장아함경**에 불교를 받아들이는 데 문제가 되는 일곱 가지 장애들을 자세하게 설명해놓으셨다.

1. 탐욕심이 많은 자, 즉 세상에 집착이 강한 사람.
2. 교만하거나 독립심이 부족한 사람.
3. 인과를 믿지 않거나 반감, 다혈질의 성격.
4. 게으르거나 그 천성이 아둔한 자.
5. 침착하지 못하거나 속 걱정이 많은 사람.

6. 의심을 많이 가지거나 망설이는 성격.

7. 속이 좁거나 말 많은 사람.

이와 함께 어설픈 머리로 불교의 내용을 대충 훑어보고 나름대로의 개똥철학을 주장하는 자들도 정통 불교 속으로 들어가지 못한다. 그들은 스승을 모시지 않고 혼자서 공부하고 혼자서 수행한다고 한다. 불교는 스승의 지도를 받고자 하는 겸손한 마음을 가지고 다가서지 않으면 본질의 핵심을 놓쳐버린다. 그렇기 때문에 불교를 배우는 사람은 반드시 스승을 모셔야 한다. 스승이 없는 사람은 불빛이 없는 촛대를 들고 있는 자와 같다. **화엄경**에서 이르길 어두운 세계에 보물이 많아도 등불이 없으면 보이지 않는다. 그러므로 등불역할을 해줄 스승이 필요하다고 하셨다. 스승이 불을 밝혀 어두운 곳에서 밝은 곳으로 인도해주기 때문이다.

또 어떤 이는 어려워서 못 배우겠다고 엄살을 부린다. 세상에 안 어렵고 가치 있는 것은 없다. 영아 때 엄마 아빠를 부르는 것만큼 어려운 것이 없다. 하지만 생존 본능에 의해 그 어려운 발음을 서서히 익히다가 종내에는 낯선 외국어까지 구사하면서 사회에 적응해간다. 그러므로 어려워서 불교를 못 배우겠다고 손사래를 치는 것은 스스로 의지박약을 선포하는 행위이며, 내가 나를 포기해버린다는 뜻이다. 왜냐하면 불교는 자신을 살리기 위한 가르침이기 때문이다. 자신을 살리는 가르침을 배우기 싫다는 것은 결국 내 자신을 살려내기 싫다는 뜻이기 때문이다.

우여곡절 끝에 범부가 다행히 참다운 스승을 만나 자력으로 생사를 벗어나고자 한다면 필연적으로 세 가지 발심의 과정을 밟게 된다. 첫 번째 발심은 믿음을 성취시키기 위한 신성취발심이고, 그 다음은 알고 수행하는 해행발심이며, 마지막에는 깨달아 올라가는 증발심이다.

복덕이 없는 보통 범부는 처음부터 깨달음으로 이끄는 참다운 선지식을 만날 수 없다. 그저 어떻게 하면 복을 많이 받을 수 있는가, 그 방법을 제시하는 기복불교의 스님을 만난다. 거기서 조금 더 나아가면 이제 복을 받는 쪽에서 복을 만드는 쪽의 스승을 만난다. 그 스승에 의해 처음으로 5바라밀의 신행을 일으킨다. 이 신행이 거듭될수록 머리가 맑아지고 복덕이 쌓여간다. 그렇게 나아가면 앞에서 말한 지성인과 부자의 단계로 성장한다. 그러면 첫 번째 발심인 신성취발심이 일어나는 토대가 만들어지는 것이다.

그렇다면 도대체 어떻게 복을 지을 것인가. 그것은 바로 다섯 가지 수행을 하면 된다. 즉 보시, 지계, 인욕, 정진에 이어 지관이다. 지관은 선정과 지혜를 하나로 묶어서 말한다. 선정은 참선이라고 말하지만 지혜가 무엇인지 아는 사람은 매우 드물다. 소승의 수행자는 4제법을 닦고 연각은 12인연법을 닦으며 대승 수행자는 반드시 6바라밀을 닦아야 하는데, 6바라밀 중에서 가장 핵심이 되는 지혜를 구체적으로 아는 사람은 정말로 찾아보기가 어렵다. 그만큼 대승의 불교 신도들은 복을 짓는 바라밀에 크게 관심을 두고 있지 않다는 뜻이다. 그러다 보니 참선을 권장하는 곳에서 지혜를 같이 수행하도록 가르쳐주지 않는다.

　범부는 수레의 두 바퀴처럼 참선과 지혜를 같이 닦아야 수행이 앞으로 나아갈 수 있다. 참선 하나만 닦으면 한쪽 바퀴만 있는 수레처럼 제자리에서 뱅뱅 돌게만 되지 결코 앞으로 진취되지 못한다. 지혜를 같이 닦지 않는 참선 수행자들이 평생을 수행해도 제자리에 맴도는 이유가 여기에 있다.

　발심수행장은 일단 다섯 가지 바라밀을 닦도록 간절하게 훈육하고 있다. 이 다섯 가지를 닦아야 그 복으로 네 가지 믿는 마음이 견고해진다. 그래야 첫 번째 발심인 믿음을 성취시키고자 하는 마음이 일어날 수 있다. 그러므로 **발심수행장**이라는 말은 네 가지 믿는 마음을 일으키기 위해 다섯 가지 수행을 닦도록 권하는 글이라는 뜻이다. 이 네 가지 믿음은 뒤에서 마땅히 설할 것이다.

❖

The Dhamma is the best gift for human beings
in this life and next as well.

부처님의 말씀은 금생과 내생에
최고의 선물이다.

❖

The Three Refuge

I take refuge in the Buddha
I take refuge in the Dhamma
I take refuge in the Sangha

부처님께 귀의합니다.
부처님 말씀에 귀의합니다.
부처님 말씀을 따르는 수행자들께 귀의합니다.

發心修行章 (원문)

海東沙門 元曉 述

夫諸佛諸佛莊嚴寂滅宮於多劫海捨欲苦行

衆生衆生輪廻火宅門於無量世貪慾不捨

無防天堂小往至者三毒煩惱爲自家財

無誘惡道多往入者四蛇五欲爲妄心寶

人誰不欲歸山修道而爲不進愛欲所纏

然而不歸山藪修心隨自身力不捨善行

自樂能捨信敬如聖難行能行尊重如佛

慳貪於物是魔眷屬慈悲布施是法王子

高嶽峨巖智人所居碧松深谷行者所棲

飢餐木果慰其飢腸渴飮流水息其渴情

喫甘愛養此身定壞着柔守護命必有終

助響巖穴爲念佛堂哀鳴鴨鳥爲歡心友

拜膝如氷無戀火心餓腸如切無求食念

忽至百年云何不學一生幾何不修放逸

離心中愛是名沙門不戀世俗是名出家

行者羅網狗皮象皮道人戀懷蜣入鼠宮

雖有才智居邑家者諸佛是人生悲憂心

設無道行住山室者衆聖是人生歡喜心

18

雖有才學無戒行者如寶所導而不起行

雖有勤行無智慧者欲往東方而向西行

有智人所行蒸米作飯無智人所行蒸沙作飯

共知喫食而慰飢腸不知學法而改癡心

行智具備如車二輪自利利他如鳥兩翼

得粥祝願不解其意亦不檀越應羞恥乎

得食唱唄不達其趣亦不賢聖應慙愧乎

人惡尾蟲不辨淨穢聖憎沙門不辨淨穢

棄世間喧乘空天上戒爲善梯是故破戒爲他福田如折翼鳥負龜翔空

自罪未脫他罪不贖然豈無戒行受他供給無行空身養無利益

無常浮命愛惜不保望龍象德能忍長苦期獅子座永背欲樂

行者心淨諸天共讚道人戀色善神捨離四大忽散不保久住

今日夕矣頗行朝哉世樂後苦何貪着哉一忍長樂何不修哉

道人貪是行者羞恥出家富是君子所笑

遮言不盡貪着不已第二無盡不斷愛着此事無限世事不捨

彼謨無際絕心不起今日不盡造惡日多明日無盡作善日少

今年不盡無限煩惱來年無盡不進菩提

時時移移速經日夜日日移移速經月晦月月移移忽來年至

年年移移暫到死門破車不行老人不修臥生懈怠坐起亂識

幾生不修虛過日夜幾活空身一生不修

身必有終後身何乎莫速急乎莫速急乎

(終)

發心修行章 (독송용)

夫 諸佛諸佛이 莊嚴寂滅宮은 於多劫海에 捨欲苦行이요

衆生衆生이 輪廻火宅門은 於無量世에 貪慾不捨니라.

無防天堂에 少往至者는 三毒煩惱로 爲自家財요

無誘惡道에 多往入者는 四蛇五欲으로 爲妄心寶니라.

人誰不欲歸山修道리요마는 而爲不進은 愛欲所纏이니라.

然而不歸山藪修心이나 隨自身力하여 不捨善行이어다.

自樂을 能捨하면 信敬如聖이요 難行을 能行하면 尊重如佛이니라.

慳貪於物은 是魔眷屬이요 慈悲布施는 是法王子니라.

高嶽峨巖은 智人所居요 碧松深谷은 行者所棲니라.

飢餐木果하여 慰其飢腸하고 渴飮流水하여 息其渴情이니라.

喫甘愛養하여도 此身은 定壞요 着柔守護하여도 命必有終이니라.

助響巖穴로 爲念佛堂하고 哀鳴鴨鳥로 爲歡心友니라.

拜膝이 如氷이라도 無戀火心하며 餓腸이 如切이라도

無求食念이니라.

忽至百年이어늘 云何不學하며 一生이 幾何관대 不修放逸하는고.

離心中愛왈 是名沙門이요 不戀世俗왈 是名出家니라.

行者羅網은 狗皮象皮요 道人戀懷는 蝟入鼠宮이니라.

20

雖有才智나 居邑家者는 諸佛이 是人에 生悲憂心하시고

設無道行이나 住山室者는 衆聖이 是人에 生歡喜心하나니라.

雖有才學이나 無戒行者는 如寶所導而不起行이요 雖有勤行이나

無智慧者는 欲往東方而向 西行이니라.

有智人의 所行은 蒸米作飯이요 無智人의 所行은 蒸沙作飯이니라.

共知喫食 而慰飢腸하되 不知學法 而改癡心이니라.

行智具備는 如車二輪이요 自利利他는 如鳥兩翼이니라.

得粥祝願하되 不解其意하면 亦不檀越에 應羞恥乎며

得食唱唄하되 不達其趣하면 亦不賢聖에 應慚愧乎아.

人惡尾蟲이 不辨淨穢이듯이 聖憎沙門이 不辨淨穢이니라.

棄世間喧하고 乘空天上은 戒爲善梯니 是故로 破戒하고

爲他福田은 如折翼鳥가 負龜翔空이라.

自罪를 未脫하면 他罪를 不贖이니라.

然인데 豈無戒行하고 受他供給이리요.

無行空身은 養無利益이요 無常浮命은 愛惜不保니라.

望龍象德하여 能忍長苦하고 期獅子座하여 永背欲樂이니라.

行者心淨하면 諸天이 共讚하고 道人이 戀色하면 善神이

捨離하나니라.

四大忽散이라 不保久住니 今日夕矣라 頗行朝哉인저.

世樂이 後苦어늘 何貪着哉며 一忍이 長樂이어늘 何不修哉리요.

道人貪은 是行者羞恥요 出家富는 是君子所笑니라.

遮言이 不盡어늘 貪着不已하며 第二無盡이어늘 不斷愛着하며

此事無限이어늘 世事不捨하며 彼謨無際어늘 絶心不起로다.

今日不盡이어늘 造惡日多하며 明日無盡이어늘 作善日少하며

今年不盡이어늘 無限煩惱하며 來年無盡이어늘 不進菩提로다.

時時移移하여 速經日夜하며 日日移移하여 速經月晦하며

月月移移하여 忽來年至하며 年年移移하여 暫到死門하나니

破車不行이요 老人不修라. 臥生懈怠하고 坐起亂識이니라.

幾生不修어늘 虛過日夜하며 幾活空身이어늘 一生不修오.

身必有終이리니 後身은 何乎아 莫速急乎며 莫速急乎인저.

(終)

발
심
수
행
장

夫 諸佛諸佛 莊嚴寂滅宮 於多劫海 捨欲苦行
衆生衆生 輪廻火宅門 於無量世 貪慾不捨

모든 부처님들이 적멸궁에서 장엄한 삶을 사시는 것은
수많은 세월 동안 탐욕을 버리고자 고행을 하신 결과이고

일체중생들이 화택문에 윤회하는 것은
무량한 세월 동안 탐욕을 버리지 않은 결과이다.

왜 부처이며 왜 중생인가

01

—

발심수행장은 夫 자로부터 시작된다. 이 글자의 모양은 하늘 天 위에 점 하나가 솟아나 있는 형태다. 남존여비 시대에 남편은 하늘보다 더 높다는 뜻으로 이런 글을 만들어놓았다. 그래서 짓궂게 남편을 出頭天이라고 빗대어 부르기도 한다.

작가의 성향에 따라 글을 시작할 때 어조사로 夫 자를 사용하는 경우가 있다. 이 夫 자에서 **발심수행장**이라는 제목을 걸어놓고 다음 내용을 어떻게 전개해나갈까 고심했을 원효 스님의 머뭇거림이 언뜻 느껴진다. 짐작컨대 붓을 들고 책상 위에 펼쳐진 두루마리 종이를 한참 동안 내려다보고 계셨을 것 같다. 어떻게 하면 말세 중생들이 발심을 해서 수행하도록 할까 하는 노파심을 안고서 말이다. 1,400년이 지난 시점이지만 그 자애 어린 고심이 고마워서 저절로 머리가 수그러진다.

원문의 제불제불은 시방삼세의 모든 부처님을 말한다. 앞의 제불은 시간적으로 과거·현재·미래의 일체 부처님을 뜻하고, 뒤의 제불은 공간적으로 시방천지의 모든 부처님을 말한다. 물론 아래 문장인 중생중생도 같은 뜻이다.

부처님은 적멸궁에서 장엄된 삶을 살고 계시다. 적멸은 열반의 번역어이다. 열반이라 할 때 열은 불생이라는 뜻이고, 멸은 불멸이라는 뜻을 가지고 있다. 즉 모든 번뇌와 죄업이 사라진 자리를 적멸이라고 하는 것이다. 궁은 완성된 자리다. 거기에는 안락과 풍요가 있다. 그러므로 삶이 자유롭고 넉넉하다. 원하는 것은 모두 다 갖추어져 있다. 중생에게 보물이 최고라면 그 온갖 보물로 끝없이 치장되어 있다. 그래서 절대 값의 상징으로 보물을 넣어 열반의 세계를 적멸보궁이라 부른다.

반대로 중생은 화택문에서 윤회하고 있다. 화택은 불붙은 집이라는 뜻이다. 부처님은 중생세계를 화택으로 보셨다. 생사가 촌각에 달린 급박한 상황이라는 경고이다. 이곳에서는 어설픈 머리를 굴리며 허세를 부릴 시간적인 여유가 없다. 한마디로 말해서 육도중생의 삶이 가장 긴급한 상황에 처해진 상태라는 것이다. 현명한 부모는 어떻게든 가족들의 손을 잡고 이 불타는 집에서 빨리 뛰쳐나가고자 한다. 하지만 어리석은 부모는 이곳에다 터를 잡고 대대손손 자손을 번창시키며 안주하고자 한다. 지금 여러분은 이 두 부류 중에 어느 쪽을 택하고 있는가.

수많은 사람들이 후자를 택했다. 그 결과로 어리석은 후손은 모두 다 화장장에서 타 죽어야 하는 참혹한 고통을 당하고 있다. 고통 중에서 가장 큰 고통이 바로 화마의 고통이다. 하지만 그들은 그것을 미리 알지 못한다. 사육되는 가축들도 도축장에 들어가기 전까지는 그저 평화로운 삶을 사는 것처럼, 그들도 뜨거운 불이 전신을 휘감기 전에는 자신의 삶이 화택 속에 있다는 것을 절대로 미리 예감할 수가 없다.

법화경에서는 중생을 화택 속의 어린아이와도 같다고 말씀하신다. 집에 불이 났을 때 장난감을 많이 가진 어린이일수록 바깥으로 탈출할 확률이 적다. 자기가 갖고 있는 장난감에 대한 애착이 강하기 때문이다. 반대로 가진 것이 없는 아이들은 미련 없이 뛰쳐나갈 수 있다. 여기에서 장난감이라고 하는 것은 부귀와 명예 등의 오욕을 말한다. 탈출의 조건은 이 오욕을 많이 갖고 있는 것과 그렇지 않는 것에 달려 있다. 화마가 덮치면 어리석은 범부는 온갖 잡동사니를 껴안고 온몸으로 화마에 맞서지만 지혜로운 자들은 맨몸 하나 가지고 바로 뛰쳐나온다. 결과는 한 사람은 살고 한 사람은 죽게 되는 것이다.

안 가진 자가 아니고 못 가진 자들 중에서 지혜가 없는 바보들은 다른 각도로 집착한다. 중생의 내면에 탐욕이라는 것이 존재하는 한 가지고 못 가지고는 수치일 뿐이지 기본적인 욕망은 똑같다. 아니 많이 가진 자일수록 내려놓을 확률이 사실 더 크다. 가지지 못한 자일수록 더 큰 애착을 품고 있기 때문에 혹시라도 가진 자가 놓고 간

것을 주울 수 있지 않을까 해서 결코 먼저 나가지 않는다. 그래서 없는 자일수록 이 세상에 더 무섭게 도전한다.

이는 꼭 해질녘에 정상으로 올라가는 등산 무리들처럼 저돌적이다. 그들은 뒤를 돌아볼 시간이 없다. 오로지 한 곳만을 향해 무리 지어 이를 악물고 올라간다. 앞에서는 어서 오라 당기고 뒤에서는 빨리 가자 쫓으며 위로만 올라간다. 이들은 마치 죽음의 세계로 나아가는 인간들과 같다. 한번 삶에 발동이 걸리면 뒤돌아볼 여유가 없다. 정신없이 앞으로만 돌진한다. 죽기 전에 뭔가를 해야 하는 사람들처럼 시간에 쫓기고 삶에 쫓기며 앞으로만 나아간다. 무상이 그들을 잡아당기고, 뒤에서는 자식들이 그들을 뒤쫓는 형국이다.

그들은 모른다. 자신들이 죽음의 행렬에 올라선 슬픈 군상들이라는 사실을 삶이 바빠서 알아차리지 못한다. 죽을 때가 되어 임종의 침대에 누워봐야 정말 허무하도록 바쁘게 쫓아왔구나 하는 것을 느낀다. 하지만 그때는 이미 늦었다. 중간에서 이 길이 맞나 아닌가 확인하기 위해서 뒤를 돌아봐야 하는데 그럴 여유가 없었다. 오로지 앞만 보고 쫓아가다 보니 이제 눈앞에 백 척이나 되는 지옥 낭떠러지가 있다. 안 뛰어내리고 싶어도 자기들처럼 뒤도 돌아보지 않고 밀어붙이는 후손들 때문에 어쩔 수 없이 차례로 뛰어내려야 한다.

출근 시간에만 러시아워가 있는 것이 아니다. 무리 지어 나아가는 어리석은 범부의 삶 자체가 이미 죽기 위해 버둥거리는 러시아워 속 가엾은 생명들이다. 병목현상을 일으키면서 화장장을 향해 나아가는 인생 자체가 이미 좁은 구역으로 진입하고 있는 것이기에 살면 살수록 더 어렵고 더 힘이 드는 것이다.

하지만 여기에 문이 있다. 문이 있다는 것은 들락거릴 수 있는 방법이 있다는 말이다. 들어갔으니까 나올 수도 있다는 뜻이다. 죽음의 문이 아니라 살 수 있는 문도 있다는 것이다. 원효 스님은 宮자의 반대 개념으로 門 자를 넣어 중생이 화택에서 탈출할 수 있는 길을 터주고자 하신 것이다.

❖

나무 위의 원숭이를 잡는 것은 정말 어려운 일이다. 하지만 방법을 알면 의외로 간단하다고 한다. 빈 코코넛 껍질에 조그마한 구멍을 뚫고 견과류를 잔뜩 넣어두면 원숭이가 냄새를 맡고 와 그 안으로 손을 집어넣는다. 한 개씩 끄집어내 먹다가 사람이 오면 소유욕이 생겨 한 움큼의 견과류를 집고 달아나려 한다. 하지만 그 한 움큼 때문에 손이 빠지질 않는다. 그것을 놓으면 살고 놓지 못하면 잡힌다. 원숭이는 움켜쥔 먹이가 아까워서 죽어도 손을 펴지 않는다고 한다.

이와 같이 중생들의 해탈과 윤회는 탐욕을 얼마나 굳게 가지느냐, 아니면 그것을 얼마나 헐겁게 버리느냐에 달려 있다. 탐욕은 탐착과 애욕의 결합어이다. 이것은 중생의 마음에 깊숙이 뿌리박혀 있기 때문에 쉽사리 버려지지 않는다. 그러므로 이것을 버렸다고 말하는 사람을 조심해야 한다. 그들의 가슴에는 탐욕이라는 날카로운 비수가 그대로 숨겨져 있다. 상황이 여의치 않을 때는 사자의 발톱처럼 잠복하고 있다가 기회가 오면 맹렬하게 공격해올 것이기 때문이다. **아함경** 말씀이다.

> 탐욕 때문에 고뇌가 일어난다.
> 탐욕 때문에 두려움이 일어난다.
> 탐욕으로부터 벗어난 사람,
> 그 사람은 고뇌로 인한 슬픔이 없다.
> 하물며 두려움이겠는가.

범부는 탐욕으로 인해 고통받지만 그렇다고 해서 버릴 수도 없다. 그것은 그 어떤 마음의 기교나 작의로도 가능하지 않다. 탐욕을 버리면 소승에서는 아라한과를 얻고 대승에서는 10주에 오른다. 즉 **반야심경**을 깨닫는 정도의 지위에 오른다. 그러면 중생세계에서 당해야 하는 거친 고통과 액난으로부터 벗어날 뿐만 아니라 하늘을 날고 물속을 유영한다. 따라서 범부가 탐욕을 버린다는 것은 불가능하다.

탐욕은 버리는 것이 아니라 버려지는 것이다. 부처님은 다겁 동안 수많은 고통의 수행을 하셨기에 탐욕이 버려진 것이고, 그만큼의 세월 동안 중생은 탐욕을 버리지 않으려고 끈질기게 악을 쓰면서 여기까지 버텨온 것이다. 그 결과 한쪽은 부처가 되어 적멸궁에서 장엄한 삶을 살 수 있게 되었고, 또 한쪽은 중생이 되어 화택문에서 고통스런 삶을 살고 있는 것이다.

이제 선택은 주어졌다. 화택의 문을 열고 나와 자유를 얻을 것인가. 아니면 화택 속에서 고통의 절규를 끝없이 내지를 것인가. 지혜와 복덕이 조금이라도 있는 자들은 여기서 엄청나게 큰 인생의 변화를 맞이하게 될 것이다. 선택은 본인의 몫이다.

❖

여기서 원효성사는 부처는 부처가 되기 위해 노력하셨고, 중생은 중생이 되기 위해 노력하였기 때문에 그 결과가 반대로 나타난 것이라고 말씀하시고 있다. 그러므로 둘 중 어느 곳이 좋은지 하나는 택해야 한다. 선택권은 본인이 가지고 있다. 지금까지는 중생이 좋다고 생각하여 중생 쪽을 택해왔고, 그 결과로 고통을 뼈저리게 느끼고 있다. 이제 부처의 세계도 알았으니 선택의 길이 하나 더 주어지게 된 셈이다.

無防天堂 小往至者 三毒煩惱 爲自家財
無誘惡道 多往入者 四蛇五欲 爲妄心寶

아무도 막는 자가 없는데도 천당에 적게 들어가는 이유는
중생들이 삼독과 번뇌를 자신의 재물로 삼고 있기 때문이고

아무도 유혹하는 자가 없는데도 악도에 많이 들어가는 이유는
네 가지 독사 같은 마음과 다섯 가지 욕망을
망령된 마음의 보물로 삼고 있기 때문이다.

천당과 지옥으로 가는 자

02

중생은 여섯 세계를 윤회한다. 그중에서 천상과 인간, 수라의 세계는 그나마 좀 나은 곳이다. 그래서 이 세 곳을 선도라고 한다. 그 밑에 축생과 아귀, 지옥은 고통의 세계이다. 이 세 곳을 악도라고 한다. 세계에 道 자가 붙어 있는 이유는 영원히 그 자리에 머물러 있는 것이 아니라 과정에 잠시 있다는 뜻이다.

어느 누군들 선도의 세계가 싫어서 악도의 세계에 태어나 온갖 고통을 당하고자 하겠는가. 모두 다 전생에 자기가 지은 복의 경중에 의하여 현재의 운명이 갈라져 있을 뿐이다. 수평의 세계인 인간 속에서도 돈이 있는 사람이면 서울로 갈 것이고 돈이 없으면 벽촌의 오지로 가게 되듯이, 정신적으로 복이 있으면 좋은 세상에 태어나고 복이 없으면 좋지 않는 세계에 태어나게 되는 것이다. 돈이 없으면 좋은 도시에 나가 살라고 해도 못 사는 것이고 복이 없으면 안 태어나고 싶어도 빈민촌의 판잣집에 태어날 수밖에 없다. 돈은 물질이기 때문에 누가 줄 수도 있지만 복은 형체가 없기 때문에 누가 어떻

게 도와줄 수가 없다. 그러므로 자신이 살려고 하면 어떻게든 본인
이 직접 복을 지어야 한다. 법회 시간에 즐겨 부르는 노래가 있다.

By ourselves is evil done.
By ourselves we pain endure.
By ourselves we cease from wrong.
By ourselves become we pure.

우리가 죄악을 지었습니다.
그래서 고통을 견디고 있습니다.
우리가 죄악을 그만둘 수 있습니다.
우리 자신이 깨끗해질 수 있습니다.

No one saves us but ourselves.
No one can and no one may.
We ourselves must walk the path.
Buddha merely show the way.

우리 자신 외에는 누구도 우리를 구원할 수 없습니다.
누구도 할 수 없고 누구도 가능하지 않습니다.
우리 자신이 직접 열반의 세계로 가는 것입니다.
부처님은 오로지 그 길만을 가르쳐주셨습니다.

선종의 사람들은 마음속에 이 여섯 세계인 육도가 있다고 한다. 맞는 말씀이다. 마음을 떠난 바깥에는 그 어떤 세상도 존재하지 않는다. 하지만 그렇게만 정의하면 큰 난센스다. 눈앞에 축생과 인간의 세계가 엄연히 존재하는데, 어떻게 천상과 나머지 세계가 이 우주 공간에 실재하지 않겠는가.

불교에서 말하는 천당은 좁은 문으로 들어가는 곳이 아니다. 비밀리에 감춰진 세계가 아니다. 범부 누구에게나 훤하게 열려 있으며 들어가는 문 또한 크고 넓다. 천상의 세계에는 이민국의 심사대가 있지 않고 까다로운 입국 조건도 없다. 그곳을 지키는 보초병이나 수용 인원의 커트라인도 없다. 들어갈 조건만 갖추면 언제든지 들어갈 수 있는 곳이 천상의 세계이다. 그런데도 그 세계에 들어가는 자는 정말 희소하다.

보통 하늘이라 하는 곳은 우리 머리 위로 28천이 중첩되어 있는데, 그중 이 세상과 가장 가까우면서도 가장 수준 낮은 하늘이 사왕천이다. 가장 낮다고는 하지만 우리와는 등차가 엄청나다. 사왕천에서 가장 못생긴 사람이 지상에 내려오면 미스월드가 되고, 가장 가난뱅이가 내려오면 빌게이츠 같은 부자가 된다. 반대로 우리 밑에는 축생의 세계가 있다. 인간들에게 밝혀진 것만 해도 수백만 종의 축생이 하나의 세계를 이루고 있다. 그 축생에서 어찌어찌 천우신조의 기회를 얻어 인간 세상에 겨우겨우 올라오면 월드추녀가 되고, 두뇌가 가장 뒤떨어지는 월드바보가 된다. 이러한 현실 속에서 우리는 인간의 위치에 있다. 이 위치는 곧 바뀔 것이다. 그래서 道 자가 쓰였다.

인간의 마음속에는 자신을 죽이는 세 가지 독이 들어 있다. 이것을 삼독이라고 하는데, 이것은 맛도 빛깔도 냄새도 없다. 그러면서도 아주 맹독이다. 농약 중에서 가장 독한 것이 파라티온이고 동물에게 가장 무서운 독이 청산 가루다. 그렇지만 삼독과 비교하면 정말 아무것도 아니다. 이 세 가지 독은 중생을 영원히 죽게 만든다. 잠시 사는 것처럼 형체가 보이다가 이내 죽음에 이르게 한다. 이것은 인간의 의술로는 제거하거나 치유할 수 없다. 탐욕, 신경질, 어리석음. 이 세 가지 독이 인간의 삶을 지탱하는 골조이다.

범부는 삼독을 몸에 축적하고 태어나기 때문에 독성의 해악으로부터 벗어날 수 없다. 이 독성은 수많은 번뇌를 야기한다. 번뇌라는 말은 태울 번 자에다 두뇌 뇌 자이다. 두뇌가 탄다는 뜻이다. 머리가 터질 듯한 아픔의 인생이 연속되는 것은 이 세 가지 독이 마음 바탕이 되어 있기 때문이다. 이런 조악하고 거친 삶은 결과적으로 천상의 세계를 떠나 그 반대인 지옥에 들어가게 만든다.

네 가지 독사 같은 마음이라는 것은 아상, 인상, 중생상, 수자상을 말한다. 아상은 내가 존재한다고 믿는 것이고, 인상은 내가 사람이라는 사실을 인지하는 것이다. 그리고 중생상은 모든 중생들이 실제로 있다고 생각하는 것이다. 또 수자상은 그런 중생들이 단기적으로 생명을 갖고 움직이다가 죽는다고 여기는 것이다.

사실 이 네 가지는 본질적으로 실체가 없다. 구름과 그림자가 분명히 있지만 실체가 없듯이, 어떤 것에 의해 나타나는 허상일 뿐이다. 우리도 마찬가지다. 우리는 실체가 없다. 우리는 드라마 속의 배우와도 같고 꿈속의 도깨비와도 같다. 그런데도 위에서 말한 네 가지를 실체 있는 모습들이라 여긴다면, 그는 이미 대승의 수행자가 아니라고 **금강경**에서는 말씀하시고 있다.

눈앞에 보이는 세상은
꿈 같고 도깨비 같고 물거품 같고 그림자 같다.
또 이슬과 같고 번갯불과도 같다.
수행자는 세상을 이렇게 직관하라.

대반야경에서는 좀 더 자세하게 설명하시고 있다.

수행자들이여. 자신과 세상을 정확히 직관하라.
세상은 마치

1. 幻　　낮도깨비처럼 실체가 없다.
2. 夢　　꿈속과도 같이 진실성이 없다.
3. 響　　메아리처럼 공허하다.
4. 像　　거울 속의 영상과 같아 허상이다.
5. 陽焰　아지랑이처럼 실존성이 없다.
6. 光影　그림자처럼 실체가 아니다.
7. 變化　변화무상하여 항상함이 없다.

8. 尋香城 신기루처럼 허상이다.

오욕은 재물과 이성, 미식과 명예, 그리고 포근한 잠자리를 원하는 욕망이다. 이 다섯 가지를 가지고자 범부는 평생을 노력한다. 하지만 이 다섯 가지는 몸을 윤택하게 하는 대신 마음을 피폐하게 만든다. 한정된 몸이 즐기는 부피만큼 마음은 먼지처럼 그 죄과를 덮어쓰게 되기 때문이다.

오욕에 대한 재미있는 경구가 하나 있다. 깊은 의미가 있어서 현대어로 각색하여 법회 때마다 함께 독송한다.

사나운 코끼리에게 쫓기는 외로운 나그네가 척박한 광야를 혼자서 뛰어갑니다. 어디 피할 곳이 없나 하고 두리번거리던 중 두 가닥의 칡넝쿨이 늘어진 빈 우물 하나를 발견합니다. 나그네는 칡넝쿨을 잡고 급히 우물 속으로 들어가 가쁜 숨을 고릅니다. 겨우 정신을 차리고 밖을 올려다보니 사나운 코끼리가 아직도 무섭게 내려다보고 있습니다. 바닥에는 독룡이 입을 벌려 나그네가 떨어지기를 기다리고 있고, 사방 벽에는 뱀들이 똬리를 틀고 앉아 나그네의 발이 닿지 못하게 하고 있습니다. 이때 검은 쥐와 흰쥐가 나타나서 생명줄인 칡넝쿨을 갉아먹기 시작합니다.

죽음이 촌각에 달려 있어 생명이 끊어질 판국인데, 뜻밖에 이 죽음의 공포를 순간적으로 없애주는 아주 희한한 일이 벌어집니다. 그것은 칡넝쿨에 매달려 있는 벌집에서 꿀이 한 방울씩 떨어져 나그네의 입으로 들어가는 것입니다. 달콤한 꿀맛에 취해 나그네는 그만 자기가 처한 긴박한 상황을 잊어버리고 다음 꿀 한 방울이 떨어지기만을 간절히 바라는 지경에 직면한 것입니다. 여기서 이 나그네가 시시각각으로 다가오는 죽음의 긴급한 상황을 직시하고 살아 나갈 방법은 무엇일까요?

척박한 광야는 인생입니다. 외로운 나그네는 우리들이고, 사나운 코끼리는 무상입니다. 무상이 우리를 뒤쫓아 오면서 죽음의 덫을 던집니다. 도망가지 못하면 죽습니다. 칡넝쿨은 주어진 시간 속에 살아가는 우리들의 생명입니다. 빈 우물은 누군가 전생에 둥지를 틀고 살다가 떠나버린 허망한 가정입니다. 독룡은 지옥입니다. 사방의 뱀들은 사계절을 뜻하고 검은 쥐와 흰쥐는 밤낮을 말합니다. 달콤한 꿀은 세속의 오욕락을 말합니다.

우리는 이러한 인생의 악조건 속에서 어떻게든 살아남으려고 발버둥 치면서도, 한 번씩 다가오는 오욕락의 쾌락에 빠져 다급한 상황을 망각하고 있습니다. 여기서 우리가 무사히 살아 나갈 방법은 무엇일까요? 깊이 한번 생각해보도록 합시다.

여기서 빠져나갈 방법을 아는 자는 이미 범부가 아니다. 범부는 모두 다 이런 기가 막히는 상황에 처해 있지만 스스로 자각하지 못하고 있다. 러시아의 대문호 톨스토이는 참회록에서 이 말씀을 인용했다. 거기서는 나뭇가지에 매달려 있는 인간이라고 표현했다. 하지만 중요한 포인트는, 거기서나 여기서나 인간사가 더없이 가련한 처지라는 것을 정확히 짚어주고 있다는 것이다.

　　무상의 맹수를 잠시 피할 수 있는 자리는 우물이다. 이 우물은 가정이라는 안전처이다. 이 속으로 들어가면 무상이 보이지 않는다. 식구들을 먹여 살리기 위해 워커홀릭으로 정신없이 동분서주하다 보면 무상한 세월이 언제 흘러갔는지 모른다. 그러다 어느 날 정신을 차리고 보면 어느새 죽음의 덫에 잡혀 있다는 것을 알게 된다. 하지만 이미 그때는 한참 늦어버린 뒤다. 즉 자기의 인생과 자식들의 미래를 맞바꾼 것이다. 이 四相과 오욕으로 인생을 살아가는 자는 머지않아 지옥의 문으로 들어갈 예약자가 되는 것이다.

❖

지옥은 고통이 극과에 있는 세계이다. 지옥 중에서 가장 무서운 곳이 무간지옥인데, 거기서는 하루에 만 번을 태어나고 만 번을 죽어가는 고통을 느낀다. 여기에 비하면 수십 년에 한 번 죽고 사는 인간의 고통은 그저 놀이공원에서 얼마의 돈을 주고 청룡열차를 타는 수준의 고통 정도밖에 되지 않는다.

　　옛날 사람들은 지옥에서 오는 저승사자가 있다고 믿었다. 그리고 그들의 왕은 염라대왕이라고 했다. 지옥에는 옥졸들이 있어서 무시로 고통과 괴로움을 준다고도 했다. 이것은 전부 도교에서 말하는 지옥관이다. 불교의 지옥에서는 누군가가 잡으러 오지도, 고문하지도 않는다. 자기 스스로 기어들어 가고, 자기 스스로 고문하고, 자기 스스로 자기를 괴롭히며 끝없이 고통받는다. 자기가 고통의 왕을 만들고 자기가 지옥의 옥졸을 만들어 그 속에서 혈토규환하는 것이다.

지옥 중에서 가장 악명이 높은 무간지옥은 아비지옥이라고도 하는데 쉴 틈 없이 다섯 가지 크나큰 고통을 받는 곳이라는 뜻이다. 첫째는 고통의 극과가 연속하고, 둘째는 죽고 살고 하는 것이 끝도 없이 이어지며, 셋째는 한량없는 시간 동안 고통을 받아야만 하고, 넷째는 목숨이 질기고 질겨 밖으로 빠져나갈 기약이 없으며, 다섯째는 수많은 종류의 몸을 바꿔가며 고통을 감내해야 하는 곳이라는 뜻이다.

지장보살은 이런 지옥의 중생을 제도하고자 발원하신 분이다. 그분은 마치 교도소에 들어간 자식을 못 잊어서 교도소 문 앞을 서성이는 노모처럼 고통받는 중생들을 외면하지 못해 지옥의 문 앞에 서서 죗값을 치르는 중생들의 울부짖음 소리에 끝없이 괴로워하신다. 그러면서 줄을 지어 지옥으로 몰려오는 중생들을 내쫓는다. 돌아가라고 고함을 치고 육환장을 휘두른다. 하지만 의심 많은 중생들은 지장보살이 입구를 막고 서 있으니 안쪽에 좋은 것을 숨기고 있는 줄 알고 계속해서 그 안으로 꾸역꾸역 들어간다. 앞을 가로막으면 옆쪽으로 비켜 들어가고, 문을 닫으면 틈을 찾아 숨어들어 간다. 마치 옛날 가설극장 천막 속으로 비집고 들어가는 어린아이들과도 같다.

이처럼 인간들은 문을 열어두고 들어가라고 하는 곳으로는 기꺼이 들어가지 않고, 문을 닫고 들어가지 말라는 곳은 기를 쓰고 들어가려고 하는 못된 습성을 태생적으로 가지고 있다. 그것은 좋은 일은 어떻게든 외면하고 나쁜 일을 죽어라 찾아가면서 몰래 해왔던 전생의 업력에 의해 그렇게 끄달리고 있는 것이다. **수따니파타**에 나오는 게송이다.

Let not the king of death,

Knowing you to be lazy,

Trick you into his realm.

Cross over this attachment,

Tied to which both devas and men are trapped.

Do not let this chance slip by,

Because for those who do,

There is only hell.

죽음의 왕에게 자신을 내맡기지 말라.

그는 그대가 게으르다는 것을 알고 있다.

그는 그대를 죽음의 세계로 끌어가고자 한다.

게으름의 집착에서 벗어나라.

천인들과 인간들은 모두 다 자신을 닦는 데 게으름에 잡혀 있다.

죽음으로부터 벗어날 수 있는 이 기회를 잃지 말라.

그렇지 않으면 누구라도 지옥에 있게 될 것이다.

❖

신의 선택으로 천당에 가고 신의 징벌로 지옥에 가는 것이 아니다. 그것은 원시인들에게나 통하는 심판론이다. 내가 내 업력으로 지옥에 들어가고, 내가 내 선업으로 천상에 들어간다. 여기서 원효성사는 천상의 세계와 지옥의 세계를 여실히 보여주시면서 거기에 다다르는 중생의 업장이 무엇인지를 지목하시고 있다.

人誰不欲歸山修道 而爲不進 愛欲所纏
然而不歸山藪修心 隨自身力 不捨善行

사람이 누군들 산에 들어가 도를 닦고자 아니하겠느냐마는
그렇게 하지 못하는 것은 애욕에 얽혀 있기 때문이다.

하지만 산속 깊은 곳에 들어가 마음을 닦지는 못하더라도
자신의 역량에 따라 선행은 버리지 말아야 할 것이다.

출가는 아무나 못 한다

03

절망에 빠져 있을 때 사람들은 흔히 '마, 다 때려치우고 머리 깎고 절에 들어가 도나 닦을까 보다'라고 말한다. 다 때려치우고라는 말에는 상당한 어폐가 있다. 내 멋대로 되지 않는 희로애락의 인생사 정말 다 때려치울 수만 있다면 얼마나 좋겠는가. 하지만 그렇게 하지 못하니 진짜 답답하고 환장하는 노릇이다. 나름대로 치밀하게 기획했던 세속의 일도 끝내 기대했던 것만큼 이루어내지 못하는 주제에 무슨 용冊는 재주로 인생 자체를 다 때려치울 수 있단 말인가.

애욕이라는 말은 이성적인 사랑과 물질에의 욕심을 말한다. 사람은 이 애욕으로부터 떠날 수 없다. 이것은 인위적으로 어떻게 통제할 수 없는 범부의 생명줄이다. 설령 자기 목숨을 자기가 죽인다 해도 이것으로부터 벗어나지 못한다. 그 이유는 내생에 다시 새로운 몸을 받을 때, 그 새 몸속에 이 애욕이 더 큰 무게로 담겨져 오기 때문이다. 단지 다가오는 외부의 대상에 대한 반응도가 사람마다 조금씩 다를 뿐 크고 작은 애욕의 틀에 갇혀 있기는 매한가지다. 그렇기 때문에 이 애욕을 범부의 생명줄이라고 하는 것이다.

중생의 거친 애욕에서 벗어나면 그 이름이 바로 부처의 족보에 등재된다. 그러면 세속에서 가지고자 하는 욕망으로부터, 이제는 그 것을 놓아버리고자 하는 버림의 발심이 일어난다. 이 계위를 초발심의 지위라 한다. **금강경**에서 말씀하시길, 이 경지는 우리가 마음을 어디다 두느냐를 아는 정도라고 한다. 이 수준이 되면 아라한의 신통이 일어나는데, 그러면 자기가 하고자 하는 일은 어느 정도 자의적으로 모두 다 해낼 수 있다. 그러므로 다 때려치울 수 있으려면 이 정도 지위는 되어야 가능하다.

출가는 세속이 싫어서 도망치는 가출이 아니다. 중생들을 너무나 사랑해서 그들을 영원히 보호하고자 그 방법을 배우기 위해 일시적으로 세속을 떠나는 거룩한 행위를 말한다. 그런 출가에는 세 가지가 있다. 첫째는 마음이 출가하는 것이고, 둘째는 몸이 출가하는 것이며, 셋째는 몸과 마음이 동시에 출가하는 것이다. 이 세 가지 가운데 가장 이상적인 것은 세 번째이고 가장 위험한 것은 두 번째이다.

몸만 출가한 사람들은 세속의 삶을 사찰로 옮긴 자들이므로 진정한 수행하고는 무관한 생각들을 갖고 있다. 그들은 모든 가치관을 세속의 기준에 둔다. 단지 생활하는 거처를 절에다 두고 명예, 권력, 재물 같은 것들을 구해 세속적 인생을 누리고자 한다.

사실 불교는 중생들이 갖고 있는 가치관의 반대 방향을 제시한다. 중생들이 동쪽으로 향하고 있다면 불교는 서쪽을 말한다. 동쪽으로 간 결과가 죽음이라면 서쪽으로 돌아가면 열반이 나올 것이 명확하기 때문이다. 그러므로 동쪽으로 가기 위해 중생세계에서 배운 모든 정보와 학문은 서쪽의 길에서는 전혀 필요하지 않다. 그래서 사찰 입구에 세속에서 배운 모든 것들은 다 버리고 들어오라고 入此門來莫存知解라는 팻말을 써놓은 것이다.

❖

스님은 머리를 깎는다. 그것을 삭발이라고 하는데, 여기에는 대단한 의미가 담겨 있다. 자신의 몸에서 가장 높은 곳에 있는 머리칼을 잘라버리므로 해서 이제까지 살아온 거짓된 자신을 먼저 죽인다. 그리고 지금까지 세속으로 향해 온 모든 싹들을 베어버리고 새로운 삶의 싹을 길러낸다는 의미를 갖고 있다. 사실 머리 깎고 절에 들어갈 정도의 오기라면 세속에서 무엇이든지 다 해낼 수 있다. 비겁하게 책임 회피 식으로 즉흥적인 출가를 한 인간치고 제대로 수행하는 스님이 없다. 그들의 마음속에 미완으로 남은 애욕 덩어리가 수행을 하도록 내버려두지 않기 때문이다. 그런 부류의 스님은 백이면 백 열반으로 방향을 잡지 못한다. 대신 세속에서 취득한 온갖 증명서를 갖고 호구지책을 삼는다. 출가의 조건은 그것들을 버리는 데 있다. 삭발은 세속의 모든 것들을 버렸다는 상징성을 띤다. 그런데 삭발염의를 하고도 그것들을 훈장처럼 자랑하고 산다면 그것은 출가인의 무늬만 갖고 있을 뿐 아직도 세속적 가치에 기준을 두고 있다는 반증이라 할 수 있다.

　이보다 더 위험한 자는 제멋대로 출가해 자칭 승려가 된 무적 승려들이다. 이들은 엄밀히 따지면 가짜들이다. 정통 맥을 이은 스승이 없기 때문에 신분을 증명해줄 증명법사 또한 없다. 승려는 자기 마음대로 되는 것이 아니다. 먼저 사미가 되고 후에 비구계를 받을 때 각각 세 분과 일곱 분의 법사가 정식으로 스님이 되었음을 증명한다. 거기에다 **법망경**의 보살계를 받게 되면 마침내 대승의 스님 한 분이 여법하게 탄생되는 것이다.

이런 수계의 과정을 제대로 거치지 않은 자들은 불교의 수행법을 정확히 전법하지 못한다. 스승에게서 대대로 전해 내려온 전법의 진수를 승가의 대중생활 속에서 배우지 못했기 때문이다. 그 결과 똑같은 법복을 입고 있지만, 그들은 자기 기분대로 살아가고 자기가 아는 잣대로 설법을 해버린다. 따라서 이런 부류의 무적 승려들은 언제나 조심하고 경계해야 할 대상들이다.

❖

세속에서 선행을 하는 방법은 너무나 많다. 무엇보다도 부모에게 효도를 하는 것이 가장 좋은 선행이다. 형제간에 우애를 갖고 좋은 인연을 만들어나가는 것도 선행 중의 선행이다. 싸움을 하는 사람을 보면 부드러운 말로 화해시키고, 주위에 어려운 사람을 보면 좀 도와가며 좋은 인연에 감사하는 삶이 바로 선행의 삶이다. 이 선행에 대해 **화엄경**과 **십선업경**에서는 10선을 말씀하시고, **성유식론**에서는 11선을 이야기하고 있다.

유가의 대학자 소동파가 당대 최고의 태전선사를 만났다. 눈빛으로 서로 기 싸움을 주고받다 소동파가 먼저 건방을 떨며 대갈했다.

"도대체 불교는 무엇을 가르치는 종교요?"

"나쁜 일 하지 말고 착한 일 하라는 가르침입니다."

"으하하하."

"왜 웃는 거요?"

"아니. 그거야 뭐 어린아이도 다 아는 거 아니요?"

"어린아이도 다 알지만 80 먹은 노인도 행하기는 어려운 게 불교입니다."

"띠웅!"

諸惡莫作

衆善奉行

自淨其意

是諸佛教

악행을 멈춰라.

선을 행하라.

자신의 마음을 맑히라.

이것이 부처님의 가르침이다.

위의 시는 제불통게라는 게송이다. 불자는 반드시 이 열여섯 자의 게송을 가슴에 담고 살아야 한다. 이것조차 제대로 외우지 못하면 불자가 아니라 不子가 된다. 부처님이 어느 곳 어느 땅에 나타나셔도 기본적으로 이 가르침만은 통일되게 말씀하신다고 해서 통게라고 한다. 훗날 미륵부처가 도솔천에서 하강하셔서 이 땅의 중생을 제도하실 때에도 이 가르침을 바탕으로 불교를 펴실 것이다.

사람들이 불교를 몰라서 신행하지 않는 것이 아니다. 불교를 너무 잘 알고 있기에 신행을 하지 않는다. 너무 잘 안다는 것은 자기 기준에 맞춰서 잘 안다는 것이다. 불교는 신행을 목적으로 설해진 인도서다. 그런데도 신행을 하지 않으면서 매양 안다고만 한다면 부처님의 말씀에 정식으로 맞서는 것이다.

효도는 인간으로서 해야 하는 기본 책무이다. 이것을 모르는 사람은 아무도 없다. 하지만 효도하는 사람은 소수다. 효도를 하지 않으면서 효도를 잘 안다 하는 사람은 아직 효도가 뭔지를 모르는 사람이다. 마찬가지다. 불교와 효도는 몸소 움직일 때 빛을 발한다. 알고만 있으면 자기에게나 상대방에게나 아무런 이익이 없다. 단 하나만 알아도 충분하다. 바로 악을 짓지 말라는 것이다. 그러면 아주 소극적 소승 수행자 정도는 된다.

여기서 한 수를 더 높이면 대승으로 나아간다. 이것이 바로 중선봉행이다. 하지 말라는 것을 안 하는 것만이 아니라 반대로 해야 할 것을 직접 찾아서 적극적으로 복을 짓는 것을 말한다. 그럴 때 잘못하면 교만이 생길 수 있다. 이 교만을 없애는 것이 자정기의이다. 악행을 그치고 선행을 일으키면 엄청난 공덕을 일으키게 된다. 이 공덕을 계속해서 이어 나가는 데는 자신의 마음을 깨끗이 하는 수행이 필요하다. 그러면 만들어진 공덕이 유실되지 않는다. 사람들은 힘들게 공덕을 짓는 것만큼 돌아서서 바로 까먹어버린다. 이를 방지하기 위해서라도 세 번째 구절은 반드시 필요하다.

　원효성사는 이 부분을 한 중생도 남김이 없이 모두 구제한다는 의미라고 **해동소**에서 말씀하시고 있다. 즉 악을 행하지 않고 선을 받들어 행하면서 일체중생을 제도하라는 말씀이 부처님의 근본 가르침이라는 것이다. 선행과 악행을 잘 적지해주신 **법구경** 말씀이다.

　　Like the Himalayas,

　　the good are visible even from afar :

　　 like arrows shot in the night,

　　the wicked are not seen even though they may be near.

　　히말라야 산처럼

　　善은 멀리서도 보인다.

　　하지만 밤에 쏜 화살처럼

　　惡은 가까이와도 보이지 않는다.

❖

이 문단에서 원효성사는 출가란 그렇게 쉬운 일이 아니니 세속에 살더라도 선업을 부지런히 닦으면 된다고 말씀하시고 있다. 그러므로 두 손 두 발로 자기도 모르게 악업을 짓는 대신 어떻게든 선업을 짓는 데 삶의 주안점을 두어야 할 것이다.

自樂能捨 信敬如聖 難行能行 尊重如佛

자신의 즐거움을 능히 버린다면

믿고 존경하는 성인과 같을 것이고

어려운 수행을 능히 행한다면 존중하는 부처와 같을 것이다.

더 가치 있는 삶이 있다

04

인간이 갈비 살점을 다 발라먹고 마당에 던져버리면 똥개가 횡재를 한다. 이게 웬 떡이냐 하면서 꼬리가 빠지도록 흔들며 미치도록 좋아한다. 똥개가 그것을 핥고 빨아 단물이 끝나면 내던져버린다. 그러면 그때 개미들이 대박을 친다. 이게 웬 로또냐 하면서 전 개미 부족이 달려들어 미증유의 대 축제를 벌인다.

즐거움을 누리는 데도 다 등급이 있다. 아이들에게 최고의 즐거움은 추파춥스 하나 빨면서 만화책을 보는 것일 거고, 중학생 정도 되면 또래 친구들과 어울려서 컴퓨터 게임을 하는 것이며, 고등학생 쯤 되면 오토바이에 여자 친구 하나 태워 거리를 폼 나게 질주하는 것이 최고로 즐거운 일이 될 것이다.

옛날 머슴들은 나무 밑에 앉아 땅바닥에 금을 그어놓고 꼰이라는 것을 떴다. 꼰은 풀잎들을 으깨어 자기의 말을 삼았다. 조금 더 올라오면 평민들이 있다. 그들은 판자로 만든 장기를 두었다. 말은 이제 나무로 만든 장기알이 되었다. 선비들이나 대갓집 자제들은 눈

높이를 올려 바둑을 두었다. 이처럼 노는 것도 등차가 있고 즐기는 것도 차등이 있었다. 그때는 그것이 다였다. 그들은 바둑으로 끝을 보았다. 그 위에 또 다른 즐거움이 있다는 것은 상상하지 못하고 그 것을 구하려 하지도 않았다.

기쁨도 마찬가지다. 가난한 연인들은 토끼풀 반지에도 눈물이 글썽인다. 그 다음이 하인들의 구리반지다. 조금 더 올라오면 은반 지를 낀다. 지체가 더 높아지면 금반지를 끼고 위세를 부린다. 여기 까지가 옛날 세계이다. 지금은 세상 문화가 더 발전하다 보니 금반 지 위에 다이아반지가 나와 있다. 거기에 비하면 금반지는 이제 볼 품이 없다. 사람들은 여기에 다 머물러 있고자 한다. 금반지 위에 다 이아반지의 세계가 있듯이 다이아반지 위에 마니반지가 있다는 사 실을 알 턱이 없다. 마니반지에 비하면 다이아반지는 정말 볼품없도 록 하찮은 돌조각에 지나지 않는다. 그러므로 현명한 인간은 현재의 위치에 만족하지 않고 계속 등급을 올리고자 한다. 그러면 그에 맞 는 즐거움이 다가오게 되어 있다.

세상 사람들에게 즐거움 중에서 가장 좋은 것은 뭐니 뭐니 해도 먹는 거다. 여기에도 차등이 있다. 보통의 인간은 먹는 것을 식사라 고 한다. 좀 뼈대 있다는 사대부 집안에서는 진지라고 표현했다. 스 님은 공양한다고 하고 보살은 법희라고 하고 부처님은 마지라고 한 다. 임금은 수라라고 표현하고 황제는 진수라고 한다. 여기서 진수 성찬이라는 말이 나왔다.

인간 이하의 생명체들이 먹는 것들은 어떻게 말할까. 동물이 먹는 것을 먹이라고 한다. 소와 말은 여물이라고 한다. 조류는 모이라고 하고, 물고기는 미끼라고 한다. 그들도 좋은 것은 안다. 눈앞에 맛깔스럽게 꿈틀거리는 지렁이 한 마리 때문에 목숨을 건다. 그것이 그들에게는 피할 수 없는 유혹이다. 우리가 봤을 때는 뭐 그까짓 거 하겠지만 그들에게는 그것이 제일 맛있기 때문에 입이 찢어지는 아픔을 담보하고 덥석 무는 것이다.

동물들의 음식을 보면 참 밥맛이 떨어진다. 그들은 냄새가 나거나 오물이 묻거나 가리지 않고 정신없이 먹는다. 그들에게는 그것이 최고로 맛난 음식이기 때문이다. 얼룩과 때가 묻은 젖꼭지를 빨고 있는 미개인의 아이들처럼 그들에게는 그 먹이들이 생명수며 감로미가 된다. 거지가 들고 다니는 밥그릇과 그 속에 아무렇게나 던져진 식은 밥 덩어리를 보고 우리는 더럽다고 한다. 그러나 우리가 먹는 식사도 임금의 수라에 비하면 너무 거칠고 조악하다. 우리는 이러한 음식을 구하기 위해 아침부터 저녁까지 고군분투한다. 모두 다 이 수준에 그치고 있다. 어느 누구라도 그 이상의 음식을 구하지 않는다. 이것이 인간의 한계점이다. 하지만 분명 그 위에 또 다른 음식이 있다는 것을 알아야 한다.

재미도 마찬가지다. 어린아이 때는 방울 놀이를 한다. 그러다가 장난감을 갖고 논다. 더 크면 오락실을 다닌다. 좀 더 성장하면 이제 스포츠를 즐긴다. 그러다가 마지막으로 카지노를 들락거리거나 필드에 나가 작고 흰 공을 친다. 이렇게 성장해가면서 즐기는 놀이 문화가 달라진다. 그 위에는 또 무엇이 있을까. 분명 무엇이 있다. 인간이 즐기는 놀이 위에 선정이 있다. 이제까지는 다양한 도구로 재미를 만들었는데 인간을 벗어나면 자기 마음 하나로 부족함 없이 재미있게 놀게 된다. 이게 바로 인간들보다 한 수 높은 자들이 즐기는 놀이고 즐거움이다.

❖

인간들은 아이들에게 끝없이 공부하라고 채근하고 닦달한다. 그들이 맞이할 미래의 즐거움을 위해 따분하고 지루한 학교로 계속 떠밀어 보낸다. 그렇게 해야 그들이 누리는 즐거움을 자식들도 누릴 수가 있다고 한다. 기껏해야 여기까지다. 그 이상은 알지 못하고 생각하지도 못한다. 모든 즐거움의 최고 기준을 자기 같은 인간의 수준으로 둔다. 이것을 넘어야 다른 즐거움이 나오는데 그것을 상상하지 못한다.

아이들에게 공부하라고 다그칠 줄 아는 사람이라면 자기들도 더 성장하기 위하여 선업을 계속해서 지어나가야 한다. 자기들이 성장하면 아이들이 따라 올라온다. 자기들이 정지해버리기 때문에 치올라 오는 아이들이 거기서 멈춰버린다. 만화만 보고 놀기만 좋아하는 아이들을 보고 어른들은 나무란다. 공부 좀 하라고. 커서 뭐가 되려고 그러느냐고. 왜 어른들은 아이들의 잘못된 즐거움에 대해 뭐라고 하면서 어른들의 즐거움이 무가치하다고 지적하는 성인들의 말씀에 흔쾌히 동의하지 않는가. 이 부분에서 왜 부모는 더 이상 성장을 하지 않으면서 아이들보고만 계속 업그레이드하라고 하는지에 대한 자책이 필요하다.

부모들도 지금의 안위에 만족하지 말고 더 큰 즐거움을 구해 계속해서 성장해야 한다. 아이들이 더 나은 미래를 위해 계속해서 공부를 해나가야 하는 것처럼 어른들도 미래를 위해 선업을 계속해서 지어나가야만 더 성장할 수 있다. **법구경**의 게송이다.

If by forsaking a small pleasure

one finds a great joy,

he who is wise will look to the greater

and leave what is less.

작은 즐거움을 버리고

큰 즐거움을 얻을 수 있다면

작은 것을 버리고

큰 것을 구하는 자가 현명한 자다.

어려운 수행은 10선업을 행하는 것이다. 10선업은 열 가지 악한 행업인 10악업의 반대 행위이다. 10악업의 결과는 지옥이고 10선업의 결과는 천상이다. 10선업의 내용은 이렇다.

1. 죽어가는 생명을 살리는 것.
2. 남의 재산을 소중하게 여겨 지켜주는 것.

3. 모든 중생을 한 가족으로 생각해 보살피는 것.

4. 진실된 말을 하여 상대를 혼란하게 하지 않는 것.

5. 여기서는 이말, 저기서는 저 말을 하지 않고 둘 다의
   이익을 위해 노력하는 것.

6. 손해를 보는 한이 있더라도 부드럽게 직언하는 것.

7. 욕설이나 원한에 찬 말을 하지 않고 온화한 말을 하는 것.

8. 자기 것을 베풀어주는 것.

9. 자애로운 마음과 표정으로 살아가는 것.

10. 지혜로운 삶을 살기 위해 노력하는 것.

이 열 가지는 부처가 되는 첫걸음이다. 선업 없이 부처가 되고자
한다면 뿌리 없이 나무가 서려는 것과 같다. 이것을 잘 행하면 언젠
가는 부처가 되는 토대가 만들어질 것이다.

❖

여기서 원효성사는 가치 있는 것은 무엇 하나라도 다 그만큼 희생이
따른다는 것을 에둘러 표현하시고 있다. 自樂은 뒤로 미뤄야 하고
난행은 서둘러야 하는 것이 당면 과제이다. 자락에 빠지면 난행은
할 수 없다. 껍질을 깨는 아픔을 겪어야 그 속살을 먹을 수 있는 것
이다.

慳貪於物 是魔眷屬 慈悲布施 是法王子

재물을 아끼고 탐착하는 자는 마구니의 권속이고
자비로운 마음으로 보시하는 자는 법왕의 자식이다.

베푸는 삶을 살아라

05

인간의 시원은 장수천에서 내려온 우주인이다. 그들은 허공세계를 거침없이 날아다녔다. 하지만 욕계에 내려온 이상 그들도 탐욕의 굴레로부터 벗어날 수 없었다. 이 세상에는 그들이 일찍이 보지 못했던 신기한 것들이 너무너무 많이 널려 있었다. 주인도 없었고 경계도 없었다. 그래서 그들은 마음에 드는 것을 모두 다 자기 것으로 만들고 모았다. 그러다 보니 이제 그것들로부터 떠날 수가 없었다. 자기들이 부재하는 동안 또 다른 누군가가 힘들게 모아놓은 그것들을 가져가버리면 어떡하냐는 걱정에 날아갈 수가 없었다. 결국 그들의 날개는 타조처럼 퇴화해서 지상의 동물이 되어버리고 말았다. 이제 그들은 사방에서 긁어모은 것들을 모아 담을 쌓고 소유권을 내세우며 목숨을 바쳐 지키기 시작했다. 이것이 인간의 역사가 시작된 기원이다.

인간은 무량겁 동안 이 탐욕을 원천으로 윤회해왔다. 그래서 탐욕은 인간의 본성이 되어버렸다. 증세의 정도에 차이가 있지만 인간은 누구나 할 것 없이 호거노릇을 하고 있는 것이다. 호거라는 말은 무엇이든 쌓아놓아야 안심이 되는 탐욕심을 말하는데, 정신의학적으로 저장강박증이라고 한다. 이들은 물질이건 지식이건 그 대상을 가리지 않는다. 무조건 끌어 모아 자기 쪽으로 쌓아두고자 한다. 그것이 자기를 지켜주는 성벽이라고 생각하기 때문에 많을수록 안정을 느끼는 것이다. 이 탐욕심이 얼마나 질기고 야무지게 사람의 본성에 붙어 있는지 **법구비유경**에 좋은 일례가 있다.

❖

고행하는 수행자가 맨땅에 살고 있었다. 그 고행이 더할 수 없이 처절해 보여 땅 부자로 소문난 어떤 사람이 수행자에게 토굴을 하나 마련해주었다. 그러고는 정성을 다해 고행 수행자를 받들어 모셨다. 그 부자는 땅을 많이 갖고 있을 뿐 아니라 금화도 셀 수 없이 많이 가지고 있었다. 하지만 마땅히 그것을 숨겨둘 곳을 찾지 못하고 있었는데, 어느 날 아주 멋진 아이디어가 떠올랐다. 수행자가 거주하는 곳에 금화를 묻어두면 안전하겠다는 생각이었다.

"수행자여. 금화를 토굴 앞에다 좀 묻어둬도 되겠습니까? 어디 숨겨둘 곳이 마땅치 않아서요."
"물론입니다. 나는 탐욕을 버린 수행자입니다. 절대로 주지 않는 것은 가지지 않습니다. 나는 언제나 여기에 있습니다. 그러니 걱정 말고 묻어두십시오."

"감사합니다."

"그런데 언제 그것을 꺼내 쓰시렵니까?"

"모릅니다. 내가 죽게 되면 내 자식들이라도 쓰겠지요."

땅 주인은 금화를 다 파묻고 난 뒤 고맙다고 인사를 하고 떠나갔다. 잘 부탁한다는 말도 남겼다. 수행자는 아무 걱정 말고 돌아가서 쉬라고 했다. 땅 주인이 돌아가고 난 뒤 수행자는 혼자서 다시 좌선을 하기 시작했다.

날이 밝았다. 고행자는 머리를 산발한 채 땅 주인의 집으로 갔다. 그는 대단히 반가워하면서 수행자를 안으로 맞이했다. 수행자는 토굴 앞에 돈을 묻어두니 공부가 잘 되지 않아서 여기를 떠나려고 한다고 말했다. 땅 주인은 정 그렇게 마음에 거슬리면 금화자루를 다른 곳으로 옮겨줄 테니 여기서 계속 수행하라고 붙잡았다. 하지만 수행자는 공손하게 거절하고서 자리를 떠났다. 아쉽고 서운했지만 주인으로서는 어떻게 할 수가 없어서 최대한의 예의를 차려 고행자를 배웅했다.

수행자가 눈앞에서 사라지자 너무 허탈했다. 세상에 믿을 사람은 오로지 욕심 없는 그 수행자밖에 없었는데 그마저 곁을 떠나버리니 세상을 다 잃은 것 같은 허전함이 밀려들었다. 그때 그의 곁을 떠났던 수행자가 홀연히 다시 대문 앞에 나타났다. 그는 눈이 휘둥그레져서 수행자의 눈치를 살폈다. 수행자는 손으로 자기의 흐트러진 머리를 가리키며 조용히 말했다.

"이것 보시오. 여기에 지푸라기가 묻어 있잖소. 내가 웅덩이 물을 마시려고 엎드리니 그 속에 이것이 비치지 않겠소. 이 지푸라기는 당신 소유의 땅에서 가져간 것이오. 나는 주지 않는 것은 무엇이든 가지지 않소. 설령 이렇게 보잘 것 없는 지푸라기 하나라도 말이오."

그러면서 지푸라기들을 털어 그의 손에 올려주고서 다시 훌훌히 떠나갔다. 땅 주인은 다시 그로부터 큰 감동을 받았다. 그는 간신히 정신을 차리고서 수행자가 떠난 자리에 무릎을 꿇고 앉아 한없는 존경심을 표했다.

점심때가 되어 부엌에서 식사를 차려놨다고 연락이 왔지만 그는 일어날 줄을 몰랐다. 터벅머리에다 탐욕이 없어진 깡마른 고행 수행자가 자기 곁을 황망히 떠나버린 허탈감이 쉽게 가시질 않아서였다. 그때 이상한 옷차림을 한 낯선 수행자 한 사람이 저 멀리서 아련하게 걸어오고 있었다. 가까이 올수록 선명하게 보이는 그의 모습은 가히 범상치 않은 기개가 흘러넘쳤다. 머리는 빡빡 밀고 커다란 황색가사 하나를 걸쳤다. 맨발에 쇠로 된 철발우를 어깨에 메고 위엄 있는 기품으로 천천히 그의 앞으로 다가오고 있었다.

그는 순간적으로 앞서 자기 곁을 떠나간 고행 수행자를 떠올렸다. 그는 장발에다 터벅머리였다. 이 사람은 황색의 가사를 걸쳤는데 그는 흰색 옷을 입었다. 두 사람 다 맨발이었지만 메고 있는 발우가 달랐다. 고행 수행자는 나무로 된 발우를 들고 있었는데 이 수행자는 쇠로 된 철발우를 들고 있는 것이 아주 생소했다. 과거에 어떤 우연이 있었을까. 그럴 리는 없다. 세상에 우연이라는 것은 없다. 분명 무엇인가 인과관계가 있었기에 우연 같은 인연이 나타나는 것이지 어떻게 우연이라는 것이 있을 수 있겠는가. 그렇게 그들은 정말 우연처럼 서로 만나서 공손히 인사를 나누었다.

"당신은 무엇 하는 사람이오? 보아하니 수행자 같은데 스승이 누구신지요?"

"나는 고오타마 싯다르타가 대각을 이뤄 부처가 된 석가모니불의 제자입니다."

"오! 소문은 듣고 있었지만 그분의 제자를 직접 뵙는 것은 처음입니다."

땅 주인은 탐욕이 없는 고행 수행자의 토굴 앞에 금화자루를 묻어두었더니 그것이 신경이 쓰여 수행자가 표표히 떠났다고 말했다. 그분에게 너무 미안하고 죄송하며 허전하다고 착잡한 심경을 토로했다. 그러고는 스님이 대신 그 자리에 좀 계셔주시면 안 되겠느냐고 부탁했다. 그 얘기를 듣고 있던 스님은 조용하게 말했다.

"탐욕은 범부가 쉽게 끊어내는 것이 아니오. 나 같으면 금화를 기회로 내 탐욕을 누르는 좋은 수행으로 삼았을 터인데, 그분이 그것 때문에 떠나갔다니 참 아쉽기만 하구려. 그런데 나는 거기에 뭔가 석연치 않은 느낌이 든다오."

스님은 일단 그 장소에 한번 같이 가보자고 했다. 어리둥절해하는 그를 앞세우고 둘은 토굴이 있는 장소로 갔다. 금화를 묻어둔 곳에 이르러 자세히 보니 뭔가 이상했다. 스님이 땅을 한번 파보라고 했다. 그러자 땅 주인은 그렇게 의심하지 말라고 했다. 그는 지푸라기 하나도 남의 것을 취하지 않는 아주 청빈의 극치인 수행자라고 변호했다. 그래도 스님은 기어이 한번 파보라고 했다. 그는 머뭇거리다가 삽을 들고 땅을 파기 시작했다. 그 뒤에서 스님은 또다시 나지막하게 읊조렸다.

"탐욕은 피하기보다 넘어서야 하는 것입니다. 그때 더 큰 가치가 있는 것입니다."

사건의 전말은 이러했다. 부자가 금화를 묻고 떠나자 수행자는 견물생심이라고 금화 때문에 고민하기 시작했다. 선정이 이루어지지 않았다. 바깥에 묻어놓은 금화자루가 내면의 탐욕심에 불을 지른 것이다. 그것만 있으면 평생을 행복하고 여유롭게 잘살 수 있을 것인데, 왜 이렇게 고행을 하고 있는가라는 자문이 들기 시작한 것이다. 결국 고행이라는 것도 지금보다 더 행복한 삶을 살기 위한 것이 아니던가 하면서 내면에 잠재워진 탐욕심이 안개처럼 설설 일어나기 시작한 것이다.

수행자는 이제 자신의 업장이 아닌 기본 양심과 싸우기 시작했다. 그러다가 결국 자리에서 벌떡 일어났다. 탐욕심이 기본 양심을 이기는 순간이었다. 수행자는 아무도 몰래 금화자루를 파내 쥐도 새도 모르게 밤새도록 자기 혼자만 아는 다른 곳에 다시 파묻어 놓았다. 물론 파낸 자리는 표시가 나지 않도록 깨끗하게 마무리를 잘해 놓았다. 그리고 날이 밝자 아무 일 없었다는 듯 땅 주인을 찾아 나섰던 것이다. 하지만 결국 탐욕의 속성을 잘 아는 불교 수행자에게 그 내면의 속살을 샅샅이 들켜버린 것이다.

❖

현자들의 눈에는 범부들이 갖고자 하는 탐욕의 대상들이 까치집의 재료들처럼 순전히 쓸모없는 것들이다. 하지만 거기서 탐욕의 악취가 나고 기생의 벌레들이 꼬인다. 그뿐만이 아니다. 인간은 밖의 삶이 궁핍하게 되면 쌓아놓은 정보들을 헤집어가면서 그 속에서 또 무엇을 찾아 연명하려 한다. 그렇게 다음을 대비하려는 마음에 내면에 힘들게 모아놓은 정보들을 무엇 하나도 시원하게 버리질 못하는 것이다. 그러다 결국은 내외면에 쌓아둔 그 둔덕에서 헤어나지 못하고 갇혀 죽고 만다. 이것이 간탐으로 끝장을 맺는 인생이다. 이런 인생은 자기도 죽이고 결국 타인도 죽이게 되는 최악의 삶이다. 하지만 그들은 모른다. 이 삶이 어떤 삶이 되는지 죽어서도 갈지 못하고 다음 생애로 이어간다.

보시는 널리 베푼다는 뜻이며 자선이라 부르기도 한다. 흔히들

이것을 행할 때에는 무주상의 마음을 가지라고 한다. 무주상이라는 말은 교만한 생각을 마음에 담지 않고 보시하라는 뜻이다. 하지만 범부는 이해가 되지 않는다. 내가 뼈 빠지게 벌어들인 재물인데 어떻게 조건과 대가 없이 남에게 무상으로 내어줄 수 있단 말인가. 범부에게 이것은 전혀 불가능한 일이다. 어디를 봐도 이 무주상을 그들에게 요구하는 것은 전혀 이치에 맞지 않는다. 차라리 도사견의 먹이를 빼앗고 입을 다물라 하는 편이 낫지, 욕심으로 다져진 범부더러 무주상보시를 하라고 하는 것은 서로 간에 불구대천지 원수가 될 수 있는 무서운 말일 수 있다. 결론적으로 범부는 무주상에 머무를 수가 없다.

무주상은 세상이 공하다는 이치를 깨달은 10주 이상의 삼현보살이 행하는 보시행이다. 법계는 탐욕이 없다. 그러므로 내가 법계와 하나가 되기 위해서는 내 안에 들어 있는 탐욕과 교만을 빼내야만 한다. 교만은 물질이든 지식이든 그 갖고 있음으로부터 녹물처럼 나오기 때문이다. 그들은 무주상으로 자기를 버리고 법계와 하나가 되고자 하는 수행법을 닦는다. 그들은 그 어떤 보시든지 언제든 대번에 할 수 있는 능력을 갖고 있다. 그렇지 않으면 자기 것에 대한 애착이 생겨서 무주상이 될 수 없다.

범부의 좁은 생각을 가진 자는 이렇게 물을 것이다. 욕심이라는 것은 끝이 없다. 옛말에 아흔 아홉 섬을 가진 자가 한 섬 가진 자에게 '뭣하면 그 한 섬 나에게 주지. 내가 마 백 섬 채우게'라고 한다고 하는데, 어떻게 많이 가졌다고 해서 무주상보시를 쉽게 할 수 있단 말인가라고 의아해할 것이다.

10주에 올라선 삼현보살이 가지는 재물은 상상을 초월한다. 그들은 10주에 올라가기 위해서 일만 겁 동안 무량한 복을 지어왔기 때문에 그 과보의 복이 태산보다도 크고 바다보다도 깊을 정도로 어마어마하다. 범부는 두 개 중에 하나를 줘버리면 한 개가 없어진다고 한다. 하지만 삼현보살은 그렇게 생각하지 않는다. 범부와 계산법이 다르다. 두 개 중에 한 개를 줘버리면 졸지에 자기 것은 세 개가 된다고 한다. 즉 한 개를 준 그 자리에 그만큼의 복덕이 차고, 그 물건은 다른 데가 아닌 법계에 그대로 옮겨진 상태이기 때문에 없어지지 않는다고 한다.

이것은 열심히 돈을 벌어온 남편이 아내에게 고스란히 월급봉투를 맡기는 것과 같다. 자기 손에서 벗어났지만 그래도 자기 손 안에 있는 것이다. 그것으로 자식을 먹여 살리면 자기 한 사람에 의해서 여러 식구가 덕을 보기 때문에 행복한 베풂이 되는 것과 같은 것이다. 범부는 처자식이 자기 구역이지만, 삼현보살은 인연되는 자마다 다 자기 가족의 바운더리로 삼기 때문에 누가 무언가를 필요하면 바로 베풀어주면서도 교만심을 일으키지 않는다. 그래서 무주상으로 보시가 가능할 수 있는 것이다.

꿈이 가짜라는 것은 누구든 다 아는 사실이다. 하지만 세상이 가짜라는 사실을 범부는 모른다. 범부는 이 세상 모든 물건이 실제로 존재한다고 믿는다. 그래서 자기 것을 빼앗기지 않으려 한다. 하지만 보살은 그렇지 않다. 마치 꿈속에서 얻은 물건을 꿈속에서 나누어주면 물건은 원래 없는 것이지만 베푼 공덕과 받은 느낌은 그대로 마음속에 남아 있는 것과 같은 이치로 베풀기 때문에 그렇다.

세상이 진짜로 보이는 범부의 삶은 늘 빠듯하고 급급하다. 그러므로 아무리 설명해도 도저히 믿기지 않는다. 이 세상이 가짜라고 하면 그들은 피식 웃는다. 미친놈이라고 생각할지도 모른다. 그런 사람들에게 자기 것을 남에게 주저 없이 베풀라고 하면 어떤 반응이 나올까. 베풀어도 베풀었다는 생각조차 가지지 말라고 한다면 또 어떤 반응을 해올까.

심지관경의 말씀을 들어보자. 물속에 본래 달이 있는 것이 아니다. 맑은 물로 말미암아 하늘의 달을 보게 된다. 이처럼 온갖 사물도 인연으로 생기는 것이어서 허구에 불과하지만 어리석은 사람들은 망령되게 분별하여 실재인 듯 착각한다고 하셨다. 그렇기에 범부는 무주상보시를 할 수가 없다. 범부의 보시는 나누는 개념이지 준다는 개념이 아니다. 이 나눔의 보시로 그들은 복을 지을 수 있다. 그 복은 반드시 필요할 때 이자와 함께 돌아온다. 출세간적으로는 이 복덕에 의해 네 가지 믿음이 일어난다고 뒤에서 설명하고 있다.

❖

범부가 할 수 있는 보시는 몇 가지나 될까. 크게 세 가지가 있다. 첫째는 재물이고, 둘째는 마음이며, 셋째는 진리를 보시할 수 있다. 우선 첫 번째 재물보시에 대해서 알아보자.

먼저 보시하는 마음 자세가 중요하다. 삼현보살이 아니기에 보시하는 마음이 무주상에 있지는 않다 하더라도 거들먹거리는 행위로 보시를 한다면 받는 사람은 참 기분이 나쁠 것이다. 따라서 보시하는 자는 으스대거나 거만한 생각을 가져서는 안 된다. 그리고 후일 반드시 돌려받을 것이라는 전제하에 주어서는 안 된다. 그렇다면 베푸는 것이 아니라 빌려주는 것이 되기 때문이다. 이 마음이 전제되지 않으면 죽을 때까지 세상을 원망하게 된다. 내가 재물이 있을 때 어떻게 했는데 왜 세상이 나를 알아주지 않나 하는 서운한 마음이 생겨 보시한 일을 후회하게 된다. 그러면 과거에 아무리 순수하게 보시를 했다 하더라도 그 의미가 완전히 빛을 바래버린다.

둘째는 받는 사람의 마음이 순수해야 한다. 간혹 내가 보시를 받음으로 해서 저 사람이 복을 받기 때문에 저 사람이 도리어 나에게 감사해야 한다고 억지 논리를 펴는 이상한 사람들이 있다. 이렇듯 고맙게 받을 자세가 되어 있지 않은 자에게는 결코 보시를 해서는 안 된다. 진정으로 보시가 필요한 자가 아닌데 그냥 버리듯이 베풀면 그것은 귀한 물건만 없어지지 하등 복덕이 되지 않는다. 금전과 재물은 누구에게나 목숨처럼 소중하다. 그러므로 비록 지금 내가 너무 가난해서 어쩔 수 없이 남의 것을 얻어 생활하는 처지이지만, 나도 다음에 형편이 펴지면 필요한 사람들에게 반드시 그 이상의 보시를 하겠다는 마음을 가진 자에게 보시를 해야 한다.

옛말에 머리털 검은 짐승은 함부로 거두는 게 아니라고 했다. 불쌍하다고 몇 번 동정을 베풀면 다음에는 더 큰 손을 벌린다. 나중에는 받는 것이 당연하다는 듯이 권리를 내세운다. 그러므로 보시에는 반드시 지혜가 따라야 한다. 지혜가 따르지 않는 보시는 자기도 손해를 보고 타인도 이익을 보지 않는다. 베푸는 것에 취해 던지듯이 보시를 한다면 그 행위에 만족하는 정도일 뿐 진정한 보시의 공덕에는 입각되지 않는다.

셋째는 주고받는 물건이 깨끗해야 한다. 베푸는 자와 받는 자의 마음이 아무리 순수하다 하더라도 물건이 정갈하지 않으면 문제가 있다. 아무리 귀하고 좋다 하더라도 부정한 것이라면 그 어떤 보시의 공덕도 의미도 없다. 부정이라는 말은 남에게서 훔친 장물이거나 정당하지 못하게 벌어들인 재물 전체를 말한다. 돈의 출처도 모르면서 큰돈을 내었다고 절에서 대단한 시주자로 대우한다는 것은 이치에 전혀 맞지 않다. 어디서 누구 돈을 어떻게 거둬들인 것인지부터 확인해야 한다. 그저 돈을 많이 내었다고 해서 그 사람의 행운과 무명과 장수를 독불공으로 빌어준다면 또 다른 부정을 부추길 수 있다. 또 돈을 가져오는 자와 복을 빌어주는 자가 공범이 되어 더 큰 죄를 지을 수도 있다.

따라서 범부가 보시를 할 때에는 반드시 자기의 이름과 그 취득 내역을 정확히 밝혀야 한다. 물건이 떳떳한데도 이름을 밝히지 않는다면 그 사람은 이미 내적으로 자기만족과 자기도취를 충분히 즐기고도 남았을 것이기에 따로 뭐 칭찬해 줄 일이 없다. 또 계속 신분을 밝히라고 요구하는데도 보시하는 자가 자기의 신분을 명확히 밝히지 못한다면 베푸는 물건에 대해 일단 의심을 해봐야 한다. 그것이 받는 사람들이 검정해야 하는 최소한의 절차이다.

보시는 일단 나눔이기 때문에 언제나 좋다. 그래서 모든 바라밀 중에서 최우선으로 꼽는다. 하지만 무엇이든 보시를 한다고 해서 마냥 좋은 것만은 아니다. **증일아함경**에서는 보시해서는 안 되는 것들에 대해 조목조목 말씀하시고 있다. 여자는 보시하면 안 된다. 술도 보시하면 안 된다. 칼과 창 같이 생명을 다치게 하는 무기는 보시하면 안 된다. 동물을 잡는 올무나 덫은 보시하면 안 된다. 귀신을 모시거나 미신을 조장하는 건물을 짓기 위해 보시해서는 안 되며, 이런 방법이나 장소에서 벌어들인 재물을 보시받아서는 안 된다고 말씀하셨다. 그로 인해 인과를 공동으로 책임져야 하는 일이 생기기 때문이다.

정리하자면 보시를 받을 때에는 무조건 수용하지 말고 언제나 그 출처를 확인해야 한다. 어떻게 벌었으며 어디서 구했는지 정확한 내역을 알아야 한다. 그래야만 사악한 사람과 더불어 한 사악한 인과를 피할 수가 있게 되는 것이다.

❖

원효 스님은 쓰레기 같은 재물을 쫓으면 마구니의 식솔이 되고, 보시를 해 공덕을 지으면 부처님의 아들이 된다고 하셨다. 어느 쪽으로 힘을 써야 하는지는 본인이 스스로 판단해야 할 것이다.

高嶽峨巖 智人所居 碧松深谷 行者所棲

높은 산 큰 바위 그늘은 지혜로운 사람이 사는 곳이고
푸른 소나무의 깊은 계곡은 수행자들이 거처할 곳이다.

수행자의 이상적인 안주처

06
—

세상에서 정신적으로 가장 힘들 때가 언제인지 아는가. 그것은 말 안 통하는 사람과 마주 앉아 심각한 이야기를 나누고 있을 때다. 그러면 억장이 무너지고 허파가 뒤집어지는 고통을 맛볼 것이다. 거기다 불꽃에 기름을 붓듯이 되도 않는 말 몇 마디 더 얹어버리면 하늘이 노랗게 보일 것이다. 나아가 돌아서는 뒤통수에다 빈정대는 말 한마디 던져버리면 그 부아를 못 참아 고혈압으로 쓰러지든지 멘붕을 넘어 인세인이 되어버릴 것이다.

사람은 자기와 비슷한 사람끼리 모여서 단체를 이루고 사회를 만든다. 그릇이 비슷하고 용량이 버금한 수준끼리 살아갈 때 가장 편안하고 즐겁기 때문이다. 그래서 옛날부터 자기의 수준을 보려면 주위에 몰려드는 친구들을 보라고 했다. 똑같이 물속에 살지만 송사리는 송사리끼리 놀고 고래는 고래끼리 산다. 다 같은 양서류지만 개구리는 개구리끼리 살아가고 두꺼비는 두꺼비끼리 번식한다. 미물도 이렇게 자기의 취향과 적성에 맞는 것들끼리 엉키어 살고 있는

데 사람들이야 오죽하겠는가.

지혜인은 범부와 함께 기거하지 않는다. 겉으로 보기에는 별반 다르게 보이지 않지만 범부와 지자는 세상을 보는 시각도 다르고 셈 법도 다르기 때문에 같이 공존할 수 없다. 같이 살다가는 제명대로 살지 못하거나 본의 아니게 견원지간이 될 소지가 있다. 그래서 지혜 중에서도 가장 작은 지혜라 일컬어지는 성소작지의 아라한들조차도 사람들의 눈에 잘 띄지 않는다.

아라한이 대승에서는 바로 삼현보살들인데, 이 범부의 세계에는 그런 현자 한 분도 조용하고 편안히 거처할 만한 자리가 없다. 그런데 어찌 이 세상을 구제하기 위하여 부처가 여기에 나타나겠는가. 그것은 불가능하다. 아무리 용을 쓰고 아무리 기를 써서 강임을 갈 구해도 부처는 이 땅에 나타나지 않는다. 그래서 **능가경**에서 욕계와 무색계에는 부처가 출현하지 않는다고 하신 것이다.

지자는 범부를 피해 산속으로 숨어들 수밖에 없다. 산이 좋아서 산을 찾아 들어간 것이 아니라 범부들이 내지르는 무지의 횡포에 못 이겨 산으로 쫓겨 들어간 것이다. 그들은 그곳에서 매우 불편한 삶을 영위하지만 범부들과 부딪히는 쟁론으로부터 피할 수 있는 자유를 누리고 있다. 높은 산과 험준한 바위는 지자가 갖고 있는 높은 인성과 기개를 담고 있기에 거기에 머물며 안빈낙도의 삶을 유유자적하게 살고 있는 것이다. 범부를 피해 자연과 더불어 산다고 해서 예부터 산에 신선이 산다고 하는 말이 나온 것이다.

지자가 되기 전의 수행자는 깊은 계곡에 살아야 한다. 계곡에는 물이 흐르고 꽃이 피어난다. 그곳에서 수행자는 자연의 이치에 순응하는 법을 먼저 터득한다. 도시에 있을 때는 인간이 세상의 중심이 되지만 깊은 계곡 속에 들어가면 인간은 자연의 가냘픈 나뭇잎 정도밖에 되지 않는다는 사실을 알게 된다.

萬里靑天雲起雨來
空山無人水流花開

끝없는 푸른 하늘에 구름이 일어나 비가 쏟아지고
사람 없는 깊은 산속 물은 흐르고 꽃은 피어난다.

울창한 삼림 속의 깊은 계곡, 거기에 꽃은 피고 물은 흐른다. 비가 오고 바람이 불며 세월은 간다. 구름은 움직이고 계절은 바뀐다. 이것을 피부로 직접 느끼며 세상에서 배운 모든 교만과 알음알이를 내려놓고 자연 속에서 겸손과 아량을 배워가는 것이다. 이런 마음가짐을 가지는 데 있어서 매우 이상적인 장소는 무덤가나 숲 속, 그리고 광야와 심곡이라고 부처님은 추천해주셨다. 내가 살아본 중에서 제일 힘든 곳이 광야이고 가장 안온했던 곳이 산속의 심곡이었다.

도시에서는 남을 보고 나의 기준을 세우지만 산속에서는 남이 없기 때문에 바로 나를 보아야 한다. 나를 보는 것이 가장 쉬운 일인데도 범부는 나를 보는 것이 가장 어렵다. 그래서 자꾸 남을 보려고 하고 남을 알려고 한다. 믿기지 않는 일이지만 범부는 자기보다 남을 더 잘 알고 있다. 도시에서는 눈에 보이는 다른 범부들을 이기면 되지만 산속에서는 눈에 보이지 않는 자기를 이겨야 한다. 남을 이기는 것은 쉬워도 자기를 이기는 것은 정말로 어렵기 때문에 사람들은 도시에 살면서 남을 이기는 승리와 희열을 맛보려고 승패에 목숨을 거는 것이다.

남이 아닌 자기를 이기려고 한다면 이제까지 살아온 모든 것과 반대의 방향으로 나아가야 한다. 그것을 원효 스님은 환원의 삶이라고 말씀하셨다. 밖으로의 삶이 아니라 내면의 삶을 말하는 것이다. 도시에서는 끊임없이 말을 밖으로 뱉어내야 하지만 산속에서는 종일토록 입을 다무는 법을 배운다. 도시에서는 머리를 굴리는 법을 배우지만 산속에서는 머리 쓰는 것을 멈추는 수련을 계속한다. 하다 못해 도시에서는 모든 것이 증명서에 의해 가치가 매겨지지만, 산속에서는 이런 종이 증명서들을 아무도 알아주지 않는다. 유명한 명문대 졸업장과 학위논문이 묶음으로 있어도 어디다 써먹을 데가 없다. 밑 닦는 휴지로 쓰고 싶어도 너무 두꺼워서 비비기도 힘들다. 오직 한군데 쓰일 곳이 있다면 비 오는 날 불쏘시개로 쓰면 아주 요긴할 수도 있다.

도시에서는 정보가 가장 훌륭한 선생이지만 산속에서는 세속적 정보가 전혀 필요하지 않다. 도시에서는 사람들에게 끊임없이 교육을 받지만 산속에서는 자연에게서 하나도 배우지 않는다. 그저 단순히 적응해나가면 된다. 자기도 모르게 자연의 일부분으로 동화해가기 때문에 아무것도 배우지 않으면서도 자연스럽게 전부를 배워가게 되는 것이다.

수행자는 반드시 일정 기간 동안은 산속 생활을 해야만 한다. 산속 생활을 해야만이 범부가 갖는 언어와 문자에 의한 망념으로부터 자유로워진다. 그러면 전혀 감지하지 못하던 자연의 섭리로 인해 내가 서서히 변화해간다. 이 섭리가 몸에 배일 때 더없이 숙연해지고 묵직해짐을 느낀다. 그래서 **심지관경**에서 출가한 자들은 시끄러운 곳을 떠나 한적한 아란야에 거처하면서 마음을 닦으라고 하신 것이다.

❖

이 문단에서 원효 스님은 수행자는 수행자의 거처가 따로 있음을 말씀하시고 있다. 어느 정도 수행을 한 이후에 보살행을 실천하기 위해서는 도시가 좋은 도량이 될 수 있지만, 그 전에는 아무래도 산속에서 수행하는 것이 가장 이상적인 장소라고 보신 것이다.

飢餐木果 慰其飢腸 渴飲流水 息其渴情

배가 고플 때는 나무뿌리와 열매로 배고픈 창자를 위로하고
목이 마를 때는 흘러가는 물로 목마름을 해결해야 할 것이다.

자기의 주도권을 가져라

07

인생에는 두 가지 삶이 있다. 하나는 쾌락의 삶이고, 또 다른 하나는 고행의 삶이다. 전자는 범부들이 지향하는 행복의 삶이고, 후자는 수행자가 택한 고난의 삶이다. 범부들의 삶은 그 목적이 쾌락에 있다. 정도의 차이는 있을지언정 모두 다 쾌락을 향해 매진한다. 이것은 현재 맞닥친 삶 자체가 그만큼 고통스럽다는 반증이다. 그래서 어떤 수단과 방법을 강구해서라도 쾌락적인 행복의 삶을 누리고자 한다.

쾌락의 삶은 범부 누구나에게 절대 행복을 의미한다. 하지만 이것은 결코 이루어지지 않는다. 닥쳐온 고난을 넘어서면 바로 행복이 기다릴 것 같지만 그렇지 않다. 저쪽에서 또 다른 고난이 밀려오고 있기 때문이다. 흡사 산속에서 길을 잃은 자가 눈앞에 놓인 산봉우리를 넘으면 곧바로 평지가 나오리란 희망으로 산을 오르지만, 그 너머에는 또 다른 산봉우리가 기다리고 있는 것과 같다.

범부의 삶은 고통의 연속이다. 절대 행복의 쾌락을 꿈꾸지만 그 경지에 오르지도 못하고 모두 다 헛된 용만 쓰다가 쓰러진다. 이것을 **능가아발다라보경**에서는 목마른 사슴이 아지랑이를 보고 연못인 줄 알고 뛰어가지만, 결국 연못을 찾지 못하고 목이 말라 쓰러지는 것과 같다고 하셨다. 자기의 육신을 가지고 있는 범부의 신분으로는 누구도 그 지점까지 다다를 수 없다.

무모한 자들은 무서운 마약에 손을 댄다. 마약의 힘을 빌려 환각 상태로 쾌락의 정점을 맛보고자 하는 것이다. 하지만 그것은 환각 속에서 일시적으로 주어지는 황홀 상태일 뿐, 깨고 나면 바로 쓰디쓴 고통의 맛을 오랫동안 맛봐야 한다. 이런 사실을 꿰뚫어본 소수의 사람들은 삶의 좌표를 정반대로 설정한다. 육체적으로 추구하는 인생의 쾌락은 절대로 불가능하다는 사실을 직시하고, 정신적 안락을 찾고자 반대쪽으로 방향을 바꾸는 것이다. 바로 고행 수행자들이다.

그들은 육체가 바로 죄업을 만들어내는 기계라는 것을 직시한다. 육체는 억겁 동안 어리석게 살아온 결과로 나타난 죄업의 덩어리이기 때문에 같은 죄업을 지으면 무척이나 반갑도록 반응하게 되어 있다는 것을 간파한 자들이다. 그래서 그들은 육신이 원하는 대로 움직이지 않는다. 육신이 원하는 대로 나아가면 그 원함이 끝이 없기 때문에 일정하게 움직이는 데 필요한 최소한의 에너지만 제공하고 그 외의 모든 주도권은 자기 마음이 직접 챙겨버리고자 한다.

그들은 자신의 육신을 일단 한없이 홀대하고 괴롭힌다. 육신의 비위를 맞추기 위해 이제까지 마음이 주인 노릇을 못했지만, 지금부터는 마음이 주인이라는 것을 분명하게 확인시키려고 한다. 주인에게 대드는 개를 먹이로 훈련시켜 상하관계를 뚜렷이 인식시키는 것과 같은 효력을 기대하는 것이다. 그러면 더 이상 육신이 마음을 제치고 제멋대로 나댈 수 없다.

육신은 필요에 의해 관리해야지 원하는 대로 해주면 신처럼 모셔지길 바란다. 육신은 운송 수단이며 다른 중생과의 소통 창구이다. 그러므로 내가 나에게 필요하도록 만들면 된다. 하루에 세끼를 주면 고맙다는 인사도 없이 널름널름 다 받아먹지만, 두 끼 내지 한 끼만 주어도 군소리 없이 잘 따르도록 훈련시키면 또 그렇게 고분고분하게 내말을 듣게 된다. 시처를 가리지 않고 나를 잘 모시도록 완전히 기를 팍 꺾어놓아야 마음이 안정되어 수행으로 나갈 수 있다.

✤

수행자는 반드시 금욕과 고행을 한다. 동서의 성자치고 이런 과정을 안 밟은 자가 없다. 고오타마 싯다르타도 부처가 되기 전에 살을 찢고 뼈를 깎는 극고의 고행을 6년 동안이나 하셨다. 피골이 상접한 모습이 나무토막 같아 완전히 사람의 모습을 잃어버리다 보니 수백 마리의 염소 떼에게 밟혀 죽을 뻔한 일도 있었다. 다행히 한 어미 염소가 쓰러진 싯다르타에게 젖을 먹여 기력을 회복시켜주었기에 망정이지, 그렇지 않았다면 중생계는 큰 북극성을 잃어버렸을지도 모른다.

그 모습을 하나부터 열까지 가슴 졸이며 지켜보던 범천왕이 비파를 들고 내려와 싯다르타 앞에서 중도의 음악을 연주했다. 아름다운 선율이 감미롭게 고행림을 쓰다듬으며 잔잔하게 퍼져 나갔다. 태자는 음악의 리듬에 맞춰 다시 선정에 들어가려 했다. 그런데 어찌

된 일인지 갑자기 음악의 흐름이 이상해지기 시작했다. 선율이 약해져 그 소리가 극도로 희미해졌고 가녀린 음은 꺼져가는 불빛과도 같았다. 다시 범천왕이 세차게 줄을 타자 이번에는 반대로 귀가 찢어지는 듯한 고음이 울렸다. 그 소리에 태자는 가슴이 터져버릴 것 같은 느낌을 받았다. 태자가 눈을 뜨자 범천왕은 공손히 허리를 굽혀 인사를 하고 하늘로 올라갔다.

비파의 음악이 쾌락과 고행을 떠난 중도를 암시해주었다는 것을 파악한 태자는 그 자리에서 비틀거리며 일어섰다. 그러고는 옆에 흐르는 니련선 강에 들어가서 말라 쪼그라진 육신을 6년 만에 처음으로 씻기 시작했다. 하지만 쇠잔할 대로 쇠잔한 그의 몸은 강물의 유속을 당해낼 수 없었다. 이것을 본 강의 신이 그의 몸을 강가로 밀어내주었다. 그는 물속에 드리워진 나무뿌리를 힘겹게 잡고 죽을 힘을 다해 뭍으로 기어 나와 그대로 기절해버렸다. 그때 수자타라는 여인이 수행자들에게 우유죽을 공양하기 위해 나왔다가 정신을 잃고 쓰러져 있던 태자의 입에 우유죽을 넣어드렸다. 거기서 그분은 이제까지 수행해왔던 모든 고행법을 미련 없이 버리고 중도의 수행법으로 깨달음을 이루시게 된 것이다.

이처럼 불교는 육체의 쾌락을 등지고 정신의 안락을 추구하기 위해 극도의 고통을 권장하는 종교는 아니다. 불교의 수행은 철저히 중도의 자리에서 이루어진다. 하지만 이 중도는 쾌락과 고통의 양변을 경험한 연후에야 중심을 잡을 수 있는 것이다. 그러므로 중도의 위치를 파악하기 위한 금욕과 고행은 수행자가 반드시 경험해야 하는 필수적인 절차인 것이다.

❖

나무뿌리와 열매는 누구에게도 소속이 안 된 먹을거리다. 그러므로 아무에게도 신세를 질 필요가 없다. 내 뱃속만 좀 불편하면 시주의 빚으로부터 자유로워진다. 시주를 수용할 때는 그 갚음을 전제로 받아먹는다. 하지만 목과는 그런 조건이 없다. 그래서 육신을 우선 속박의 빚으로부터 해방시킨다.

나무뿌리라는 말은 초근목피 전체를 뜻하는 말이다. 특히 봄날에 한참 물오른 소나무 대궁은 과거 배고픈 사람들의 창자를 많이도 달래주었다. 옛말에 똥구멍이 찢어지도록 가난하다는 말이 있는데, 이 말은 바로 소나무 가지 껍질을 많이 벗겨 먹으면 섬유질이 뭉쳐서 대변을 볼 때 똥구멍이 찢어지도록 아프기 때문에 나온 말이다. 그것을 알면서도 어쩔 수 없이 먹어야 할 수 밖에 없었던 가난한 사람들, 지금 생각해보면 너무 짠하고 불쌍하기만 하다.

❖

이 구절에서 원효 스님은 수행자는 반드시 고행의 과정을 거칠 필요가 있음을 밝히고 계시다. 직접 해보지 않고서는 절대로 이런 말씀을 하실 일이 없다. 모두 원효 스님을 10지보살이라고 하는데, 그 지위는 오랫동안 자기 고행과 자기 관리를 철저히 해온 결과로 얻어진 자리다. 그 끊임없었던 간난신고의 정진에 무한의 경배를 드린다.

喫甘愛養 此身定壞 着柔守護 命必有終

맛난 음식을 먹여 몸을 사랑하고 보양해도
결국 이 몸은 허물어질 것이고
부드러운 옷을 입혀 지키고 보호해도
반드시 이 목숨은 끝나게 되어 있다.

이 몸은 반드시 죽는다

08

삼보에 대한 귀의는 현재의 종자가 부정하다는 데서부터 시작된다. 그런데도 이것부터 가르치는 곳은 그 어디에도 없다. 아무리 귀의삼보를 강조해도 이 가르침이 빠지면 예경에 대한 믿음이 나오지 않는다. 그러다 보니 불교를 배운 사람들조차 삼보에 대한 예경심이 깊지가 않다. 자기와 삼보는 아주 별개의 존재라고 여기기 때문이다.

종자부정이라는 말은, 중생은 중생이 되기 이전부터 이미 수많은 고통의 문제를 내포하고 있다는 원인 사상이다. 그러므로 중생은 살면 살수록 더 많은 어려움과 환난을 야기한다. 이것으로부터 벗어나는 방법은 범부의 지위를 벗어나는 것이다. 그러려면 **반야심경**에서 말씀하신 오온개공을 관자재보살처럼 완벽하게 체득해야 한다.

범부가 누구인가. 범부란 바로 자신의 현재 모습이 진짜라고 여기는 어리석은 자라고 경전은 정의하고 있다. 중생이 가지고 있는 몸은 숙세의 죄업이 만들어낸 가짜 몸이다. 즉 현재의 내 몸은 내 것이 아니다. 진짜인 나에게 기생하는 마구니 파순이의 몸이다. 그러다 보니 나를 도와주지 않고 끝없이 나를 힘들게 하고 쉴 없이 괴롭힌다. 산해진미를 배불리 먹여도 그때뿐이고, 최고로 비싼 명품들로 치장해줘도 만족할 줄 모른다. 이것은 염치도 없고 절도도 없다. 진짜 제멋대로다. 늙지 말라고 해도 자기 혼자 늙어가면서 시처를 가리지 않고 원하는 것은 무조건 다 해놓으라며 진짜 주인을 무시로 압박한다.

이때 범부들은 몸의 요구를 전적으로 따른다. 그러면 바로 가짜의 노예가 된다. 이렇게 주객이 전도되면 한평생 삶이 지치고 피곤하다. 하지만 몸은 자기 마음의 부속품이라는 것을 알게 되면 더 이상 몸에 종속되는 삶을 살지 않는다. 몸이 자기를 끌고 다니는 것이 아니라 마음이 몸을 끌고 다니는 주인 자리를 차지하게 되는 것이다.

❖

내 몸이라고 여기는 현재의 이 몸은 가짜다. 이것은 쉬메라다. 이 가짜를 쫓아내면 진짜 주인이 나타난다. 진짜 주인이 자기 권리를 찾고자 행동을 개시할 때 가짜는 밖으로 밀려나게 된다. 그렇게 하려면 가짜의 몸이 진짜 내 자신을 찾는 데 확실한 도움을 주어야 한다. 가짜의 몸으로 복덕을 지어야 그 속에 들어 있는 진짜 주인이 움직이기 때문이다. 문제는 가짜가 저 죽는 줄 뻔히 알면서 뭣한다고 진짜 마음을 위하여 복덕을 지어주겠느냐 하는 것이다.

사람들은 복덕을 짓지 않는다. 복덕을 짓는 것을 죽는 것보다 싫어한다. 그 이유가 바로 여기에 있다. 가짜일수록 자기 고집이 강하고 자기 개성이 강하다. 그래야 그 가짜가 계속해서 살아남을 수 있기 때문이다. 그런 자기인데 어떻게 호의호식을 버리고 순순히 진짜에게 그 자리를 쉽게 내어주고자 하겠는가.

돈을 벌면 육신이 호의호식한다. 육신이 자기의 주인이라고 여기는 사람들은 물불을 가리지 않고 돈을 번다. 바로 육신을 위해서이다. 복을 지으면 마음이 자유롭다. 하지만 사람들은 마음을 위해 육신을 쓰는 것이 아니라 육신을 위해 마음을 쓰고 있다. 오로지 육신만 아름답고 잘 생기면 그 주인인 마음은 어떤 상처와 어떤 징벌을 받더라도 모두 감수하고자 한다. **삼뮤따니까야** 말씀이다.

The fool thinks fortune is on his side
so long as his evil does not ripen,
But, when the evil ripens,
The fool certainly incurs suffering.

어리석은 자는 적어도 악이 익기 전에는
행운이 자기편이라고 생각한다.
그러나 악이 익게 되면
어리석은 자는 반드시 고통을 받게 된다.

죄업의 육신과 기막히게 잘 어울리는 지각 작용이 바로 거친 표면 의식이다. 이 표면 의식 속에 잠재의식이 들어 있고, 그 아래층에 근본 의식이 들어 있다. 범부는 표면 의식을 사용하기 때문에 육신의 감각기관에 옴짝달싹하지 못하게 되어 있다. 이 의식을 범부는 마음이라고 한다. 그런데 그 마음이 감각기관에 완전히 홀대를 당한다. 마음은 사물을 보고 싶지 않은데 눈이 제멋대로 보고 자기 기준에 의해 판단해버린다. 소리를 상대한 귀도 그렇고 냄새를 상대한 코도 그렇다. 물론 감촉도 그러하며 생각도 그러하다.

자기 몸에 붙어 있는 부속 기능이 주인인 마음을 지배해 하인처럼 부려먹고 있지만, 범부는 이런 기막힌 사실을 자각하지 못한다. 그래서 자기 마음이 원하는 삶이 아니라 감각 기능이 시키는 대로 노예처럼 살아가고 있는 것이다. 부처님은 보다 못해 **사자침경**에서 명장이 대병을 거느리는 것 같이 자신을 관리해야 한다고 말씀하셨다.

자기 몸을 한번 찬찬히 검색해보라. 어디 하나 만족할 만한 구석이 있는가. 어디 한 곳도 잠시 내 손이 가지 않으면 더럽고 추잡해져 버린다. 천 날 만 날 손보고 씻기고 다듬어야 한다. 말은 또 얼마나 안 듣는지 머리털 하나도 맘대로 하지를 못한다. 이것이 바로 종자 부정이다. 그런데도 현재 당신이 공주처럼 이쁘게만 보인다면, 당신은 아직 백일몽에 취해 있는 가엾은 존재다. 반대로 이 몸은 문제투성이의 부정된 몸이라 여긴다면, 지금부터 이 몸을 도구 삼아 진짜 아름다운 내 몸을 찾는 데 인생 전부를 매몰차게 걸 여지가 있다.

이 죄업의 몸속에 진짜 내 마음인 삼보가 갇혀 있다. 즉 부처가 있고, 정토가 있으며, 그 세계로 나아가고자 하는 수행자가 들어 있다. 이것이 삼보다. 내적 삼보가 움직여야만 외적인 바깥 삼보가 눈에 들어온다. 그때 삼보에 대한 참된 신심의 예경이 일어나게 되는 것이다. **구경일승보승론**에 삼보의 무한 공덕을 설명해놓았다.

1. 삼보와 같이 살아간다는 것은 최고의 축복이다.
2. 삼보는 깨끗한 공기를 만들어내는 삼림과도 같다.
3. 삼보는 고통과 재액에 빠진 중생들을 모두 살려낸다.
4. 삼보를 모시고 있는 자는 그 어떤 자보다도 아름답다.
5. 삼보는 그 어떤 것보다도 훌륭하고 성스럽다.
6. 중생을 위해 존재하는 삼보는 중생이 있는 한 영원하다.

사람들이 바라는 바는 세 가지다. 건강과 안온, 그리고 장수이다. 이것을 파괴하는 것은 바로 늙음, 질병, 죽음이다. 삼보는 이런 피치 못할 세 가지 적을 물리치고 생명을 구하는 역할을 한다고 **십이인연경**에서는 말씀하신다. 또한 **복전경**에서는 삼보에 공양 올리면 무량한 대복을 얻는다고 하셨으며, **선생경**에서는 삼보에 의지해 살아갈 때 얻게 되는 과보가 가히 끝이 없다고 말씀하셨다.

❖

이 대목에서 원효 스님은 발심의 기초를 말씀하시고자 했다. 즉 이 몸은 죄업의 몸이며 한시적 인연으로 존재하다 사라지는 것이니, 여기에 끝없는 애착과 탐애를 부리지 말 것을 우회적으로 경고하시고 있다. 대신 그 속에 들어 있는 삼보의 씨앗을 싹틔우라고 하신 것이다.

助響巖穴 爲念佛堂 哀鳴鴨鳥 爲歡心友

소리를 울려주는 바위굴로 염불당을 삼고
울면서 날아가는 기러기로 마음의 벗을 삼아야 할 것이다.

염불을 하라

09

당나라의 고승 종밀은 **화엄경행원품별행소초**에서 염불에는 크게 네 가지 종류가 있다고 했다. 그중에서 칭명염불은 범부들에게 아주 적격인 염불수행법이다. 번뇌에 요동치는 산란한 마음을 쉬게 하고 끝없이 밀려오는 수면을 제어하는 데 효과적이기 때문이다.

칭명은 말 그대로 소리를 내어 진언이나 부처님의 이름을 계속해서 부르는 것을 말한다. 마음이 입으로 소리를 내게 하고, 그 소리를 귀로 들어 가슴 깊숙이 숨어 있는 자성자리를 건드린다. 그러면 진흙같이 붙어 있던 죄업의 굳은 껍데기가 하나둘 떨어져 나가고, 다시 그 마음이 염불소리를 내게 한다. 이런 반복적인 행위는 身口意 삼업을 정화시키고 혼란스런 잡념을 일념의 상태로 이끌어 염불삼매를 일으키도록 한다.

하지만 범부는 아무리 좋은 것이라 하더라도 금방 싫증을 내는 성향이 있다. 혼자서 염불할 때 또한 마찬가지다. 이럴 때 염불을 옆에서 도와주는 것이 조념염불이다. 혼자 하는 염불이 시들해질 때 누군가 같이 염불을 해주면 효과가 배가된다. 성냥개비 불 한 개는 아무 힘이 없다. 조그마한 바람에도 금방 꺼지고 만다. 하지만 열 개가 모이고 스무 개가 모이면 어지간한 바람이라도 끄떡없다. 바로 그런 논리다. 대단한 잠재 능력이 있더라도 그냥 놔두면 연약하기 그지없지만, 그것을 보호해 위력을 도와주면 우주를 태워버릴 수 있는 막강한 힘이 나온다.

염불을 도와주는 대중이 옆에 없으면 자연의 도구를 이용하는 수밖에 없다. 그중에서 제일 좋은 조건을 갖춘 곳이 동굴이다. 대중의 조념염불 역할을 대신해주는 에코시설을 천혜적으로 갖추고 있기 때문이다. 여기서 목탁 소리와 함께 칭명염불을 하면 본래 목소리보다 더 청량하고 더 장중하게 되울려오는 소리가 자신을 염불에 몰입시킨다. 그래서 불교와 인연이 있는 산속 동굴에는 거의 다 불상이 모셔져 있다. 불상과 내가 은밀하게 가피를 주고받는 장소로서가 아니라 일념으로 염불하기 위한 수행의 법당으로서 불상을 모셔둔 것이다.

대중과 함께하지 않는 삶은 늘 적막하고 허허하다. 대중의 법규와 번잡함을 싫어해 토굴의 삶을 영위하려면 이 무섭도록 쓸쓸한 고독을 참아내야 한다. 대중 속에 살면 대중의 흐름에 편승해 목적지에 다다를 수 있지만 혼자 살면 스스로 목적지를 찾아 나아가야 하기 때문이다. 혼자의 수행은 더 힘들고 더 고역스럽다. 그래서 부처님은 서로의 수행을 도와주는 사부대중 공동체를 만드셨던 것이다.

범부는 태생적으로 싸움을 하게끔 되어 있다. 좋은 예로 어린아이들끼리 놔두면 마지막에는 반드시 싸우고 마는 이유가 여기에 있다. 그것은 광겁토록 쌓여온 숙습을 안고 태어나기 때문에 그렇다. 이 싸움이 커지면 계파 투쟁이 되고 더 나아가면 살육의 전쟁이 된다. 범부는 결코 조용하게 머무르지 못한다. 전생으로부터 익혀온 욕망과 번뇌가 내부로부터 끝없이 충동질하기 때문에 혼자서 도끼질을 하든지 채전에서 밭고랑을 이루면서 터져 나오려는 분화를 조절해야 한다.

수행은 이러한 폭력성의 원인이 아예 일어나지 못하도록 하는 것이다. 즉 자기와의 싸움이다. 세상에서 가장 쉬운 싸움은 공격하는 대상이 눈에 보일 때이다. 하지만 그런 상대가 없다면 자신과 싸울 수밖에 없다. **법구경**에서는 전쟁터에서 수천수만의 적과 싸워 이긴 자라 하더라도 자신을 이긴 자와 비교해보면 자신을 이긴 자가 진정 승리자라고 하셨다. 승리 중에서 가장 큰 승리는 자신을 이기는 것이다. 그래서 하늘에 있는 신이거나 그 아래 있는 악마거나 그 누구도 자신을 이긴 자는 어떻게 할 수가 없다고 하신 것이다.

자신과의 싸움에 있어 강적은 게으름과 안이함이다. 이것들과 친해지면 산속에서 고적하게 살아가야 할 이유가 없다. 그런 삶은 생존을 위한 머무름일 뿐이다. 잘못하다가는 그저 토굴을 지키는 토굴지기가 되든지 산속 사람으로 시간만 보내는 한인에 그칠 수 있다.

토굴 생활은 언제나 스산한 공간에 따분한 일상이다. 이 허허한 기분을 한꺼번에 날려버릴 수 있는 소리가 바로 기러기의 청량한 울음소리다. 그들은 떠나기 전에 아주 시끄럽게 운다. 떠날 시간이 촉박하다는 것을 동료들에게 재촉하는 소리다. 그들은 떠나야 할 시기에 정확히 떠난다. 그때를 놓치면 죽는다.

가을 찬 하늘, 달 밝은 하늘을 가로지르며 날아가는 기러기 무리를 본 적이 있을 것이다. 그들은 서로를 살피는 울음으로 함께 격려해가며 머나먼 목적지를 향해 쉼 없이 날아간다. 더 늦기 전에 가야 할 곳으로 가고자 힘차게 비행하는 것이다. 그 행렬을 보고 수행자는 다시 느슨해진 마음을 다잡는다. 세속인들은 그저 그 모습을 서정의 아름다움으로 바라보고 말겠지만, 수행자는 자기도 어서 빨리 저 철새들처럼 윤회의 세계를 떠나야겠다는 다급함을 갖게 된다. 장엄염불 속의 한 구절이다.

山堂靜夜坐黙言
寂寂寥寥本自然
何事西風動林野
一聲寒雁唳長天

산속에 있는 토굴, 고요한 밤, 그 속에 앉아 말을 잊는다.
적막하고 텅 빈 것이 자연의 바탕인 것인데
무슨 일로 서풍이 불어와 동쪽의 임야를 흔드는가.
차가운 밤하늘에 기러기 외마디가 장천의 적막을 깨는구나.

미물인 철새조차 저렇게 때를 놓치지 않는데 나는 도대체 여기서 무엇을 하고 있단 말인가 하는 경각심을 일으켜 더 야멸찬 수행에 매진하도록 한다. 게으르고 나태하게 어영부영하면 시기를 놓치게 되고, 그러면 여기서 또 의미 없는 죽음을 맞이하게 될 것이 분명하다. 길을 재촉하는 기러기 울음소리를 흐트러진 마음을 일깨우는 도반의 신호로 받아들일 수 있을 때 수행자는 사바세계의 고통에서 멀어져 갈 것이다.

❖

도반의 정의는 뭘까. 불자들은 절에만 같이 다니면 누구든 도반이라고 한다. 옛날에 어떤 도반, 지금의 누구 도반이라는 이름을 붙이고 소개를 한다.

보통 불자들이 절에 다니는 이유가 집안의 평화와 가족의 건강, 그리고 가장의 출세를 위해 기도를 하기 위함이다. 하지만 기도와 염불은 다르다. 기도는 세속적으로 무엇을 얻기 위해 정성을 들이는 것이고, 염불은 자성자리를 일깨워 부처의 세계로 나가기 위한 자기수행을 말한다. 다시 말하면 기도는 뭘 바라 채우려는 욕망이고 염불은 가진 것을 다 버리려는 정행이다. 둘은 완전히 반대이다. 그러므로 뭔가를 간구하는 기도 속의 염불은 도리어 염불 자체의 기능을 마비시켜버린다.

염불은 그 방향 자체가 세속적이지 않다. 그러므로 이 방법을 써서 세속적 이익을 얻으려고 한다면 의도 자체가 잘못되었다. 염불을 하면 복이 생긴다. 그 복이 세속적 삶을 도와줄 수는 있어도 염불이 세속적 삶을 윤택케 하는 것은 아니다. 염불은 세속적 삶으로부터 벗어나도록 하는 기능을 갖고 있기 때문이다.

기도하는 자들은 거의 다 세속적 소원을 안고 있다. 이 소원을 간구하기 위해 절에 다니는 사람들은 도반이 아니다. 이들은 일종의 장사꾼들이다. 똑같은 물건을 갖고 시장에 가서 누가 더 좋은 값을 받느냐 경쟁하는 것과 같다. 각자가 기원하는 바를 가슴에 안고 법당에 가서 누가 더 진하게 부처님의 가피를 받아오느냐 하는 경쟁으로 기도하기 때문이다. 이렇게 만난 부류들은 서로 도반이라고 부를 수 없다.

도반은 깨달음의 도에 올라선 친구들이다. 이들은 힘든 장도에 어깨를 걸어주고 다리를 빌려주며 서로 믿고 의지하면서 지칠 줄 모르고 계속 나아간다. 이렇게 뭉쳐진 자들이 도반이 되고 선우가 된다. 이런 도반에 대해 **마지마니까야**에서는 이렇게 말씀하신다.

If one can find a worthy friend,

A virtuous, steadfast companion,

Then overcome all threats of danger

And walk with him content and mindful.

만약에 참 좋은 친구를 찾는다면
고결하고 변함없는 동료여야 한다.

그와 함께하면 내용 있고 충실한 수행으로
모든 고난의 위험으로부터 벗어날 수 있다.

도반이라고 할 때 道는 도교에서 말하는 도하고는 거리가 멀다. 불교에서의 정확한 뜻은 발취도상의 줄임말이다. 발취라는 말은 발심을 해서 나아간다는 말이고, 도상이라는 말은 깨달음의 길이라는 뜻이다. 즉 발심을 해서 깨달음의 도에 올라가는 것을 말한다.

세속의 친구가 도반이 될 수 있는가. 친구는 그냥 세속적 친구일 뿐이다. 이것은 조건과 양보가 전제되었을 때 친밀한 관계로 이어진다. 몸은 비록 멀리 떨어져 있어도 따스한 정감이 흐르고 숨결이 느껴지는 친구가 있다. 그렇더라도 친구는 단순히 친구일 뿐이다. 조금이라도 셈수가 틀리거나 생각이 맞지 않으면 언제든지 아쉬움을 안고 돌아서버린다. 반대로 늘 같이 거주하며 같이 먹고 마셔도 이방인처럼 느껴지는 사람이 있다. 그러다가도 어느 날 뜻밖에 나를 제대로 한번 도와주면 그때부터 잊지 못할 친구가 된다.

친구와 친밀하고 소원해지는 기준은 나에 의해 바뀔 수 있지만, 도반은 세속적 이익이 개입되지 않기 때문에 한번 도반은 영원한 도반이 된다. 그러므로 세속적 취향을 갖고 세속적 삶을 사는 친구는 도반이라고 말할 수 없다.

이미 도반이 되었음에도 게으르거나 잡다한 말썽으로 수행을 방해하는 자가 있다. 이런 자들은 뱀이 허물을 벗듯이 자주 떨쳐버려야 한다. 대신 수행의 의지가 강하고 복덕이 갖춰진 자들과는 어떻게든 친하게 지내야 한다. 좋은 자들과 친하고자 할 때는 그만큼 조심스럽고 여법해야 한다. 그렇지 않으면 그들이 쉽게 도반으로 인정해주지 않는다. 좋은 도반을 만나면 칡이 소나무를 의지하는 것처럼 천 길로 솟아오를 수 있지만, 나쁜 도반을 만나면 잡초를 만난 칡처럼 땅바닥을 기는 수밖에 없다. **마지마니까야**에서는 나쁜 친구들을 지목하여 이렇게 말씀하신다.

Better it is to walk alone,

There is no companionship with fools,

Walk alone and do no evil,

At ease like a tusker in the woods.

혼자서 가는 것이 낫다.

어리석은 자와 동료가 되는 것보다는

혼자 가는 것이 악을 짓지 않는 것이다.

숲 속을 편안히 소요하는 코끼리처럼.

수따니파타에서는 인간이 가지는 열한 개의 복에 대해 말씀하시는데, 그중 첫 번째가 바로 좋은 도반과 사귀는 것이다.

Not to associate with fools,

to have fellowship with the wise,

and to honor those worthy of respect

this is the highest blessings.

어리석은 자와 짝하지 않고

현명한 사람과 도반이 되어

존경할 만한 분들을 받드는 것

이것이 최상의 복이다.

❖

이 대목에서 원효 스님은 수행자는 일심으로 부처를 생각하는 염불
을 해야 할 것이며, 그 삶이 외롭고 힘들더라도 좋은 도반을 만나 때
를 잃지 않고 깨달음의 세계로 나아가야 한다고 말씀하시고 있다.

拜膝如氷 無戀火心, 餓腸如切 無求食念

절하는 무릎이 얼음과 같더라도

불을 생각하는 마음이 없어야 할 것이며

배고픈 창자가 끓어질 것 같더라도

먹을 것을 생각하는 마음이 없어야 할 것이다.

고통을 참고 정진하라

10

절을 뜻하는 卍 자는 전체를 포용한다. 十 자는 직선으로 뾰족하게 제각각의 방향으로 나아가지만 卍은 곡선으로 둥그렇게 사방의 방향을 아우른다. 절은 이 卍 자에 계합하기 위해 뾰족한 직선의 마음을 꺾어 둥그런 곡선의 마음을 만들기 위한 자복 행위를 말한다.

대자연은 보신부처의 몸이다. 이 몸에 순응하면 살고 불응하면 죽는다. 이제까지는 어리석어 죽는 삶을 살아왔다. 돌이켜보면 지나간 억겁의 삶이 모두 다 죽으려고 작정한 처절한 몸부림이었다. 이것을 깨달으면 절대로 보신부처님의 작용을 거역하지 않겠다는 회한의 맹세가 일어난다. 회한은 통렬한 자기비판이다. 이것이 없으면 진전이 없다. 절은 이 맹세의 표시이다. 즉 이제까지 옳다고 여기던 모든 기준들이 틀렸음을 절감하고, 다시는 그런 어리석은 삶을 살지 않겠다고 서원하는 행위이다. 더 이상 나를 내세우지 않겠다는 뜻으로 절을 하는 것이다.

현재 한국불교에서 하는 절은 불교 고유의 예법이 아니다. 이것은 중국에서 만들어진 유교의 예법에서 변형된 형태이다. 마지막에 손바닥을 받들어 올려 고두례를 하는 것만 다를 뿐 유교의 절과 거의 같은 동작이다. 하지만 불교의 절과 유교의 절은 그 내용이 전혀 다르다. 불교에서는 절을 하는 본인이 행위의 주체가 되지만, 유교와 그 외의 종교는 절을 받는 쪽이 주체가 되기 때문이다. 그런데 많은 불자들이 절을 받는 쪽에다 무게를 두고 신행 활동을 하고 있다. 그런 절은 소득이 없다. 얼마만큼의 육체 운동이 될 수는 있어도 신앙의 측면에서는 아무런 이익이 없다.

절은 전체를 원한다. 절은 깊숙함을 바란다. 그와 동시에 전부를 버린다. 깊숙할수록 전체가 버려진다. 그 속에 어떤 손익 계산이 있다면 그 절은 이미 변질된 가짜 움직임이다. 절은 밖의 것을 바라지 않는다. 절은 내면을 맑히는 일이기 때문에 절을 함으로 해서 욕망을 채울 수는 없다. 절은 철저히 자기반성에서 기인한 몸짓이다. 잘하고 못하고, 몇 번의 횟수를 하고는 전혀 상관이 없다. 참회와 서원이 사무친 땀방울로 방석 세 개 정도를 해지게 만들면 그때서야 세상의 이치가 눈에 들어오기 시작하는 이유가 여기에 있다.

단순히 죄업장을 소멸시키려 하거나 다급한 소원을 성취하겠다는 목적 아래 엎드려 절을 해야 되겠다는 발상 자체가 사실 잘못된 것이다. 부처님은 중생들이 절을 하고 안 하고에 대해 감정적으로 대응하는 분이 아니시다. 절하는 정성으로 하늘을 움직일 수는 있어도 부처님은 움직이게 할 수 없는 이유가 여기에 있다. 태양은 그냥 가만히 있을 뿐이다. 그러면서 일체 만물을 생육시킨다. 그 누구도 태양의 작용을 개인에게로 국한시킬 수 없다. 빛이 필요하면 태양 쪽으로 자기 방향을 맞추어야지 태양더러 자기 쪽으로 움직여 달라고는 할 수 없는 것이다. 부처님은 태양과 같은 분이시다. 그 작용에 순응하면 살고 역행하면 죽는다. 죽고자 돌아앉은 삶에서 아무리 절을 하면서 자비의 빛을 달라고 해봐야 부처님이 어떻게 할 수가 없다. 태양이 자기 자리에서 자기 할 일을 무심히 하듯 부처님도 인연이 있는 중생들을 위해 당신의 할 일을 자연이 하시는 것이다.

삶의 목적이 분명히 선 사람들, 지금까지의 거짓된 삶에 진절머리를 느끼는 사람들은 통한의 참회와 함께 새로운 삶을 살겠다는 맹세의 절을 반드시 하게 된다. 이런 절은 춥다거나 덥다거나 하는 호사스런 조건을 따지지 않는다. 그런 사람은 아직 참회할 자세가 되어 있지 않은 것이다.

눈물겨운 참회를 해보지 못한 사람은 원효 스님이 말씀하신 뜻을 이해하지 못한다. 스님은 목적이 뚜렷한 수행은 춥고 배고픔을 떠나 목숨을 걸고서라도 반드시 해야만 하는 것이라고 말씀하시는데, 서원이 굳세지 않는 자들은 어떻게든 편안하고 따뜻한 곳만을 찾아다닌다. 구도는 죽음을 전제로 시작된다. 현재의 我라고 생각하는 자신을 죽이지 않으면 이 세계에 들어갈 수 없다. 자신을 끔찍하게 사랑하는 사람들만이 가짜 자기를 죽이고 진짜 자기를 찾아 나선다. 어떠한 대가를 치르더라도 후회하지 않을 단심을 가진 자만이 자발적으로 나서 이런 수행을 하는 것이다. 이것은 더 큰 것을 구하기 위해 자기를 재물로 바치는 희생이다. 불현듯 극락세계를 만드신 법장 스님의 발원이 생각난다.

> 제가 이 원력을 성취하기 위해
> 혼신을 다 바쳐 정진하다가
> 설령 죽게 되거나 지극히 어려운 곤경에 빠져들거나
> 또는 말할 수 없는 괴로움을 당한다 하더라도
> 절대로 끝까지 후회하지는 않을 것입니다.

 죄업으로 태어난 이 몸이 설사 으깨지고 빠개지는 한이 있더라도 새로운 삶을 향해 나아가고자 하는 몸부림이 더 강하고 굳세다면, 이 정도 고난쯤은 어떻게든 정신력으로 이겨내야 하는 과정인 것이다.

❖

 사찰에 밥이 귀할 때가 있었다. 언제나 배고픔을 안고 살았다. 승속을 털어 먹을 것이 넉넉지 못한 시절이었지만 사찰은 더욱 심했다. 탁발로 쌀을 얻어서 밥을 지어 먹어야 하는 스님들은 굶는 날이 먹는 날보다 더 많았다. 제각기 탁발한 쌀을 가지고 한 철씩 지내는 연명의 삶을 살았다. 그러다 불시에 지나가던 배고픈 객승이 찾아오면 피 같은 밥 한 숟가락씩을 거둬 접대했다. 그것이 십시일반이다. 즉 열 숟가락으로 한 그릇을 만든다는 뜻이다. 그 시절 노스님들은 빈 목탁을 치지 말라고 했다. 동자승들이 염불을 익히기 위해 목탁을 치면 아예 손사래를 쳤다. 지나가던 객승이 그 소리를 듣고 뭐 먹을 것이라도 있나 하고 들어오면 어떻게 할 것이냐고 무안하도록 타박했다. 참 슬픈 사찰의 과거 모습이다.

사찰에서는 부처님께 마지를 올린다. 마지가 바로 밥이다. 대승불교에서는 부처님이 사시에 공양을 드셨다고 해서 아침 아홉시에서 열한시 사이에 마지를 올린다. 이것은 대승불교권 어디에서도 다 그렇다. 불전에 올려 진 마지 밥은 오직 스님들만 손을 댄다. 그것은 스님들 것이다. 사가에서도 제사를 지내고 나면 재사 밥은 재주인 어른이 먹는다. 아이들은 손대지 않는다. 그처럼 법당 것은 주인인 스님들만 먹는다. 이것은 일종의 불문율로서 스님들에 대한 최소한의 예의이면서 특별히 내려온 관습이다.

내가 중국 수도원에서 유학하고 있을 때 진짜 놀란 일이 있었다. 초하루 법회 때, 불전에 정말 많은 공양물들이 차려져 있었다. 떡부터 시작해서 각종 기름, 쌀, 과일, 심지어 생수까지 없는 것이 없을 정도로 수많은 공양물들이 즐비하게 법당을 채우고 있었다. 나는 나도 모르게 흥분했다. 저 많은 공양물들이 모두 다 절에 들어온다고 생각하니 기분이 정말 좋았다. 생전 보지 못했던 먹거리들이 구석구석 쌓여 있는 것을 보고, 오늘부터 배부르게 잘 먹겠구나 하는 생각에 잔뜩 들떠 있었다.

그런데 얼마 후 예식이 끝나는 소리를 듣고 식당으로 가던 중 법당을 슬쩍 바라보니 그 많던 공양물이 흔적 없이 사라지고 없었다. 그 짧은 사이에 절에서 전부 다 치웠는가 하면서 부엌으로 들어가 자리를 잡았다. 그런데 점심 메뉴는 평상시와 다를 바 없었다. 궁금

함을 참다못해 물어보았더니 돌아오는 대답이 너무 충격적이었다. 사람들이 모두 다 가져갔다는 것이다.

한때 우리나라 절에서도 그랬다. 절에서 재를 올리거나 불공을 하면 재물을 거의 다 신도들이 가져갔다. 어른들께 봉송을 보낸다고 창호지에 바리바리 싸서 이리저리 다 보내고 얼마간만 겨우 절에 남겨놓았다. 그 남겨진 음식들로 스님들은 쪼그라진 배를 채웠다. 그럴 때 큰 위안이 되는 것이 불상 앞에 놓인 마지 밥이었다. 그 마지 밥을 가지고 스님들은 몇 날 며칠을 드셨다. 겉이 굳어지면 걷어내 삶아 먹고, 또 굳으면 긁어내 끓여 먹었다. 얼마나 맛없고 싱거웠을까. 생각해보면 참 힘들고 어려운 시절이었다.

옛날에는 세속에서 버려진 아이들이 주로 절에 와서 컸다. 고아들은 갈 곳이 없었다. 길거리를 헤매다 탁발 나온 스님들에게 발견되면 스님을 따라 절로 유입이 되었다. 조선시대 때는 어느 누구도 자발적으로 출가를 하려 하지 않던 시절이다 보니 이런 자들이 커서 스님들의 법맥을 이어 나갔다. 그들은 동자승이 되어 절에서 허드렛일들을 도와주고 노스님들을 시봉하면서 어른 스님으로 성장해갔다. 채전을 일구고 땔나무를 하면서 예식을 배우고 경전을 공부했다. 공양을 짓고 채공노릇도 했다. 공양은 밥이고 채공은 반찬을 만드는 일이다. 갱두라고 해서 국을 끓이는 일도 그들이 도맡았다. 사내아이들의 서툰 부엌일로 사기그릇은 죄다 이빨이 빠졌고 음식이라고 만들어 오는 것도 모양과 맛이 볼품없고 거칠었다. 그래도 배고픈 스님들은 그마저도 감지덕지 여기며 고맙게 드셨다.

부처님께서 제타바나 수도원에 계실 때 이야기다. 부처님은 가끔가다 신통으로 세상을 둘러보곤 하셨다. 어느 날 아침 일찍 가난하지만 착하게 살아가는 한 농부가 부처님 시야에 들어왔다. 그의 이름은 알라비였고, 선행과 지혜가 있어서 능히 성인의 첫 단계에 들어갈 잠재력이 있어 보였다.

아침을 드신 부처님은 500여 명의 비구들을 데리고 알라비가 있는 곳으로 향했다. 며칠 뒤 일행은 무사히 알라비가 사는 마을에 들어가 자리를 잡았다. 더러는 나무 밑에, 더러는 노지에 자리를 펴고 좌선으로 하룻밤을 보냈다. 마을 사람들은 부처님의 방문에 크게 감격하여 부처님과 그 제자들에게 지성 어린 예배를 올렸다. 알라비도 부처님이 마을 어귀에 도착해 계시다는 소리를 듣고 법문을 듣겠다는 마음으로 부지런히 공양 준비를 하고 있었다. 그런데 그 시각 금쪽같이 아끼던 암소가 보이지 않았다. 그는 고민에 빠졌다. 소를 찾으러 숲 속으로 가야 하는 것인가, 아니면 부처님의 설법을 들으러 가야 하는 것인가. 결국 그는 자기의 전 재산인 소부터 찾아야겠다고 결심하고 아침도 먹지 못한 채 숲 속을 향해 뛰어 들어갔다.

동네 사람들은 부처님과 제자들을 지성을 다해 모셨다. 머무는 데 하나도 불편함이 없도록 모든 것들을 정비하고 차제대로 공급했다. 부처님의 감로설법을 들을 수 있는 기회는 영광 중의 영광이기 때문에 온 힘과 열의를 다해 모셨다. 공양이 거의 끝나갈 무렵 부처님은 아난존자를 따로 부르시더니 이렇게 말씀하셨다.

"한 그릇의 밥을 남겨놓아라."

"어쩐 일로 그러시는지요?"

"조금 있다 먹을 사람이 찾아올게야."

공양이 끝나고, 이제 부처님께서 그들에게 설법해주실 일만 남았다. 하지만 부처님은 조용히 선정에 들어가시는 것이었다. 아무도 그 이유를 알 수가 없었다. 이런 일은 처음 있는 일이어서 무슨 뜻인지 가늠이 되지 않았다. 그래서 모든 대중들도 부처님을 따라 조용히 선정에 들었다. 일반인들은 그저 가만히 부처님께서 선정에서 깨어나시길 기다리는 수밖에 없었다. 해가 중천을 넘어갈 때쯤 마침내 부처님께서 선정에서 나와 지루해하는 대중들을 위해 금구를 열기 시작하셨다.

"내가 여기 온 이유는 한 착한 남자를 위해서다. 그는 이제 수다원의 반열에 들어가도 손색이 없을 정도로 마음이 맑고 깨끗해졌다. 하지만 불행히도 그는 오늘 아침 소를 잃어버렸다. 소는 그에게 전 재산이자 단 하나밖에 없는 여식의 혼례를 치러줄 마지막 재산이기도 하다. 그래서 그는 잃어버린 소를 찾으러 숲 속으로 들어갔다. 이제 곧 나타날 터이니 조금만 기다리자."

부처님의 말씀이 끝나고 얼마의 시간이 지나자 알라비가 소를 몰고 나타났다. 맥이 빠지고 피곤에 젖은 그의 몰골은 말이 아니었다. 아침부터 소를 찾아 뛰어다니느라 아무것도 먹지 못해 파리하고 초췌했다. 그는 지쳐 있었다. 하지만 그는 소를 몰고 집이 아닌 부처님이 계시는 쪽으로 곧장 왔다. 그는 부처님께 다가가 공손히 무릎을 꿇고 예배를 올렸다. 부처님은 아난다를 불러 아까 남겨둔 밥을 내어주라고 하시면서 가설로 차려진 법당으로 들어가셨다. 아난존자는 그에게 죽 한 그릇과 카레 한 접시를 내어주었다. 그는 허겁지겁 그것들을 폭풍같이 흡입하고 정신을 차렸다. 그러고는 두 손을 모아 대중들께 감사의 합장을 올렸다.

그의 육체적 고통은 가라앉았다. 소도 찾았고 밥도 먹고 나니 마음이 한결 편안해졌다. 그때 부처님께서 알라비를 법당으로 불러들였다. 어리둥절해 있는 그를 부처님은 편안하게 상석에 앉히고 심심묘법의 법문을 해주셨다. 부처님의 법문은 때로는 감미로운 바람이 어린 새싹들을 쓸어주는 것처럼 부드러웠고, 또 어떤 때는 백수의 왕인 사자의 포효처럼 위엄 있게 우렁찼다. 이 깊고 높은 법문이 끝나자 부처님의 기대대로 알라비는 바로 아라한의 초입 세계에 들어갔다. 그것을 보신 부처님은 적이 만족해하시면서 입가에 엷은 미소를 머금으셨다.

그때 비구들은 의아해했다. 이제까지 단 한 번도 이런 일이 없던 터라 부처님의 이런 특별한 대우에 매우 놀랐다. 어떤 비구는 화를 내고 어떤 비구는 불평을 털어놓았다.

"생각해보라. 여러분. 어떻게 이 가난한 사람을 특별히 상석에 앉히고 법문을 해주실 수 있습니까? 그것도 직접 오후에 음식까지 내려주시면서. 여러분. 이게 이해가 되십니까?"

이 소리를 들으신 부처님은 가던 걸음을 멈추고 다시 그들에게 돌아오셨다.

"맞는 말이다. 비구들이여. 내가 여기 온 이유는 오로지 그 가난한 사람을 위해서다. 그는 초입 성인의 반열에 들 수 있는 충분한 잠재력이 있었다. 하지만 아침에 소를 잃어버렸다. 하지만 오후 늦게 다행히 소를 찾아 나에게 왔다. 그는 종일토록 아무것도 먹지 못했다. 내가 만약 굶주린 그에게 설법을 했다면 그는 결코 내 말을 이해 못했을 것이다. 그래서 나는 그에게 음식을 먼저 내렸다. 배고픔은 고통 중에서 가장 큰 고통이기 때문이다."

그러면서 부처님께서는 다음과 같은 게송을 남기셨다.

Hunger is the greatest disease
Conditioned things are the greatest suffering
For one who has known this as it is
Nibbana is the greatest bliss.

배고픔은 최고로 불행한 고통이다.
인연으로 화합된 것은 최고로 고통스러운 것이다.
누구든 이 사실을 아는 자는
열반이 최고의 축복이라는 것을 알게 될 것이다.

이 게송의 요점은 설령 소승사과의 초입인 수다원과의 증과를 얻을 수 있는 바탕이 되었다 해도 배고픈 고통은 그리 쉽게 참을 수 있는 것이 아니라는 것이다. 그래서 옛말에 설움 중에 제일 설움이 배고픔이라고 했던 것이다.

그러므로 불법을 설할 경우에는 배부를 때 설해야 한다. 즉 밥 먹고 법문을 설하고 배부를 때 법문을 들어야 한다. 그렇지 않으면 둘 다 소득이 없다. 설하는 사람은 목만 아프고 듣는 사람은 짜증만 난다. 그만큼 배고픔은 비극 중의 상비극이다. 이런 고통과 고난을 과감히 넘어서지 못하면 어떻게 목숨을 건 구도자로서 불조의 혜명을 이어갈 수 있겠는가.

❖

이 문단에서 원효 스님은 수행자는 추위와 굶주림을 뛰어넘는 강열한 의지가 있어야 수행자의 삶을 살아갈 수 있다고 말씀하시고 있다. 그런 의지가 몸에 배어야 앞으로 전개될 고난의 역경들을 모두 다 헤쳐 나갈 수 있다는 것이다.

忽至百年 云何不學 一生幾何 不修放逸

눈 깜짝할 사이에 백 년이 흘러가는데 어떻게 배우지 않으며
일생이 몇이나 된다고 자신을 구제하는 데 게으름만 피우는가.

세월은 무상하다

11

삶은 무상하다. 이것을 전제로 불교는 지혜로운 사람들에게서 아주 독보적인 가치의 반향을 얻는다. Anicca라는 말이 대소승 어떤 경전에서나 가장 많은 법수로 쓰인 것만 보아도 불교의 핵심은 이 무상으로부터 시작한다 해도 과언이 아니다.

중국 장안의 뒷산이 북망산이다. 이 산은 공동묘지로 유명하다. 그래서 북쪽에 있는 망산이라고 해서 '북망산 간다'는 말이 상가에서 나온 것이다. 인도의 영취산은 사위성의 공동묘지가 있는 산이다. 부처님이 많고 많은 장소를 다 제쳐두고 굳이 이 산을 택해 수많은 설법을 하신 이유는 바로 인생은 무상하다는 것을 제자들에게 직접 가르쳐주고 싶으셨던 것이다.

무상이라는 말은 그냥 그대로 가만히 있지 않는다는 뜻이다. 존재하는 것은 그 무엇이든지 변화한다. 세상은 성주괴공으로 변해가고 마음은 생주이멸로 전변한다. 이 세상에 한결같이 진실되게 언제나 그대로 있는 것은 단 하나밖에 없다. 바로 부처다. 부처는 불이다. 불은 움직이지 않고 그 자리에 가만히 있어도 썩지 않는다. 그래서 부처는 영원하다. 태양은 불이다. 불을 내뿜고 있기에 태양은 움직이지 아니하여도 부패하지 않는다. 그 외에는 모두 다 변한다. 변하지 않으면 썩는다. 자체적이거나 외부 요인에 의하거나 간에 아주 빠르고 대단히 덧없게 찰나찰나로 바뀌어 변화해간다.

무상은 세월에 의해 절감한다. 이것이 얼마나 빠르냐 하면 민간에서 쏜살같다고 표현하고 있다. 쏜살은 시위를 떠난 화살을 말한다. 옛날에는 이것보다 더 빠른 것이 없었다. 그러므로 세월은 그 어떤 것보다도 빠르다는 의미를 갖고 있다. 또 중단하지 않고 끊임없이 흐른다고 해서 흐르는 물에 비유해 유수 같다고 말하기도 했다.

사실 세월이 얼마나 빨리 가는지는 떠오르는 해를 보거나 나뭇가지에 걸린 달을 보면 담방 알아차릴 수 있다. 어릴 때 작은 물동이에 물을 담고 빙빙 돌려본 적이 있을 것이다. 빨리 돌리지 않으면 물이 쏟아져 생쥐 꼴이 된다. 빨리 돌려야만 물이 물동이에 붙어 있다. 지구도 마찬가지다. 지구의 표면이 거의가 다 물이다. 지구가 빨리 돌지 않으면 물이 밖으로 쏟아진다. 물뿐만이 아니다. 산도 쏟아지고 사람도 쏟아지고 아파트도 쏟아지고 차도 다 쏟아진다. 그러므로 지구는 빨리 돌아야 한다. 그 속에 시간이 있다. 이렇게 빨리 흘러가는 시간 속에 인생이 있다 보니 정신을 바짝 차리지 않으면 사는 것이 정말 어지럽다고 말하는 것이다.

그러고 보면 우리 인생은 흡사 흘러가는 강물에 올라탄 나뭇잎 같은 신세이다. 어떻게 나뭇잎이 세찬 물줄기를 거슬러 올라갈 수 있을까? 부처님도 **목련소문경**에서 인생을 만 갈래 강물 위에 올라탄 나뭇잎에 비유하셨다. 앞의 것은 뒤의 것을 보지 못하고 뒤의 것은 앞의 것을 보지 못하는 상태로 무상의 강물에 떠밀려 죽음의 바다로 쉼 없이 들어간다고 하셨다. 그 누구도 이 세월의 무상함을 이길 수는 없다. 그래서 부처님은 늘 무상한 세월을 경계하라고 하셨다. 마지막 열반에 드시기 전에도 똑같은 말씀을 하셨다.

Verily, I say unto you now, O Bhikkhus :

All things are transient,

Strive with diligence.

진실로 내가 너희에게 말한다. 수행자들이여.

모든 것들은 무상하다.

부지런히 노력하라.

사람들은 한 해를 마무리하면서 늘 아쉬워한다. 이 한 해들이 모여 평생이 되는데 어떻게 죽을 때 더 큰 아쉬움이 남지 않겠는가. 분명 이 한 생을 마칠 때에는 젊었을 때 미처 하지 못한 것에 대한 회한이 막심하게 될 것이다. 또 사람들은 말한다. 지금 아는 것을 그때도 알았다면 얼마나 좋았을까 한다. 하지만 분명히 말하자면 지금 아는 것도 아는 것이 아니다. 과거에도 분명히 안다고 하면서 그렇게 행동했을 것이다. 지금도 마찬가지다. 지금 아는 것도 틀림없이 죽을 때가 되어 보면 틀려 있을 것이다. 인생은 그 자체가 시행착오의 연속이다.

세월에 장사 없다고 한다. 그래서 무상한 세월에 쫓기어 죄업으로 나타난 삶을 마감한다. 문제는 그 다음이라는 것이다.

❖

지구상에 살아가는 생명의 종류만 어림잡아 천만여 종이 넘는다. 그중에서 이성을 가진 인간으로 태어났다는 것이 얼마나 큰 다행이고 얼마나 큰 행운인지 모른다. 그러므로 인간으로 한 번 태어나면 반복해서 두 번 연속으로 태어날 수 없다. 원한을 품어 복수에 한이 맺힌 자들이거나, 전생의 업연이 뼛속 깊이 사무쳐 죄업보다 더 강한 인력을 가진 극소수의 사람들만이 희귀하게 다시 인간으로 환생하여 미쳐 다 살지 못한 삶을 고통스럽게 마무리할 뿐이다. 그 외에는 제각기 다른 생명체로 윤회한다.

금생에도 인간이고 내생에도 인간으로 태어난다면 자연계의 형평성에 맞지 않는다. 우주는 질서와 공평에 의해 움직인다. 내가 웃으면 남이 운다. 내가 울면 남이 웃는다. 그런 이치로 인간들은 내생이 되면 자기의 자리를 다른 생명들에게 내어주고 대신 그들 자리로 옮겨 들어가야 한다. 이것이 윤회의 법칙이다. 따라서 인간으로 태어난다는 것은 하늘의 별 따기보다 더 어렵고 더 지난하다. 불교에서는 이런 기회를 맹구우목이라든가 투침중개로 표현하고 있다.

폭탄 터지는 것만큼 겁나는 게 없지만 그것도 자주 들으면 두려운 감각이 없어지고 그냥 일상의 소음이 된다. 그처럼 맹구우목은 시중에 너무 많이 회자되어 더 이상 말해도 새로운 느낌이 없다. 사람들은 자기가 받아들일 수 있는 용량만큼만 받아들인다. 보통의 인간들이라면 진리를 받아들이는 용적이 거의 다 비슷하다. 하지만 가끔가다 똑같은 과일나무지만 특이하게 큰 과실이 몇 개씩 달리는 수가 있듯이 인간 세상에도 특별한 진리를 받아들일 수 있는 통 큰 인간들이 뜬금없이 태어나는 수가 있다. 이런 사람들 정도 되어야 맹구우목이라는 말이 실감이 난다. 그 외에는 그저 뭐 그런 소리가 있구나 하는 정도로 들리고 말아버린다.

투침중개라는 말은 장수천에서 바늘을 던져 지상세계의 겨자씨를 맞추는 것만큼 절대 불가사의한 극희소를 말한다. 이 말에 무슨 감각이 일어나는가. 아무 파장이 없다. 어린아이들에게는 억만 원짜리 채권을 줘도 느낌이 없다. 그저 만 원짜리 한 장이면 대만족이다. 인간들도 자기에 맞는 소리를 해야 반향이 일어나지 너무 큰 것을 말하면 관심 자체가 없어진다. 인간들에게는 홀인원이라든지 로또 당첨 정도가 극희소이지 투침중개라는 말은 그저 요원하기만 한 언어로 들릴 뿐이다.

하나 더 있다. **제위경**에서는 좀 더 생동감 넘치게 표현하신다. 가령 어떤 사람이 수미산 꼭대기에서 실을 내리고 다른 한 사람은 그 밑에서 바늘을 가지고 실을 꿰려 하는데, 시도 때도 없이 바람이 불어와 실을 바늘구멍에 넣기가 정말로 어렵다. 이것이 바로 중생세계에서 사람 몸을 얻는 것과 같은 희유함이라고 한다. 실감이 나는

가. 오호 하다가 또 그냥 잊어버릴 것이다. 그러니 이래저래 범부일
뿐이다.

이렇게 희귀하게 태어난 인생을 사람들은 그냥 정신없이 허비해
버린다. 어떻게 살아야 하는지 방법을 모르고, 어디로 나가야 할지
모르기 때문에 좌충우돌로 힘겹게 시간만 보내버리는 것이다. 그냥
사람들과 뒤섞여 앞서거니 뒤서거니 하면서 엎치락뒤치락 버둥거리
다가 자기 부모가 간 길을 따라 사라져갈 뿐이다.

이것은 사는 게 사는 게 아니라 그냥 죽으려고 사는 것이다. 어떻
게 태어난 목숨인데 얼마나 소중한 인생인데, 그냥 뒤도 불쌍히 사라
져갈 불쌍한 중생들을 상대로 경쟁 놀음만을 일삼다 늙고 병들어 허
망하게 사라질 수는 없지 않는가. 이 목숨이 끝나기 전에 반드시 해
놓아야 할 일이 있는데, 이렇게 죽어버리면 다시 인간의 몸을 받기가
정말로 어려울 것인데, 진정 내 자신을 위해 할 수 있는 일이 무엇이
란 말인가.

여기서 이런 생각이 드는 사람들은 내면의 자성 복이 이미 싹을
틔울 준비를 하고 있다는 신호이다. 이런 사람들은 인생의 스승을
제대로 만나면 엄청난 자기 전환의 기회를 가질 수 있다. 이것은 천
금으로도 살 수 없는 인생 최대의 특별한 가피이고 축복이다. 주어
진 인생 속에서 무엇을 해야 하는지, 어떤 길로 나아가야 하는지를
제대로 배울 수 있는 절호의 행운을 얻게 되기 때문이다. 그리고 그
때 노력하는 일이 주어진다. 죽음을 위해서가 아니라 살기 위해서,
자신을 위해서 하는 신명나는 노력이 주어지는 것이다.

보성론에서는 자신에게 최고로 잘해줄 수 있는 것이 자기를 파먹는 번뇌와 소견으로부터 자신을 해방시켜주는 것이라고 했다. 바로 이것을 시작하는 것을 말함이다.

❖

이 문장에서 원효 스님은 사람으로 태어났으면 죽기 전에 반드시 해야 할 일과 닦아야 할 길을 닦으라고 매쳐 다그치시고 있다.

離心中愛 是名沙門 不戀世俗 是名出家

마음의 애욕을 벗어나기 위한 삶을 사는 자를 사문이라 하고
세속에 대한 미련을 갖지 않는 삶을 사는 것을 출가라고 한다.

수행자의 마음 자세

12

애는 애욕의 줄임말이다. 애는 애착을 말하고 욕은 탐욕을 뜻한다. 중생들은 이 두 가지 때문에 고통의 세계에 끝없이 부침한다. 그러므로 이 둘은 중생에게 대환이다. 그런 줄 알지만 일개 범부로서는 어떻게 이것들을 다스릴 방법이 없다. 그 끄는 힘이 코끼리보다도 더 세고 차돌석보다도 더 강하기 때문에 이것을 통제할 수가 없다.

밭곡식에 맛을 들인 소는 아무리 때려도 또 그것을 먹으러 밭으로 간다. 벼 낱알이 있다는 것을 안 참새는 아무리 쫓아도 방앗간으로 들락거린다. 짐승들은 먹을 것이 있다면 그 외의 것들은 눈에 보이지 않는다. 그처럼 인간들이 애욕을 원천적으로 갖고 있는 이상 무간지옥의 칼날도 겁내지 않는다. 정말이지 이것은 그 어떤 기교나 수련으로도 특별히 제어할 방법이 없다. 애착을 버려라, 탐욕을 버려라 하고 말은 잘하지만 정작 그렇게 말하는 사람조차도 단연 이것을 어떻게 할 수 없다. 아니 정확히 말하면 이것으로부터 벗어날 수 없다. 왜냐하면 이것만 떠나면 바로 아라한이 되기 때문이다.

아라한이 되면 상상을 초월하는 신통과 기적을 행한다. 밥을 안 먹어도 천 년을 살 수가 있고, 똥을 안 싸도 만 년을 장수할 수 있다. 가고 싶은 곳을 마음대로 갈 수가 있는 신족통을 얻고, 보고 싶은 것을 마음대로 볼 수 있는 천안통이 열린다. 또 천지도 모르게 속삭이는 사람들의 비밀스런 소리도 다 들을 수 있다. 그뿐만이 아니다. 감기는 물론이거니와 일신에 병고와 환난이 붙지 않는다. 그러므로 신체에 고통이라는 것이 없다.

이러한 신통은 중생들의 영원한 소망이다. 이런 삶을 범부는 원한다. 하지만 이렇게 살고 싶은 자들은 이렇게 되고자 하는 수행을 정말 수없는 세월 동안 목숨을 걸고 해야만 한다. 그런 수행자들을 통틀어 우리는 사문이라 부른다. 사문은 무한한 능력과 가능성을 가진 수행자들이다. 그래서 이 사문을 가볍게 봐서는 아니 된다.

세상에 가볍게 대해서는 안 되는 것들이 있다. 첫째는 물이다. 물은 부드럽지만 성을 내면 세상을 흔적 없이 쓸어버린다. 둘째는 불이다. 한 개의 불씨는 형편없이 미소하지만 세력이 붙으면 세상을 다 태워 잿더미로 만들어버릴 수 있다. 세 번째는 왕자다. 왕자의 신분에는 아무러한 권력이 없지만 왕이 되었을 때는 절대 권력을 휘둘러 만조백관을 부복시킨다. 마지막이 사문이다. 사문은 아무 힘이 없는 일개 수행자에 그칠 뿐이지만 깨달음을 얻었을 때는 천지의 생명들에게 무한의 혜택을 내린다.

사문이라는 말은 인도 말이다. 중국에서는 이런 부류의 수행자들을 어떻게 표현할 방법이 없어서 그냥 범어 Sramana를 그대로 음역해 받아쓰셨다. 원효 스님은 형식적인 비구라는 말보다도 내용적인 이 단어를 참 좋아하신 것 같다. 저서를 통해 본 그분의 수행관은 모두 실천적이기 때문이다. 그분은 이런 마인드로 사문이 되어 무수한 고난을 극복하고 각고면려한 끝에 결국 10지보살이 되어 이 땅에 하염없는 자비를 내려주셨다.

❖

사람들은 일반 스님들도 모두 애욕과 탐착을 버리신 분들이라고 믿고 있다. 아니 스님이 됨과 동시에 이것들을 모두 다 버리고 출가한 줄 잘못 알고 있다. 하지만 위에서 언급했듯이 이런 것들은 버리고 싶다고 해서 버려지는 것이 아니다. 애욕은 갯바위에 서식하는 따개비보다도 더 단단하게 우리 마음속 깊숙이 붙어 있기 때문에 일반 스님으로서는 절대로 떼어낼 수가 없다.

스님이 되어 수행한다는 것은 바로 이것들을 털어내는 과정에 있다는 뜻이다. 애욕을 갖고 있기 때문에 일개 스님 소리를 듣는 것이지, 이것들이 없다면 어찌 스님의 호칭에 그치고 말겠는가. 이것들만 없으면 나한이 되고 보살이 되고 더 나아가 결국 부처가 되는 것이기에 그렇다. 말하자면 스님들은 애욕의 더없는 강세를 약화시키기 위해 수행하는 집단인 셈이다.

그들은 혼자가 아닌 단체의 힘으로 애욕과 맞서 싸워나가고자 하는 자들이다. 하지만 조금이라도 방심하게 되면, 애욕은 이런 수행자들까지 가차 없이 휘둘러 세속 사람들의 질시와 조롱을 받도록 만들어버린다. 애욕에 패배한 참담한 모습은 비루하고 추악하다. 세상에 이것보다 더 큰 치욕스러움이 수행자들에게 또 있을 수 있겠는가.

출가는 자발적으로 집을 나서는 것이다. 가출은 어쩔 수 없이 집에서 도망가는 것이다. 그러므로 출가는 자기 집에 미련이 없다. 하지만 가출은 자기 집에 오매의 관심을 갖고 있다. 가출한 자는 어떻게든 출세를 하여 반드시 금의환향하고자 하지만 출가자는 수행하면 할수록 마지막에 돌아가야 할 집이 없어져 버린다. 출가한 사람이 세속에 대한 미련을 갖는다면 이 사람은 삶의 주거지를 잠시 사찰 쪽으로 옮겨놓은 경우이다. 이런 사람들은 매양 세속의 세계를 기웃거린다. 이익과 명예의 기회가 다가오면 서슴없이 세속적인 삶으로 방향을 바꾼다. 그러다 여의치 않으면 또 불교 속으로 들어가 다음의 좋은 기회를 엿본다.

집은 세속 사람이 사는 거주처고 절은 출가한 사람들이 사는 수행처다. 집에서 덜 떨어진 사람들은 절집에 산다. 하지만 진정한 수행자는 집이라는 단어가 떨어진 절에서만 산다. 스님들은 출가한 자들이라서 집과 절을 오가며 살지 않는다는 사실을 명심해야 한다.

시대가 말법의 시대라서 그런지는 몰라도 출가하는 사람들의 의향이 가끔가다 심히 의심스러울 때가 있다. 아무리 사찰은 많고 스님이 되는 숫자는 적다고 하더라도 출가의 본의를 상실한 사람들이 사찰에 살기 시작하면 언젠가는 그 사찰마저도 본의를 잃게 되는 수가 있다. 사찰은 어떤 경우든지 그 재산은 보호해야 한다. 이것은 삼보의 정재이기 때문이다. 외적 기능은 신도들의 교육과 포교를 담당하고,

내적으로는 불법을 연구하고 수행하는 데 사찰이 존재하는 고유 의미가 있다. 그런데 사찰을 관리 감독하는 스님이 이런 사찰의 역할과 정체성을 각지하지 못하면 사찰은 자기 개인이 머무는 집에 불과하거나 세속적인 출세를 영위하는 데 사용되는 도구로 전락해버린다.

❖

수행자가 되기 위해 출가한 사람이 행자가 되어 기본 소양과 수련을 마치면 한 사람의 여법한 수계자가 된다. 그 뒤 사미계를 받기 위해 스승을 정하고, 그 스승의 문하에 들어가 그분의 지도로 평생을 수행한다. 그런데 이때 이해할 수 없는 일이 벌어진다. 스승이 제자를 선택하는 것이 아니라 제자가 스승을 선택하는 것이다. 행자 본인의 선택에 의해 스승이 정해진다는 것이다. 이것 참 정말 아이러니한 문제다. 자기가 스승을 골라놓고 그 스승에게서 지도를 받는다는 것이 어떻게 보면 정말 모순이 아닐 수 없다. 불법에 원숙하지 않은 행자의 눈높이에서 정하는 은사의 가치 기준은 무엇이며 은사의 모범 척도는 어느 정도일까.

대부분의 행자들은 유명한 스님을 스승으로 모시기를 선호한다. 즉 부와 명예를 함께 가진 스님들을 고르려고 한다. 그들 눈에는 그분들이 최고로 출세를 하고 위덕이 높게 보이기 때문이다. 또 하나는 장래가 확실히 보장된다는 보험 심리다. 자기도 그 스님처럼 부와 명예를 가질 수 있을 것 같은 기대로 그 스님을 선택하는 것이다.

스님은 하나도 가지고 있지 않을 때 가장 아름답고 숭고하다. 많이 가질수록 스님의 본분에서 멀어지는 것이다. 하지만 아직도 세속적 시각을 갖고 있는 행자의 눈에는 무엇이 진정 스승다운 모습인지 가늠이 서질 않는다. 그래서 세속적 판단에 따라 무엇이든 많이 가지고 권세를 부리는 명성이 큰 스님을 좋아하게 되는 것이다. 그 결과 그들은 스님이 될 때부터 출가생활의 잘못된 기준을 갖게 된다. 그들은 스승이 만든 절들을 물려받고, 평생 은사의 관계와 문중이라는 문도에 의해 크고 작은 이해관계를 유지하면서 사사롭게 상생한다. 안정과 평안으로 보면 참 현명한 선택인 것 같다. 하지만 불행히도 그들 중 소수는 평생 수행다운 수행을 해보지 못하고 불교의 언저리를 돌면서 사판승의 생활로 끝을 내버리는 경우가 많다.

사실 후원에서 행자 생활하는 자들은 참된 수행자를 대면할 기회가 없다. 그래서 은사를 선택하는 데 필요한 정보를 얻지를 못한다. 완장을 차거나 직위를 가진 스님들 외에 그들이 스승으로 고를 수 있는 선택권은 너무나 원리하고 협소하다. 그러다 보니 아무것도 가지지 않고 있는 스님들, 감투라고는 전혀 써보지 못한 평범한 수행자들, 평생을 수행하지만 노후가 보장되지 않은 그런 이상적이면서도 자태가 고고한 스님들을 스승으로 모실 수 있는 기회가 주어지지 않는다. 그들 또한 상좌를 둘 여력이나 형편이 되지 못하기 때문에 어떤 행자가 어디서 수계 준비를 하고 있는지 알 수가 없다.

돈 있고 여유 있고 관리해야 할 사찰이 많은 스님들이 감투까지 가지면 다음 세대까지 그것들을 지키기 위해서라도 상좌를 어떻든 많이 만들 수밖에 없지만, 자기 몸 하나도 어디 갖다 뉠 자리 없는 청빈의 수행자라면 무슨 능력이 있다고 행자를 얻어 상좌로 만들 수 있겠는가. 결론적으로 참된 수행자에게 배분해야 할 행자의 수에도 여유가 없고, 그분들을 스승으로 모시고자 하는 행자 자체도 없다는 것이다. 그 결과 승가의 모범 수행자에게는 상좌가 들어가지 않고 금력과 권력이 몰려 있는 행정직 스님에게로만 상좌가 몰려드는 기현상이 벌어지고 있다. 그런데 어떻게 수행하는 청백가풍의 정통성이 이어지겠는가. 가장 이상적인 현상은 그 반대로 나타나야 하는 것인데 현실은 전혀 그렇지 않으니 불교의 미래가 암담하고 불투명하기는 손바닥을 보듯이 훤하게 보이는 것이다.

그러므로 행자 스스로가 스승을 판별해 구하는 선택권을 없애야 한다. 또한 상좌를 두는 숫자에 상한선을 두어야 한다. 그러면 특정한 스님에게 쏠리는 흐름이 사라진다. 대신 본사에서 우선적으로 법랍이 높은 노스님 순서대로 행자를 배분하도록 하면 노스님들의 노후와 법맥을 이어갈 수 있다. 그렇지 않으면 수행만 하는 스님은 평생을 가도 상좌 한 명 제대로 가질 수 있는 기회가 주어지지 않는다. 그러면 일생 동안 힘들게 수행한 법력이 그 스님이 사라질 때 그대로 같이 사라져버리고 마는 안타까움을 모두 다 떠안을 수밖에 없다.

❖

절을 사찰이라고 한다. 한자로는 寺刹이라고 쓴다. 여기에 숨은 뜻이 있다. 그것은 바로 伺察이라는 동음이의이다. 이 사찰이라는 말은 언제나 자신을 엿보고 살피라는 뜻이다. 즉 寺刹에 들어오면 항상 자신을 伺察하고 있어야 한다는 의미이다. 정도를 이탈한 것은 그 무엇이든 추하고 볼품없다. 그리고 타인들에게 피해를 준다. 스님들도 자신이 정도에서 이탈되어 있는 상태가 아닌가 하고 초심같이 자신을 성찰해야 한다.

옛 스님들은 늘 제자들에게 강조하셨다. 틈나는 대로 삭발한 자기의 머리를 만져보고 자신이 무엇 하는 사람인지 파악하라고 하셨다. 자신의 신분과 자기가 처해 있는 상태를 언제나 밀밀히 자각하여 그 자리에서 벗어나지 않도록 하라고 훈시하신 것이다. 그래야만 이 시도 때도 없이 곰팡이처럼 피어오르는 애착과 탐욕을 제복하여 나아가는 궤도를 이탈하지 않을 수 있다.

❖

이 문단에서 원효 스님은 명확히 사문과 출가의 정의를 내려주셨다. 스님이라는 빛 좋은 명색보다는 내용면에서 충실한 한 사람의 수행자가 되라고 그 진로를 에둘러 표현하신 것이다.

行者羅網 狗被象皮 道人戀懷 蝟入鼠宮

수행자가 비단옷을 입음은 개가 코끼리 가죽을 덮어쓴 꼴이요
도를 닦는 사람이 세속에 연연하면 고슴도치가 쥐구멍에 들어가
는 격이다.

수행자는 코끼리가 되라

13

세상에는 격식이 있고 구색이 있다. 이것을 벗어나면 사람들이 삐죽이고 비웃는다. 이런 단순한 사람들 외에 또 어떤 특별한 중생이 있어 그들을 제도한단 말인가. 한번 돌아서면 다시 내 편으로 돌리기는 정말 어려운 것이 세상사 인심이다. 그래서 가급적이면 세상 사람들로부터 손가락질당하고 욕 얻어먹을 행위는 하지 말아야 한다.

부처님께서 제정하신 모든 계율은 전부 다 사람들의 소문과 진정에서부터 시작되었다. 황색가사에다 머리를 깎고 돌바루를 든 부처의 제자라는 작자들이 우리 마을에 와서 이러이러한 이상한 행동을 하고 있다는 비난과 원성을 퍼뜨리면, 부처님은 그때마다 그들을 불러 사실 확인을 하시고 난 후 그에 합당한 계율을 내리셨던 것이다. 이것이 모아져 바라제목차인 계목들이 된 것을 보면 부처님이 불교를 일으키시던 초기에 얼마나 민심의 여론을 민감하게 살피셨는지 자못 이해가 가고도 남는다.

계율은 크게 내면적 계율과 외면적 계율로 나눈다. 내면적 계율은 자신의 수행에 장애가 되는 행동을 제어하는 것이고, 외면적 계율은 불교 전체에 대한 비방을 차단시키고자 그 바르지 못한 행위들을 제지시킨 것이다.

사람들에게 조롱을 받고 욕을 먹는 짓은 많고도 많다. 일차적으로 사람들은 불교의 계율이건 아니건 출가한 스님들이 세속 사람들과 같은 행동을 하면 먼저 욕부터 하는 경향이 있다. 그들의 삶은 정신적인 여유 없이 늘 힘들고 빠듯하다. 그래서 그들의 세계로부터 벗어난 스님들을 동경하며 예의주시한다. 그런데 출가했다는 스님들이 세속에 살고 있는 자기들과 같이 욕심 많게 행동한다면 실망과 탄식이 나올 수밖에 없다.

세속 사람들은 다섯 가지 목표를 두고 움직인다. 재물과 이성, 미식과 명예, 그리고 육신의 안락함이다. 하지만 수행자들은 이 다섯 가지 오욕락으로부터 벗어나고자 출가한 사람들이다. 서로 삶의 목표가 다르고 지향하는 방향도 다르다. 그런데도 출가자들이 세속인들처럼 오욕락에 목적을 둔다면, 이것은 개가 코끼리 가죽을 덮어쓴 꼴과 같다.

개와 코끼리는 격이 다르다. 개는 개다워야 하고 코끼리는 코끼리다워야 한다. 개는 집에서 살고 코끼리는 밖에서 산다. 집에서 살아야 하는 자가 집을 벗어나 살면 죽는다. 그러므로 집에서 살아야 하는 자는 세속의 집에서 살면 되고, 밖에서 사는 동물은 집에 들어가면 죽는 것이니 코끼리처럼 숲 속에서 살면 되는 것이다.

대승불교 스님들은 대체적으로 무채색인 검회색 옷을 입는다. 이것은 제3차의 색이고 괴색이다. 괴색이라는 말은 죽은 색이라는 뜻이다. 따라서 특별한 색깔이 없다. 모든 색들을 하나로 섞으면 회색보다 조금 더 진한 검은색이 나온다. 이 색을 검회색이라고 한다. 이 색으로 모든 중생을 아우른다. 그래서 스님들은 검회색 옷을 입는다.

검회색을 제일 싫어하는 무리가 있었다. 바로 유교와 도교들이었다. 그들은 화려한 비단옷을 입었다. 그러다 보니 검회색을 혐오했다. 그런 색상은 죽음의 색이라고 여겼기 때문이다. 그들은 구천이나 황천 같은 명계를 표시할 때 깜깜한 땅 밑을 말하였고 그 색상은 모두 검은색으로 표시했다. 저승사자가 검정색 도포와 검정색 갓을 쓰고 있는 것만 보아도 무슨 말인지 짐작이 갈 것이다. 그 영향으로 중국에서는 사람이 죽으면 외롭고 쓸쓸할까 싶어서 가족 전체가 검정색 옷을 입고 상주노릇을 했다. 지금까지도 그렇다.

그런 사람들이 불교를 좋게 봐줄 수 있었겠는가. 우선 신체발부는 수지부모라고 해서 부모에게서 받은 머리털 한 올도 함부로 하면 안 된다는 효 사상을 갖고 있었는데, 불교라는 것이 들어와서 첫 번째로 머리칼을 싹둑 잘라버리고 다니니 그들의 반응이 과연 어떠했을까.

둘째는 입신양명이다. 그들은 출세를 하여 이름을 세상에 떨치고 죽어서도 가문에 이름을 남기는 것으로 삶의 모토를 삼아왔는데, 반대로 세상을 등지고 산속으로 들어가 성은 물론 부모가 지어준 이름조차 바꿔버리는 무리를 보았을 때 그들의 반응은 어떠했을까.

셋째는 후손이다. 그들은 가급적 많은 후손들을 거느려 조상의 혈통을 이어가려고 하는데, 불교라는 자들은 고자도 아니면서 아예 후손을 생산하려 하지 않으니 반응이 정말 어떠했을까.

넷째는 일이다. 건전한 사회를 이루려면 자기에게 주어진 생산적인 일을 해야 한다고 하는 사람들인데, 불교를 믿는 스님이라는 사람들은 직접 논밭을 가꾸지 않고 남이 수확한 양식을 탁발해서 먹고 살려고 하니 그들 눈에는 정말 어떻게 보였을까.

다섯째는 부모봉양이다. 그들은 부모를 하늘처럼 모시고 봉양하는 것을 최고의 미덕으로 삼아왔는데, 불교 스님들은 아주 매정하게 자기를 낳아주고 길러주신 부모를 버리고 집을 나가버리는 것을 보았을 때 그들의 기분은 어떠했을까.

그들은 불교를 눈엣가시처럼 여겼다. 사실 그들 입장에서 보면 불교는 정말 외도 중의 외도였을 것이다. 유교 사회의 기본적 덕목인 삼강오륜을 받들지도 않고 인간이 행해야 하는 다섯 가지 기본 도리인 오상을 따르지 않는 불교가 도저히 이해가 되지 않았을 것이다. 그래서 그들은 국가와 민족의 얼을 지킨다는 명분하에 불교를 잔인하게 탄압하기 시작했다. 그 여파가 한국의 조선시대까지 내려와서 불교를 이 땅에서 아주 말살시키기로 작정했던 것이다.

우리 민족은 중국으로부터 유교의 도덕과 도교의 문화를 받아들여 치세와 안민을 다 하고자 했다. 그런데 특이한 점이 하나 있다. 상갓집에 상문을 갈 때 중국처럼 검은색 옷을 입고 가지 않았다는 것이다. 검은색을 입으면 정말 큰일이라도 날 것처럼 대단히 터부시

했다. 대신 평민의 옷인 흰옷으로 상주복을 만들어 문상을 했다. 하지만 시간의 흐름에 세상도 사람도 그 민심도 변하기 마련이다. 그렇게 금기시되던 검은 옷들이 언제부터인가 상갓집에 갈 때 예절 옷이 되어버리고, 흰옷은 반대로 금기시되어버렸다. 그것은 기독교가 유입되면서 미친 영향이었다. 중국이 종주국으로 있을 때에도 한국은 끝까지 한국만의 상주복을 고수해왔는데 기독교 문화가 들어오니 바로 검은색 상주복으로 바뀌어버린 것이다.

이처럼 중생세계에는 일정한 법도가 없다. 형편과 사정에 따라 법이라는 것을 만들고 또 버리고 또 만드는 것이기에 절대성과 영원성이 없다. 이것을 불교에서는 만법이 다 유식이다라고 하는 것이다. 그러므로 세속에서 무엇을 알고 있다는 것에 대해 목숨을 걸고 자기주장을 내세울 필요가 없다. 자기가 알고 있는 것은 이미 바뀌었거나 바뀌어가고 있기 때문이다. 지금 이 순간에도 수천 가지 법들이 만들어지고 바뀌어가고 그냥 사라져버리고 있다. 사람도 학문도 이론도 계속 바뀌어가고 있다. 위에서도 말했지만 천지에 그냥 그대로 있는 것은 아무것도 없다.

✤

다시 옛날 우리 스님들의 고달팠던 일상을 더듬어보자. 검회색만 입어야 했던 스님들은 옷이 오래되고 낡아서 흰옷 같은 색이 나오면 다시 먹을 갈아 먹물을 들였다. 스님들은 반드시 검회색을 입어야 하기 때문이다. 평민들은 모두 다 무명옷을 입었다. 세속 사람들은 이 무명옷을 그냥 그대로 무채색으로 입었다. 그래서 백의라고 불렀다. 하지만 스님들은 이 흰색의 옷감에다 검회색의 물을 들여 입었기 때문에 백의의 반대로 치의라고 불렀다.

치의를 만드는 과정은 너무 수고스럽고 복잡하다. 무명옷이 물을 먹으면 정말 무겁다. 이것을 잡고 숯검정이나 먹물로 오랫동안 이리저리 비비고 치대야 한다. 마치 김장을 할 때 양념을 배추 속에 집어넣기 위해 버무리는 것과 같은 고된 작업이다. 이렇게 물들인 무명옷을 그냥 입으면 먹물이 배어나와 살갗에 묻는다. 그래서 가급적 풀을 먹여 까들까들하게 입어야 했다. 밀가루나 오래된 밥으로 풀을 쑤어 옷에다 풀을 먹이는 작업을 또다시 해야 했다. 하루에 무명옷 몇 벌을 풀하고 나면 입에서 단내가 퍽퍽 났다.

풀 먹이기가 고되기 때문에 가급적 한 번 풀을 먹여 오랫동안 입으려고 풀의 강도를 세게 하는 수가 있다. 이렇게 해서 두들기고 밟아 입으면 광목천이 얼마나 딱딱한지 서걱거리는 촉감이 오래된 가죽과도 같다. 그래서 마음대로 일어나고 앉지를 못한다. 움직일 때마다 온몸의 살갗이 벗겨지고 닿는 부분마다 피부가 벌겋게 손상을 입는다. 특히 부드러운 사타구니 쪽은 더 심하게 긁히는 수가 있다.

그렇게 빳빳하게 풀 먹인 옷을 입고 그 옛날 스님들은 마을로 시주를 하러 나갔다. 그런데 예상치 못하게 소낙비를 만나버렸을 때 그 황당함은 과연 어떠했겠는가. 이것만큼 난감한 일이 또 없다. 짊어진 바랑에는 탁발한 쌀이 들어 있어 물이 들어가면 큰일이다. 옷도 풀을 먹였기 때문에 물기가 배이면 찐득거려서 기분이 참 거시기하다. 거기다가 옷에서 검은 먹물이 나와 살갗을 검게 물들인다. 당연히 젖은 옷을 입고 있으면 몸에서 김이 올라온다. 이 김이 풀 먹인 옷에 막히면 온몸이 사우나를 하는 것처럼 땀이 나고 피부가 찐득거리며 덥고 텁텁하다. 땀과 때, 먹물 범벅이 되어 남의 집 처마 밑에 서서 비가 그치길 하염없이 바라보는 스님의 심정이 어떠했을까. 이때 그 스님은 뭐라고 중얼거리겠는가. 옛말에 비 맞은 중처럼 궁시렁거린다는 말이 여기서 생겨난 것이다. 그 사정을 이해하면 스님들이 밟고 지나간 고행의 자취에 깊은 애잔함이 일어날 것이다.

❖

불도라는 말은 불교와 도교를 이른 말이다. 불교는 도라는 것이 없다. 오직 마음이라는 것을 말하고 있다. 그런 불교가 도교와 만나면 불도의 선도사상이 일어난다. 그래서 사람들은 불교 수행자까지 무리 없이 도인이라 부르기도 했다. 이런 경향으로 아직도 스님들이 스스로를 도 닦는 스님이라고 한다. 아니면 도통이라든가 또 아니면 법력 대신 도력이라는 말도 자주 쓴다. 다 도교의 영향이다. 여기서 원효 스님이 말한 도를 닦는 사람은 불교 수행자의 이칭이다. 스님은 이 문장에서 행자라는 말이 중복되는 것을 피하기 위해 그냥 쉽게 도인이라는 말을 쓰셨다.

　수행자는 세속의 모든 가치 기준을 벗어나야 한다. 세속에서 최고라고 하는 것은 출가함과 동시에 가장 최저가 된다. 부귀와 영화를 도모하기 위해 출가하였다면 그 목적이 애초부터 잘못되었다. 출가는 안빈과 고난의 길을 태산의 바위처럼 고독하게 즐겨야 하는 운명을 갖고 있다. 명예와 인기를 얻으려고 출가했다면 방향을 잘못 잡았다. 수행자는 흥행인이 아니다. 수행자는 다른 사람들에게 감동을 주는 데 관심이 없다. 자기 수행만 열심히 하면 되는 것이지 연예인이나 광대처럼 타인의 이목을 끌고 다니며 살아야 할 이유가 없다.

출가는 튀고자 하는 자신의 욕망을 철저히 누르고 외면하는 삶이다. 천지에 자신과 함께 울고 웃어 줄 사람은 없다. 한 개의 해와 한 개의 달처럼 하나의 자신으로 무소의 뿔처럼 외롭게 살아가야 한다. 이것은 정말 힘든 인욕과 정진의 삶이므로 목적이 견실하지 못하면 반드시 중도에 옆길로 새게 되어 있다. 그러면 도 닦는 수행자라고 말할 수가 없다. **법구비유경**에 나오는 이야기가 있다.

❖

어느 날 무덤가에서 수행을 하던 한 스님이 마을로 탁발을 나갔다. 그날은 무슨 특별한 축제일인지 마을 사람들 모두가 아침부터 분주하게 움직이고 있었다. 동구로 들어서자 떡을 치는 소리와 전을 붙이는 냄새가 허기진 코를 찔렀다. 만나는 주민들마다 얼굴에 생기가 돌았고 부딪기는 아이들마다 웃음이 넘쳐흘렀다. 순간 자신의 신세가 한없이 가엾고 처량하게 느껴졌다.

수행자는 탁발을 하는 둥 마는 둥 멍한 상태로 다시 수행처로 돌아왔다. 몸은 적정처에 돌아왔지만 마음은 뒤숭숭하고 울적하기만 했다. 부처님 말씀을 생각하고 선정에 들도록 노력해보았지만 들뜬 기분은 좀처럼 가라앉지 않았다. 이윽고 해가 지고 밤이 되자 온 동네가 축제에 깊이 빠져들기 시작했다. 나발을 불고 북을 울리며 노래를 부르는 소리가 사방천지를 뒤흔들었다. 수행자는 요란한 축제 소리에 정신을 놓고 둔덕에 올라 마을을 멍하니 내려다보았다.

스님은 오후에 밥을 먹지 않는다. 이것은 아주 엄격한 계율이다. 최소한의 음식으로 육신을 지탱하고 그 외의 먹을 것은 다른 배고픈 중생에게 회향하기 위해서이다. 그러다 보니 배도 고픈데 외롭기도 하고 침울하기도 하고 허전하기도 한 마음이 밀물처럼 밀려오는 것이었다. 수행자는 넋을 잃고 축제에 젖은 마을을 물끄러미 내려다보다가 자기도 모르게 엷은 탄식을 내뱉었다.

"나도 출가하지 않고 세속에 있었으면 얼마나 좋았을까. 지금쯤 맛있는 음식을 배부르게 먹고 저들과 함께 마음껏 즐기고 놀 것인데 이게 뭐야. 차암 내 신세가 참말로 처량하다."

그 소리를 날아가던 천신이 듣고 날이 밝거든 부처님께 가서 허락을 받아 환속하면 어떻겠느냐고 조언했다. 수행자는 그렇게 해야겠다고 다짐하면서 하룻밤을 못내 심란하게 보냈다. 이튿날 기원정사 부처님 앞에 한 수행자가 무릎을 꿇고 흐느끼고 있었다. 바로 어젯밤에 한숨도 못자고 잠을 뒤척인 그 수행자였다. 그는 다시 세속에 나가 살기를 희망한다고 울먹이며 호소하고 있었다. 부처님은 자초지종을 듣고 난 뒤 아래와 같은 게송을 내려주셨다.

스님이 되기 어렵다.

수행하는 스님으로 즐거워하는 삶을 살기가 어렵다.

세속에서 가정을 꾸리고 힘들게 사는 것은 고통이다.

성격이 달라 다른 사람들과 같이 사는 것도 고통이다.

윤회 속의 여행자는 끊임없이 이런 고통을 겪어야 한다.

그러므로 윤회 속의 여행자로 살지 말라.

고통을 계속해서 받아야만 하는 그런 삶은 살지 마라.

✤

사실 세속적인 일은 손에도 익었고 마음에도 익히 젖은 것들이다. 이것들은 분명 광겁토록 해왔던 일이기 때문에 수행하는 것보다 훨씬 신이 나고 재미있다. 또 힘든 만큼 바로 성과가 나오기 때문에 애써 노력한 보람도 있다. 그래서 수행자가 한번 세속의 맛을 보게 되면 자기 본연의 신분을 망각하고 있어도 스스로 잘못되었다거나 부끄러워할 여지가 없어진다. 세속의 그물에 꼼짝없이 걸려든 것이다. 그러면 그 다음은 결과가 자명해진다.

魔라는 것이 있다. 흔히 복수로 마군이라 쓰고 마구니라고 부른다. 도고마성이라고 도가 높아지면 마가 달라붙는다. 도가 높아지는데 마구니가 가만히 보고만 있지 않는다. 그래서 도고일장이면 마고일장이라고 하는 것이다. 그처럼 반드시 마구니가 그를 끌어내린다.

복 없는 수행자는 마구니의 표적이 된다. 마구니는 본래의 수승한 수행 방향을 버리도록 한다. 그리고 방향을 바꾸어 세속의 잡다한 일에 얽혀들도록 해서 정진하는 자들을 더 이상 정진하지 못하게 만들어버린다고 **기신론**에서는 말하고 있다. 안타깝게도 이렇게 마구니에 의해 낙오된 수행자들은 형색은 스님 신분으로 절에서 살지만 승보의 일원은 되지 못한다고 마명보살은 말씀하셨다.

한번 이런 세속적 삶에 재미를 붙이면 다시 출세간의 노선으로 회귀하기란 정말 어렵다. 이제까지 그쪽으로 향하는 본능을 억눌러 놓았기 때문에 제자리로 돌아가고자 하는 모멘텀이 아주 거세게 일어나기 때문이다. 그러므로 다시 출가의 자리로 환원한다는 것은 맨 처음 출가할 때보다 더 어렵고 더 힘이 드는 것이다.

일반인들이 정치에 한번 발을 디디면 여의도를 쉽게 벗어날 수 없듯이 스님이 세속에 한번 재미를 붙이면 세속의 흐름에서 쉽게 벗어날 수 없다. 그래서 원효 스님은 이런 경우를 쥐구멍에 들어간 고슴도치라 표현하셨다. 쥐구멍에 들어간 고슴도치는 뒤로 돌아 나올 수가 없다. 한번 들어가면 그 길로만 계속가야 한다. 조금만 더 들어가면 유턴할 곳이 있겠지 하면서 조금만 더 더 하다가 자기도 모르는 사이에 세속의 깊은 구멍 끝까지 들어가버린다. 결국 그곳에서 볼품없이 죽고 마5는 것이다.

❖

이 대목에서 원효 스님은 수행자는 수행자답게 자신의 품격과 가치를 지니고 자기의 본분을 다해야 한다고 말씀하시고 있다.

雖有才智 居邑家者 諸佛是人 生悲憂心
設無道行 住山室者 衆聖是人 生歡喜心

비록 재주와 지혜를 가진 자라 하더라도
도시에 사는 수행자에 대해서는
모든 부처님께서 안타깝고 근심스런 마음을 내시고

설사 도를 닦는 행이 없으나 산속에 사는 수행자에 대해서는
모든 성인이 환희의 마음을 일으키게 된다.

도시와 산속의 수행자

14

도시는 욕계 중생들의 축소판이다. 태생적으로 욕심을 밴 다양한 인간들이 각지에서 모여들어 무리를 이루고 집단을 형성한다. 자신들의 이익과 권리를 극대화시키기 위해 각기 필요한 조합을 만들고 정당을 세운다. 이악스런 삶 속에서 살아남으려면 치열한 생존 경쟁을 벌여야 하기 때문이다. 여기서 지게 되면 바로 이방화되거나 노예화되어버린다.

국교가 불교가 아닌 이상 도시에서 살아가는 스님들의 삶도 예외는 아니다. 철저한 보살정신을 가지지 않으면 삭막화된 도시 생활을 이겨내기가 녹록치 않다. 남의 말을 쉽게 하는 사람들은 처자식 없는 스님들이 무슨 걱정이 있느냐고들 하지만 처자식이 없기 때문에 스님 혼자서 그 역할을 다 해야만 한다. 한 사람이 살거나 두 사람이 살거나 갖춰야 할 살림 도구는 거의가 다 같고, 각종 세금 공과금에 의식비도 자체적으로 모두 다 충당해야 한다. 하다못해 목욕비조차도 돈을 내지 않으면 어디서든 쫓겨나게 된다.

스님들이 무소유로 살아야지 돈만 밝힌다고 다짜고짜 원성을 퍼붓던 어느 택시 기사가 생각난다. 웃기게도 내가 내릴 때 그 기사는 택시비를 자투리 돈까지 싹 긁어 챙겼다. 내가 한마디 했다.

"내가 돈이 없어서 택시비를 주지 않았다면 그대는 아마 나를 쥐어뜯으려고 달려들었을 것이다."

지금은 하대어로 인식되어 더 이상 쓰지 않는 옛 언어들이 있다. 운전수와 식모 같은 말은 듣기 좋게 기사나 가정부로 바뀌었다. 청소부는 미화원으로 완전히 굳어졌다. 그처럼 옛날에는 스님을 중이라 불렀다. 그런데 아직도 스님을 중이라고 부르는 사람들이 있다. 중은 결코 나쁜 뜻이 아니다. 하지만 나쁜 마음으로 부르면 나쁜 이름이 된다. 좋은 마음을 갖고 있다면 좋은 이름으로 부르면 된다. 스님의 뜻은 중이다. 그러나 호칭은 스님으로 불러야 맞다.

衆의 어원은 파리어 Sangha이다. 이 상가를 한자어로 僧加라고 음역했다. 승가는 수행자의 공동체라는 뜻이다. 단수가 아니라 복수다. 그 복수의 의미로 衆 자가 나왔다. 결과적으로 인도의 승가는 중국의 衆이라는 말로 대체되었다.

衆은 인간이 무리로 있다는 뜻이다. 그래서 한 명의 인간에 더 보태진 모습이라고 해서 사람 人 변에 더할 曾 자를 보태어 僧이라고 불렀다. 또는 사람 人 변에 일찍 曾 자로도 풀이했다. 이 僧에는 현재의 사람보다 덜 오염된 자들이라는 뜻이 담겨 있다. 그런 僧에다 존

칭어인 님 자를 붙이면 승님이 된다. 이제 자음접변이 일어나 앞의 자음이 탈락된다. 그래서 스님이 된 것이다. 누가 스님은 스승님의 준말이라고 하는데 전혀 그렇지 않다. 수행자의 공동체 중 한 분을 존경스럽게 부를 때 그냥 스님으로 부른다. 어원은 衆과 僧이다.

뜻은 그런데 역할이 있다. 아주 다양한 역할 중에서 특이한 역할 하나가 바로 中이라는 것이다. 中은 진행형이다. 공부하는 중, 밥 먹는 중, 사업하는 중, 여행하는 중, 운동하는 중 모두다 진행 속에 있다. 그렇다면 중생들은 모두 다 어디로 가는 중이기에 현재 진행형의 삶을 살고 있다는 것일까. 말하자면 그것은 중생이 환원하는 도중에 있다는 것이다. 어디로 환원하는 것일까. 바로 자신의 근본 마음으로 환원하는 것이다. 마치 연어가 태어난 곳으로 회귀하듯이 중생도 자기가 처음 만들어진 원래의 자리로 환원하고자 하는 본능을 가지고 있다. 일체중생은 그 원래의 자리로 돌아가는 과정에 있다고 원효 스님은 **해동소**에서 말씀하시고 있다.

❖

중국의 6조대사 밑에 남양 혜충이라는 스님이 있었다. 어느 날 그 스님이 상주하는 절에 큰 법회가 열렸다. 그런데 난데없이 황제 숙종이 온다는 연락이 왔다. 황제의 호위병과 사찰의 스님들은 초비상 사태에 들어갔다. 사찰로 보아서는 엄청나게 큰 대작의 불사를 기획할 수 있는 좋은 기회였다. 그래서 황제를 접대하는 데 있어서 조금도 소홀함이 없도록 모든 공력을 쏟아 붓고 있는데, 어찌된 영문인지 조실스님으로 계시는 혜충 스님은 꼼짝도 하지 않았다. 호위병과 스님들이 황제가 곧 당도하니 일주문까지 마중이라도 나가야 되지 않겠느냐고 진언을 드려도 스님은 방안에서 그저 당신이 하시는 일만 할 뿐 꿈쩍도 하지 않았다. 황제가 일주문을 지나 경내로 들어오고 있다는 전갈을 받아도 그저 묵묵부답이었다. 대중들은 오금이 저려 이러지도 저러지도 못하고 안절부절못하고 있는데 스님은 대중들의 다급한 마음을 아는지 모르는지 그저 천하태평이었다.

드디어 황제가 스님이 계시는 방문 앞까지 거의 다 왔다는 소리가 들렸다. 그때서야 스님은 천천히 자리에서 일어나 밖으로 나가는 것이었다. 그러고는 평상시에 움직이는 행보처럼 느릿느릿하게 황제의 앞을 그냥 지나가는 것이 아닌가. 그 모습을 보고 호위 병사들이 저 스님이 바로 이 절의 대표스님인 혜충 스님이라고 아뢰었다. 감히 마중도 나오지 않더니 이제 나를 보고도 못 본 척 내 앞을 지나치는 저 배짱은 뭔가라고 생각하던 황제가 순간 더 이상의 굴욕감을 참다못해 큰 목소리로 소리쳤다.

"아니. 스님! 어디 가십니까?"
"나요?! 오줌 누러 가는데요."

황제는 띄웅 했다. 천둥 같은 큰 소리로 질책했는데 아무 일도 없다는 듯 오줌 누러 간다고 말하는 그 천진스러운 대답에 그만 말문이 막혀버렸다. 다시 정신을 차려 위엄 있게 따져 물었다.

"스님은 황제를 보고 어찌 인사도 하지 않는 게요?"

노여움이 잔뜩 서린 꾸짖음에 스님은 손가락으로 가만히 하늘을 가리켰다.

"황제는 저 하늘이 보이십니까?"
"그렇소."
"그럼 저 하늘이 황제에게 인사를 합디까?"
"……"

쇳덩이가 원만하게 돌아가려면 마찰을 피하기 위해 베어링이 있어야 하듯이 쇳덩이보다도 더 굳어진 인간들의 이념을 조율하는 데는 반드시 중이 있어야 한다. 인간 간에 정당 간에 국가 간에 이 중이 없으면 세상은 다 파괴되고 부서져 버린다. 스님은 언제나 중간에 있으면서 좌우의 균형을 맞추어야 한다. 그래서 中인 것이다. 이런 자들을 우리는 보살이라고 부른다.

대반야경에서 보살은 상호간에 형평이 깨어지는 것을 원하지 않는다. 그러므로 양변의 다툼을 잘 화합시킨다고 하셨다. **태자화유경**에서는 보살은 생각이 다른 자들이 싸우는 것을 보게 될 때 서로의 주장을 잘 이해시켜 화목하도록 한다고 하셨다. 대승보살인 스님들이 어느 한쪽 편을 골라 편협되게 지지하는 것을 금지시켰던 것이다.

그린벨트가 도시의 허파 노릇을 해주듯이 중도 우주 간에 인간과 다른 생명들이 숨 쉴 공간을 마련해준다. 그런데도 덜 떨어진 인간들은 이 중의 존재를 어떻게든 상스럽게 비하하거나 천시하고자 한다. 사실 중은 세상에서 가장 훌륭한 역할을 할 뿐 아니라 가장 믿고 기댈 만한 가치가 있는 자들이다. 그들은 오로지 일체중생의 안위만을 위해서 살 뿐 그 외에는 잡스런 욕심이 없다. 언제나 조석으로 불전에 향을 사루면서 일체중생들의 평안을 진심으로 기원하는 자들은 오로지 스님들밖에 없다.

❖

도시에서 스님이 사람들에게 욕을 얻어먹지 않으려면 적어도 자신을 보호할 갑옷을 튼튼히 입어야 한다. 이 갑옷은 산속 수도원에서 입혀진다. 산속은 도시와 달리 모든 것을 준다. 하늘은 공간을 주고 땅은 기운을 주며 공기는 맑음을 주고 흐르는 물은 초목을 키운다. 산속은 서로를 아낌없이 줘가며 언제나 상생한다. 스님은 이곳에서 먼저 서로 도와 베푸는 방법을 배워야 한다. 그리고 그곳에서 세속의 거친 탐욕에 휘둘리지 않도록 자기 정화를 우선하여야 한다.

덜 익은 과일은 풋풋하지만 독성이 있다. 씨가 있다고 해도 아직 영글지 않은 상태다. 하지만 잘 익은 과일은 독성이 없을 뿐만 아니라 미래를 이어갈 튼튼한 족성을 가지고 있다. 마찬가지로 설익은 지식은 타인을 혼란에 빠뜨리지만 오랫동안 잘 숙성시킨 지식은 자기도 살리고 타인도 살리게 된다.

그러므로 세속법을 많이 배운 사람들은 산속에서 더 오랫동안 그 지식을 발효시키고, 거기서 나오는 교만과 아집의 먹물을 빼내야 한다. 지식이 발효되면 전혀 다른 성질인 지혜가 나타나고 아집의 먹물을 빼내면 본래의 모습이 그대로 찬찬히 드러나게 된다. 이런 과정을 거치면서 묵묵히 수행을 제대로 잘 해나가면 삼보의 씨를 계승할 수 있는 그릇이 된다. 더 나아가 자기뿐만 아니라 자기에게서 배운 제자들도 불법승을 계승하여 이 땅에 그 씨가 끊어지지 않도록 할 수 있다. **수호국계주경**에서 말씀하시는 삼보를 이어갈 수 있는 자들이란 바로 이런 수행자를 뜻한다.

이렇게 하려면 한 10년 동안은 산속의 대중처소에서 자신을 꺾는 수행을 해야 한다. 그 다음 10년 정도는 세상을 정확히 보는 관혜를 닦아야 한다. 이렇게 적어도 20년간은 중생을 제도하는 기본 소양을 충분히 익혀야 도시로 나올 수 있는 역량이 생긴다. 이 20년 동안에 최소한 약 3천 권의 내외전을 필수적으로 읽어야 되는 것은 말할 것도 없다. 그런 다음에 도시에 나오면 절대 사람들에게 욕을 얻어먹지 않고 탐욕의 흐름에 쉽게 물들지 않는다. 도리어 세속 사람들에게 무한의 존경과 네 가지의 공양을 당당하게 받게 된다.

❖

이 문장에서 원효 스님은 수행자는 무조건 도시를 떠나 산속으로 들어가라고 하신 것은 아니다. 그분은 수행자를 염세나 은둔으로 몰아넣으려 하신 것이 아니라, 저자에서 온전하게 보살행을 실천하려 한다면 무엇보다 먼저 자기 역량부터 길러야 한다고 말씀하신 것이다.

雖有才學 無戒行者 如寶所導而不起行
雖有勤行 無智慧者 欲往東方而向西行

비록 재주와 학식이 있더라도 계행이 없는 자는
보물이 있는 곳을 가르쳐주어도 일어나 가지 않는 것과 같고

비록 부지런함과 계행이 있더라도 지혜가 없는 자는
동쪽으로 가야 하는데 서쪽으로 가는 것과 같다.

믿음이 없는 자와 육신이 바쁜 사람

15

인간은 6식을 쓰므로 손익의 주판에 대단히 민감하다. 손해가 연속되면 생존이 위협받기 때문에 이익이 되는 것에 목숨을 건다. 그 이익을 위해 나름대로 오랜 시간 동안 교육을 받고 고도의 스펙을 쌓는다.

재주는 스펙에서 나오고 학덕은 교육에 의해 나타난다. 그 결과 분별사식이 증장된다. 분별사식은 세상에 대한 분별을 손익으로 따지는 6식의 의식 작용이다. 이것을 어떻게 더 분발시키고 더 악착같이 작용시키느냐에 따라 세간에서 똑똑하고 바보 같은 사람들로 나누어진다.

범부들은 최종적으로 이 분별사식을 갖고 두 가지 방향을 잡는다. 하나는 중생 속으로의 매진이고, 또 하나는 중생 쪽에서의 탈출이다. 전자는 중생들을 이겨 누르는 삶을 살고 후자는 자신을 누르는 수행의 길에 올라선다. 그 결과 전자는 상대에 의한 원한으로 엄청난 고통을 얻고 후자는 원한의 인과를 만들지 않아 더 없는 안락을 누리게 된다. 이때 현명한 자는 어느 쪽으로 방향을 틀어야 하는지 대번에 답이 나온다. 하지만 이상하게도 똑똑한 사람들이라 하는 자들이 후자 쪽으로 방향을 잡지 않는다. 더 좋고 더 귀한 것을 가지기 위해 타인들보다 불철주야 노력하는 사람들이 진작 보물이 산더미처럼 쌓여있는 곳을 가르쳐주어도 남의 일인 양 선뜻 나서지 않는다.

불교는 4계위의 수행을 제시한다. 즉 믿고 알고 움직이고 증득하는 것이다. 이 중에서 믿음이 가장 중요하다. 믿음은 모든 바라밀의 근본이 되기 때문이다. 그래서 **심법경**에 만약 사람에게 믿음이 없다면 백만 가지 공덕이 생겨날 수 없다고 하신 것이다. **기신론 해동소**에서 원효 스님은 믿음이 뿌리가 내려져야 불도에 들어갈 수 있고 불도에 들어가기만 하면 무궁한 보물을 얻는다고 하셨다. 그만큼 믿음은 중생을 부처로 만들어내는 데 있어서 첫 번째로 대단히 소중한 관문인 셈이다.

그런데도 자칭 똑똑한 사람들은 믿지를 않는다. 보물 지도를 주어도 지도만을 살피고 연구한다. 무슨 재질로 만들어졌는지, 누가 가지고 있었는지, 보물의 매장량은 얼마인지 이런 것만을 따지려 든다. 보물 지도는 보물을 찾을 때 가장 가치 있게 쓰인다. 하지만 그들은 믿지 않기 때문에 그것을 찾으려 하지 않는다. 그들은 손가락으로 달을 보라고 하면 달은 보지 않고 손가락을 갖고 연구하는 사람들이다. 이런 사람들은 보물에는 관심이 없다. 보물 지도 자체에만 관심이 있는 것이다.

하지만 목적지에 나아가지 않는 보물 지도는 한낱 종잇조각에 그칠 뿐 인생을 변화시키는 데 아무런 역할을 하지 못한다. 그들은 이 사실을 알면서도 보물을 가지러 가지 않는다. 가난한 사람들에게 그 지도를 파는 구전만으로도 충분한 이익을 챙길 수 있다고 믿고 있기 때문이다. 그들이 챙기는 소득은 바다에서 퍼 올린 한 바가지의 물 정도밖에 되지 않는다는 사실을 알게 되면 놓쳐버린 나머지 부분에 대한 아쉬움이 얼마나 크고 통탄할 일인지 상상도 못하고 있는 것이다.

반대로 궁핍한 생활을 벗어나고자 보물을 찾으러 다니는 사람들이 있다. 그들은 보물 지도가 없다. 설령 지도를 갖고 있다 하더라도 볼 줄을 모른다. 그냥 보물이 있다는 소리만 듣고 혼자건 무리 지어건 부지런히 그것을 찾으러 다닌다. 은밀하게 아니면 떼를 지어 산속이건 숲 속이건 어디든 헤집고 다닌다. 온 천지를 들쑤시고 다니면서 온갖 부산을 떤다.

결과적으로 이런 사람들은 가뜩이나 없는 경비만 허비하고 손발만 한없이 고생시키는 반풍수 머저리 짓만 하는 자들이다. 그들은 맹목적이다. 어떻게든 신행을 하지 않으면 큰 손해를 보는 것 같아 바쁘게 이리 뛰고 저리 뛰어다니지만 정확한 방향을 모르고 남들이 쫓아가는 그 뒤를 따라붙다 보니 목적도 없고 좌표도 없다.

이 방향이 아니다!

보다 못해 그들을 가로막고 이렇게 소리치면 사정없이 밀쳐버린다. 저렇게 다들 잘 가는데 왜 자기들만 막느냐며 소리를 치고 두 팔로 밀쳐버린다. 설령 그들이 잘못되었다는 것을 뒤늦게 알아차린다 하더라도 결코 방향을 바꾸지 않는다. 여기까지 어떻게 왔는데 이제 와서 다시 또 거꾸로 돌아간단 말인가 하며 가던 길로 계속 가버린다. 이런 두 부류들은 참말로 대책 없는 고집불통들이라고 말할 수 있다.

❖

이 대목에서 원효 스님이 언급한 앞의 사람은 알기만 하고, 뒤에 언급한 사람은 움직이기만 하는 자다. 즉 앞사람은 보물이 있는 곳을 가르쳐줘도 못 미더워서 안 가는 사람이고, 뒷사람은 있는 곳을 모르는데도 찾아가는 어리석은 사람들이다.

다른 말로 말하자면 앞사람은 입만 살아 있는 자칭 똑똑이들이고, 뒷사람은 몸이 가벼운 우둔한 자들이다. 신행 없이 많이 아는 학자들이 전자에 포함되고, 어리석으면서도 신행은 열심히 하는 자들이 후자에 해당된다. 둘 다 불교로 보아서는 전혀 영양가 없는 자들이다. 하나는 말은 많지만 몸이 굼뜨고 하나는 몸은 가볍지만 아는 것이 없으므로 그렇다.

불교에서 가장 이상적인 마음가짐은 투철한 믿음이다. 그 다음 신행은 방향을 정확히 알고 난 뒤에 움직이는 것이다. 방향을 분명하게 알면 움직이게 되어 있고 움직인다면 방향을 정확하게 알고 있다는 얘기다. 불교를 안다 하면서도 깨달음의 세계로 나아가는 신행이 없는 자들은 아직도 불교가 뭔지를 확실히 모르는 사람들이고, 불교가 무엇을 가르치는지 정확히 알지도 못하면서 동서남북의 사찰로 뛰어다니는 사람들은 소란스러움만 있지 전혀 이익이 없다고 원효 스님은 말씀하시고 있다. 신행 없는 앎과 앎 없는 신행을 함께 경고하고 계신 것이다.

有智人所行 蒸米作飯 無智人所行 烝沙作飯

지혜로운 자의 수행은 쌀로 밥을 짓는 것과 같고
지혜롭지 못한 자의 수행은 모래로 밥을 짓는 것과 같다.

지혜로운 자와 어리석은 자

16

모든 인간은 살려고 한다. 하지만 이 땅에 두 발을 디딘 사람치고 죽지 않은 사람은 아무도 없다. 전부 죽었다. 그런데도 인간은 모두 살려고 한다. 삶의 목적이 잘못된 것인가. 그렇다. 결과적으로 말하자면 살려고 산 것이 아니라 죽으려고 살았기 때문이다. 과거의 인간들은 모두 다 죽었다. 현재의 인간들도 모두 다 죽어가고 있다. 미래의 인간들도 모두 다 죽을 것이다. 조상도 죽었다. 부모도 죽었다. 나도 죽어가고 있고 내 자식들도 전부 죽어갈 것이다. 그것은 삶의 통로가 죽음으로 연결되어 있기 때문이다. 이 죽음의 통로에 들어간 생명치고 살아난 자들은 아무도 없다. **수따니파타**의 말씀이다.

Life in the world is unpredictable and uncertain.

Life is difficult, short, and fraught with suffering.

Being born, one has to die : This is the nature of the world.

With old age there is death : this is the way things are.

이 세상의 삶은 예측할 수 없고 불확실하다.

삶은 어렵고 짧으며 고통으로 가득 차 있다.

태어나면 누구나 죽는다. 이것은 세상의 본성이다.

늙고 죽는 것은 모든 것들이 다 그런 것이다.

살기 위한 궁여지책으로 군중 속으로 들어간다. 그러면 안전할 것 같아 정어리들처럼 떼로 살아가지만 불시에 던져지는 무상의 그물을 피하지는 못한다. 겉으로는 무리로 뭉쳐 있기 때문에 대단한 힘을 가진 집단처럼 보일 수도 있다. 하지만 속을 들여다보면 모두 다 멍텅구리 같은 떼거리의 소용돌이다. 이런 군중의 힘은 신기루와도 같아서 죽음 앞에서는 아무런 능력을 발휘하지 못한다.

군중이 모이면 다수결이 나오고 만장일치가 나온다. 그들은 소수보다도 단체의 의견에 의지하고픈 불안한 심리를 가지고 있기 때문이다. 하지만 그렇게 뭉친 집단도 모두 다 이기주의자들임을 명심해야 한다. 언제나 단체의 공감대를 말하지만 속에는 항상 동상이몽이 꿈틀거리기 때문이다. 그래서 아무리 큰 단체라 하더라도 그 속을 들여다보면 천지에 내 몸 하나 맡길 데가 없는 것이다.

❖

죽음을 알면서도 당할 때만큼 황당하고 기분 나쁜 일이 또 있을까. 모르고 당하면 억울하지나 않지 뻔히 죽음이 눈앞에 보이는데도 그쪽으로 제 발로 들어가는 것은 무슨 해괴한 일인가. 손발이 닳도록 일구어 놓았던 모든 것을 다 잃고 본의 아니게 세상을 고통스럽게 떠나버리는 이 비극적 결말은 또 무엇인가.

가만히 생각해보면 이런 경우는 참 웃어야 할지 울어야 할지 모를 정도로 헷갈리는 시추에이션이다. 하멜른의 피리에 도취되어 물속으로 뛰어드는 쥐떼들도 아니고, 명색이 지각이 있는 인간들이 쉴새 없이 죽음의 문으로 꾸역꾸역 들어가는 이 볼썽사나운 꼴을 대대로 연출하고 있으니 기가 막힐 일이다. **법구경**의 말씀이다.

아버지도 안 된다. 자식들, 가족들도 안 된다.
그 누구도 죽음의 왕을 대적할 수 없다.
죽음이 매정하게 나를 데리고 갈 때
그 어떤 가족도 나를 지켜주지 못한다.

사람이 뭔가 귀신에라도 씌지 않으면 어떻게 맨 정신으로 이렇게 끊임없이 죽음에 당하고만 있단 말인가. 실체도 없고 형체도 없는 죽음에 낚이는 이런 우스꽝스런 짓거리를 몸소 할 수 있단 말인가. 나름대로 다 자기 분야에서 똑똑하다 하는 인간들이 세상에 단 하나밖에 없는 자기 목숨을 죽음의 구렁텅이에 스스로 던져버리기 위해 사는 이런 희한한 일을 아주 대수롭지 않게 하고 있으니, 도대체 이런 비상식적인 경우가 어디에 있단 말인가.

이것은 꼭 독사들이 우글거리는 독사 자루에 일부러 머리를 집어넣는 아둔한 행위가 아니고 또 무엇이란 말인가. 손발이 다 닳도록 평생을 부양하던 가족도 일생을 바쳐 긁어모은 재산도 모두 다 버리고 빈털터리로 떠나가야 하는 줄 뻔히 알면서도, 뼈가 부서지게 그것들을 가지려고 버둥거리는 이 고통스런 삶은 또 무엇이란 말인가. 내일모레면 잡혀 먹히고 말 닭장 안의 닭들처럼 서로 많이 먹으려고 아옹다옹하는 싸움을 하는 나는 도대체 무엇이며, 그 죽음의 영역을 넓히고자 홰를 치는 수탉 같은 나는 대체 무엇이란 말인가. 조금만 이성적으로 판단해보면 인생이란 참 허망하고 보잘 것 없는 운명이라는 것을 금방 알아차릴 수 있는데도, 어찌 이렇게 비생산적이고 비경제적인 일상들을 바쁘게 보내고 있는지 참 한심하기만 하다.

이렇게 무상하고 허망되게 인생을 살다가 속수무책으로 죽음을 당하고야 마는 중생의 삶을 냉정히 직관하고, 그 죽음의 대열에서 과감히 탈출하는 자들이 있다. 이런 자들을 우리는 생사의 고통이 싫어 열반의 즐거움을 구하는 신행자, 또는 수행자라고 부른다. 마빈 토케어라는 유명한 탈무드 해설자가 했던 말 중에서 인상적인 말이 생각난다. 인류는 상도에서 벗어난 사람들에 의하여 진보를 재촉해왔다는 말인데, 이 상도가 죽음의 길이고 진보를 재촉한 자들이 바로 불교 수행자들인 것이다.

하지만 불교에 들어온 수행자 중에서도 어리석은 자가 있고 지혜로운 자가 있다. 어리석은 자는 죽음의 통로를 벗어나고자 깨달음의 길로 들어오기는 잘 들어왔는데 다음 진로를 몰라 정도를 이탈해버리는 자다. 이렇게 되면 생사해탈이라는 의도는 좋았으되 마무리가 깔끔하게 나오지 않는다. 이 사람들은 귀가 얇은 사람들이다. 죄업은 얇으면 좋지만 귀가 얇으면 언제나 손해를 입게 된다. 누가 이 것저것을 하면 좋다든지 그렇게 하면 안 된다든지 하면 바로 마음속으로 심하게 갈등을 한다. 그래서 바쁜 마음에 밥을 해도 뜸을 들이지 못하고 뚜껑을 열어버리거나 아궁이에 불을 계속해서 넣어야 하는데 그것을 멈추어버린다. **자타카**에서 땅바닥에서 알을 품고 있던 새가 땅이 부서진다는 소리를 듣고 지레 도망가버리는 것과 같은 어리석음이다.

사실 타인들의 밑도 끝도 없는 이상한 소리에 냉정함을 유지하는 것은 쉬운 일이 아니다. 하지만 자기가 분명히 이 길이 맞다고 경전에서 배웠다면 그 길을 따라 꿋꿋이 가야만 한다. 군중들의 심리에 올라탈 필요가 없다. 올라타면 그들은 반드시 나를 꺼꾸러뜨릴 것이기에 그렇다.

잡아함경에서는 사람들의 말로 괴로워하거나 그것으로 번민하지 말라고 하셨다. 사람들의 소리에 쉽게 움직이는 것은 숲 속의 짐승들이나 그런 것이다. 수행자는 누가 무슨 소리를 하든지 마음을 태산처럼 가져 쉽게 요동하지 말라고 하셨다.

❖

중생에게 보이는 세상에는 언제나 진짜와 가짜가 있다. 하다못해 부처님과 버금코자 한 가짜 부처 제바달다도 나타났는데 가짜 성인들이야 말할 게 뭐 있겠는가. 참 옻이 있으면 개 옻이 있고 참쑥이 있으면 개똥쑥이 있기 마련이다. 사람도 마찬가지다. 진짜 사람이 있는가 하면 인간의 껍데기만 덮어쓰고 있는 가짜 인간들도 그 수만큼 많이 있다. 종교도 마찬가지다. 참 종교가 있으면 반드시 가짜 종교가 그만큼 득세를 하고 참 수행이 있으면 반대로 가짜 수행이 있다. 그것을 행하는 진짜의 수행자가 있는 반면 가짜의 수행자가 있는 것은 당연지사다.

참 수행은 쌀을 쪄서 밥을 짓는 것이고 가짜 수행은 모래를 쪄서 밥을 짓는 것이다. 참 수행자는 순리대로 쌀을 가지고 밥을 만들려고 하는 자들이고, 가짜 수행자는 정반대로 모래를 갖고 밥을 만들려는 사람들이다. 모래로 밥을 만들 수 있다는 사람들을 경계해야 한다. 이런 사람들이 가짜 수행자들이다. 가짜 수행자들은 가짜 수행을 가르쳐준다. 하지만 그럴듯하게 너무나 말을 잘하기 때문에 어지간한 줏대가 없으면 모두가 다 넘어간다. 공짜를 좋아하고 인과를 믿지 않는 귀 얇은 신도들을 후려쳐서 사사로운 이익을 챙겨가는 것이다.

화엄경에서는 똑같은 물을 마시지만 뱀이 물을 마시면 독을 이루고 소가 물을 마시면 젖을 이룬다고 하셨다. 이 말씀은 동일하게 불교 속으로 들어와 똑같은 법수를 마셔도 어떤 사람은 마구니가 되고 어떤 사람은 보살이 된다는 뜻이다. 근기와 복덕에 따라 불법 속에서 굉장한 이익을 얻을 수도 있고 반대로 엄청난 죄업을 짓는 수가 있음을 적시한 것이다.

여유가 없으면 다급하다. 여유는 복을 말한다. 복이 없으면 삶이 급박하다. 이 말은 우선 배가 고프다는 뜻이다. 그러므로 쌀인지 모래인지 눈여겨볼 시간이 없다. 옆 사람이 쌀을 갖고 밥을 지으니 자기라고 가만히 있을 수 없다. 자기도 밥을 해야 되겠다는 조급함으로 모래를 갖고 밥을 짓기 시작한다. 복 없는 자가 곁눈으로 보면 쌀이나 모래나 비슷하게 보인다. 그것이 분명하게 보인다면 왜 복 없는 자라고 하겠는가. 그래서 그들은 모래를 갖고 나름대로 정성을 다해 열심히 밥을 짓지만 결과는 허무하게 꽝으로 끝난다.

쌀을 가지고 밥을 지으면 쌀밥이 나온다. 거기에 뭐 누구에게 빌고 자시고 할 것이 없다. 쌀을 가지고 정확하게 밥을 지으면 그냥 쌀밥이 나오기 마련이다. 세상에 공짜는 없다. 힘들더라도 우선 쌀을 구해 부처님이 말씀하신 방법대로 그대로 따라 하면 틀림없이 밥이 나온다. 이게 인과의 법칙이고 원인에 의한 결과이다.

하지만 모래를 가지고 밥을 지었다면 문제가 달라진다. 그냥 두면 모래밥이 나오니 어떻게든 쌀밥이 되어달라고 기도할 수밖에 없다. 모래는 돈 안 들고 쉽게 구할 수 있는 것이다. 이 공짜에 꼬여 헛된 용을 쓰는 것은 어리석은 신도들이 하는 짓거리다. 이런 사람들은 뭔가 절에 다니면서 분주하게 열심히 하기는 하는 것 같은데 소득을 전혀 못 만들어내고 있다.

거기서 끝나지 않는다. 재료가 부실한 탓을 하지 않고 자기들 부처가 영험이 없어서 그렇게 되었다고 원망한다. 그러다가 급기야는 자기들의 레시피를 도와주는 부처를 찾아다닌다. 여기저기 영험 있다는 절을 찾아 요행수를 바라면서 평생을 그렇게 뒤집고 다닌다. 하지만 시간만 허비하고 손발만 고생한다. 언제나 빈 깡통이다.

확실히 알아두어야 할 것은 모래를 삶는 자들에게 밥이 되어 나오도록 도와주는 부처는 온 우주 천지에 없다는 사실이다. 절에서 땀을 뻘뻘 흘리며 기도하는 사람들을 보았을 것이다. 목 놓아 울면서 자기의 처지를 하소연하는 사람들을 보았을 것이다. 어리석어 중죄를 지었다고 탄백하는 사람들도 보았을 것이다. 이미 저질러 놓은 일이기에 다 헛수고들을 하고 있을 뿐이다. 아무리 기도해도 모래로 밥을 지었다면 모래밥이 나올 것이고, 중죄를 지었다면 그 죄과를 반드시 받게 될 것이다.

자기가 지은 죄를 통곡으로 참회한다고 해서 죄가 없어진다는 논리는 모래를 쪄도 밥이 된다는 것과 같이 어불성설이다. 어떻게 죄를 지었는데 죗값을 받지 않을 수 있단 말인가. 오로지 단 한 가지 아주 특별한 방법 빼고는 반드시 그에 상응하는 과보를 틀림없이 받아야 한다.

불행하게도 어리석은 수행자의 말에 혹해서 이 사실을 이해하지 못하거나 부정하는 사람들은 평생, 아니 세세생생 헛수고로 몸통이 고생하게 될 것이다. 그래서 어리석은 수행은 생사를 이루고 지혜로운 수행은 깨달음을 이루게 된다고 하신 것이다. 즉 모래를 찌면 모래밥이 나오고 쌀을 찌면 쌀밥이 나오듯이, 죽음을 맞이하는 중생은 죽기 위해 부지런히 사는 것이고 살려고 하는 자는 살기 위해 열심히 수행하는 것이다.

❖

이 문단에서 원효 스님은 모래로 밥을 짓지 않으려 한다면 수행의

길을 떠나기에 앞서서 반드시 나아가야 할 길부터 정확히 보고 움직
이라고 말씀하신다. 자칫 수행부터 하다가는 수행을 하지 않는 것보
다 못한 결과가 나타날 수도 있다는 것을 훈고하시고 있는 것이다.

共知喫食而慰飢腸 不知學法而改癡心

누구나 할 거 없이 인간들은 밥을 먹으면
굶주린 창자가 위로된다는 것을 알지만
불법을 배워 어리석은 마음을 고치려고는 하지 않는다.

육신의 주인은 마음이다

17

존재하는 것들은 존재 상태를 유지하기 위해 그에 알맞은 에너지를 필요로 한다. 이것은 유정이건 무정이건 똑같다. 모두 다 생존과 번식을 위해 나름대로 머리를 쥐어짜 가며 일생을 고군분투한다. 하다못해 방구석에 거미줄을 치고 있는 연약한 방거미 역시 먹고 살기 위해 주리가 뒤틀리도록 지루하게 먹이를 기다리고 있다. 나는 거기서 인욕과 정진을 배운다. 하루 종일 그와 나는 말이 없다. 내내 그도 혼자고 나도 혼자다. 그는 거미줄 위에서 혼자고 나는 방안에서 혼자다. 그는 먹이를 기다리고 있고 나는 하나의 소식을 기다리고 있다. 그렇게 그와 나는 오랫동안 정말 주구장창 동거하고 있다.

사람들이 혐오하는 바퀴벌레도 제 딴에는 먹고 살려고 혼신의 노력을 다한다. 인간들의 눈을 피해 더듬이를 열심히 움직여가면서 어떻게든 먹이를 찾아내려고 동분서주한다. 숲 속의 개미도 그렇고 들판의 곤충도 다 그렇게 먹고 살기 위해 일생을 열심히 살다가 생을 끝마친다. 모든 인간들 또한 굶어죽지 않으려고 밥을 먹는다. 그래야 생존할 수 있기 때문이다.

먹고 사는 것이 해결되면 문화가 나온다. 옛날 보릿고개를 힘들게 넘기던 때엔 먹을 것 외엔 아무것도 눈에 보이는 것이 없었다. 야생화가 흐드러지도록 지천에 피어 있었지만 배고픈 눈에는 그저 성가신 잡초로만 보였다. 그래서 야생화의 청순함과 아름다움을 전혀 느끼지 못하고 그것들을 무자비하게 베고 걷기에만 급급했다. 그러다 어느 정도 배가 부르고 삶의 여유가 생기자 이제 야생화의 자연스러움을 노래하기 시작했다. 이때부터 well being이라는 말이 유행되었다. 이것을 넘어가면 재미있게 살자는 well joy가 나온다. 그 다음 단계가 좋은 것만 생각하자는 well thinking이다. 그 뒤에 가면 이제 자기도 이롭게 하면서 남도 이롭게 하자는 well doing의 종교가 나오게 될 것이다. 그러면 인생 최대의 관심사인 well dying을 걱정 없이 맞이할 수가 있다.

마음을 다루는 불교는 그 다음의 단계에 있다. 이것은 세상의 물상을 연구하고 천체를 살펴보는 것과 전혀 다른 각도로의 접근이다. 이것은 중생들의 가슴 밑바닥을 파헤친다. 사람들의 가슴 깊이는 아무도 모른다. 크게 쓰면 천하를 담고 작게 쓰면 자신 하나도 겨우 허용한다. 자신조차도 포용하지 못하면 끝내 자신을 죽여버린다. 범부들에게 이런 광허하고 대탕한 마음을 진지하게 논하기에는 그들의 그릇이 너무 협소하고 용렬하기만 하다.

대승불교는 전체적으로 이 마음을 어젠다로 다룬다. 하나의 마음속에 부처와 중생의 요소가 같이 들어 있다. 부처 쪽을 영원성으로 본다면 중생 쪽을 전변성으로 본다. 영원성 쪽으로 나아가면 부처가 되어 열반의 축복을 누리고, 전변성 쪽으로 내려가면 지금처럼 고통스런 삶에 허덕이는 중생이 된다. 불교는 어느 쪽이 생각 있는 인간이 선택할 수 있는 최상의 길인가를 제시한다.

또한 불교는 중생과 이 세계를 가짜로 정의 내린다. 이것을 진짜로 보는 자를 어리석은 자라고 한다. 즉 자신이 실제로 존재한다는 것과 세상이 실제로 존재한다고 믿으면 바보라는 것이다. 지금이라도 그 어리석은 마음을 고치라고 하는 것이 불교의 기본 가르침이다.

어리석은 마음은 망념 덩어리다. 이것은 중생과 중생세계를 만들어내는 요술쟁이와도 같다. 아무것도 없던 공허한 세계를 이렇도록 괴상하게 만들어놓은 것이 바로 중생의 망녕된 마음이기 때문이다. TV 속은 공허하다. 아무것도 없다. 그러나 작가가 드라마를 집어넣으면 그에 맞는 세계가 만들어진다. 하지만 그 세계는 가짜다. 이 세계는 TV처럼 공허하다. 그런데 망념이 대본을 쓰고 연기를 해버리면 이런 중생세계의 무대가 펼쳐진다. 그러므로 이 세계는 가짜다. 그래서 **화엄경**에서는 일체유심조라고 하여 삼계는 일심이 다 만들어냈다고 하셨고, **십권경**에서는 중생들이 먹고 살고 하는 이 세계는 마치 꿈속 세상처럼 실체가 없는 것이라고 하셨다.

❖

중생이 갖고 있는 망념의 이론을 가장 명확하게 펼쳐놓은 논서가 마명보살이 지은 **대승기신론**이다. 이것을 두고 수많은 고승석덕들이

제 나름대로 정열을 다 바쳐 열강하고 풀이했지만, 그 누구도 마명보살의 의도에 정확히 적중해 해설한 자가 없었다. 이를 안타깝게 여긴 원효 스님이 특정 종파의 편견과 자신의 관견을 완전히 벗어난 통불교적 시각으로 그것을 종횡무진으로 일목요연하게 풀이하셨다. 이것이 바로 인류사에 큰 금자탑으로 남아 있는 **대승기신론 해동소**라는 걸작이다.

자동차가 움직이려면 정비를 하고 신호를 따라야 한다. 육신이 움직이려면 운동을 하고 방향을 알아야 한다. 이 도리를 말하는 것이 바로 인생의 면허증이다. 하지만 아무도 이것을 배우지 않는다. 그냥 부딪히는 것이다. 무면허 자동차가 도로에 나와 설치듯이 무면허 인생들이 삶의 무대에 바로 올라와 무섭도록 활동하고 있는 것이다. 무면허 자동차가 신호를 무시하고 달려 나가면 큰 사고가 나듯이 삶이 무엇인지 배우지 않고 인생을 질주하듯이 경쟁하면 마지막에는 모두 다 악도행으로 끝난다.

조그마한 집을 짓는 데도 계획이 있고 설계가 있다. 설계 도면에 의해 집이 완성된다. 하지만 인생에는 계획만 있고 설계 도면이 없다. 언제나 땜질이고 언제나 뒷북이다. 벌레들은 본능으로 움직인다. 짐승들은 육감으로 움직인다. 하지만 인간은 벌레도 아니고 짐승도 아니다. 그런데도 본능으로 움직이고 감각으로 살아간다. 자신이 어디에서 왔다가 어디로 향해 나아가고 있는지 방향 감각조차 없다.

육신은 직장과 가정으로 반복해서 움직인다. 마음은 거기에 머무르는 성질이 아니다. 마음은 어디로 분명 가야 하는데 육신이 마음을 거기에 항상 묶어두고 있다. 그래서 마음은 육신의 종복 신세로 이러지도 저러지도 못한 채 늘 불안해하고 초조해한다. 마음에 안락을 주고 자신에 자유를 주고 싶다면 망념이 만들어낸 가짜 자신과 세상을 알아야 한다. 그러려면 원효 스님이 풀이한 **대승기신론 해동소**를 배워야 한다. 이것은 선택적으로 배우는 것이 아니라 필수적으로 누구나 다 반드시 배워야 한다. 그래야만 다른 사람들이 자기 때문에 다치지 않는다. 마치 면허증을 따서 자동차를 몰고 도로에 나가는 것처럼 자신은 물론 타인을 다치게 만들지 않는다.

하지만 이 불후의 명작인 원효 스님의 **해동소**도 복 없는 보통 인간들에게는 그저 그림의 떡이고 거울 속의 여인에 지나지 않는다. 초등학생들에게 대학의 전문 교재가 무슨 소용이 있으며, 그들에게 전문이란 말이 어떻게 통하겠는가. 기껏해야 첫 번째 단계인 well being의 수준에 올라와 있는 범부들에게 이 가르침은 원시인들에게 비행기의 공능을 설명하는 것과 같은 것이다.

❖

사람들은 내가 전혀 예상하지 못했던 두 번째 단계로 나아갔다. well joy 단계로 가야 하는데 난데없이 healing이라는 엉뚱한 슬로건을 내세운 것이다. 전자는 자체적 사고이고 후자는 피동적 처방이다. 이것은 지금 사회가 그만큼 자기들을 힘들게 하고 병들게 하고 있다는 반증이다.

사실 힐링에는 크게 세 가지가 있다. mind healing과 medical

healing, 그리고 self healing이다. 둘째는 이미 현대 의학이 담당하고 있으니, 그들이 말하는 힐링은 아마 첫 번째인 마인드 힐링인 모양이다. 그렇다면 도대체 마음이 무슨 문제가 있고 어떻게 힐링한단 말인가. 그들은 마음이 피곤에 젖어 있기 때문에 치유해야 한다고 말한다. 마음은 유기체가 아니다. 그러므로 사실 피곤해야 할 근거가 없다. 따라서 마음이 무엇인지부터 먼저 배우고 난 뒤에 그것을 힐링시키든 뭐 하든 해야 할 것이다. 그렇지 않고 머리가 복잡하고 마음이 답답해서 그냥 쉬고 싶다는 의미에서 마인드 힐링을 한다면, 그런 힐링은 인생을 살아가는 데 근본적으로 아무런 도움을 주지 못한다. 왜냐하면 범부의 마음은 원초적으로 오염되어 있기 때문이다. 일시적인 여유를 주어 인위적으로 쉰다고 해서 해결될 문제가 아니기 때문이다.

여기서 중요하게 말하고자 하는 것은 세 번째인 셀프 힐링이다. 셀프 힐링은 내츄럴 힐링이라고도 한다. 이것은 자연 치유라는 뜻을 가지고 있다. 즉 인위적인 문제를 가하지 않고 그냥 그대로 가만히 두면 원래의 제자리로 돌아가게 된다는 뜻이다. 마음의 제자리는 마음의 근원을 말한다. 이 근원을 불교에서는 열반이라고 한다. 사람들은 이렇게 되도록 자신을 그냥 가만히 두지 않는다. 그저 몸과 머리가 아프니 그렇게 만드는 환경을 일시적으로 좀 벗어나고자 하는 데 그치고 있다. 진정한 힐링 언저리에도 가지 못하고 밖으로만 맴돌고 있는 것이다.

그들은 진흙 밭을 건너가기 위해 구두를 닦는 것처럼 전혀 필요 없는 치유를 모색하고 있다. 그것은 잠깐이나마 감각적인 기분 좋음과 여유로운 느낌을 즐기는 것 외에는 결과적으로 시간 낭비를 하는 것밖에 안 된다. 곪아터지고 있는 상처에 진통제를 먹는 정도밖에 되지 않는다. 심각한 상처는 뿌리부터 치유를 해야지 진통제를 먹어 통증의 순간을 다스린다면 그 결과는 안 봐도 답이 뻔하다. 범부가 백날 힐링 힐링 요란을 떨어도 세상은 더욱 더 각박해지고 마지막에는 모두 다 죽을 수밖에 없는 이유가 여기에 있다.

❖

사람들은 자꾸 **대승기신론 해동소**를 방송국에서 강의해달라고 한다. 하지만 자기가 죽을병이 들어 아주 심각한 상태에 있다고 생각하지 않는 자들에게는 이 **해동소**의 명약이 아무런 가치가 없다. 그들에게 이것을 먹고 생사의 병으로부터 벗어나야 한다고 소리쳐도, 그들 스스로가 우리는 그런 병에 걸리지 않았으니 '마 됐거등요' 한다면 **해동소**의 명약은 개똥 소화제보다도 못한 돌팔이 약이 되는 것이다.

여윳돈 없는 사람에게 투자 설명회를 하면 그 사람들은 뭐라고 할까. 오늘 벌어 오늘 먹기도 빠듯한 사람에게 장기 적금을 들면 높은 이자를 준다고 했을 때, 그 사람들은 과연 뭐라고 할까. 그처럼 수용할 준비가 되어 있지 않은 사람들에게 이것을 배우라고 한다면 그들은 욕을 하고 삿대질을 할 것이다. 명품은 명품을 사러 찾아오는 사람들에게 명품에 맞는 가격으로 공정히 팔아야지 저잣거리에서 떨이로 팔면 명품의 희소와 가치가 떨어진다. 그러면 그때부터 그것은 명품이 아니라 땡처리 옷이 되어버린다. 이런 폭탄 세일은 회사와 소비자 모두에게 큰 손실을 안긴다. 회사는 엄청난 브랜드 가치 손실을 입고, 소비자는 별거 아니구만 하면서 또 다른 비싼 명품을 찾아 나서기 때문이다.

대승기신론도, 원효 스님의 주석인 **해동소**도 마찬가지다. 생사에 병든 중생들을 근본적으로 힐링시키는 최고의 명약에다 우리 체질에 맞는 법제까지 곁들인 희귀명약이다. 하지만 그릇이 작은 자들은 이 처방에 대해 이해가 가지 않을 뿐 아니라 백번 들어도 그 가치에 대해 깊은 믿음이 생기지 않는다. 그러면서 나도 명품을 갖고 있다고 위안을 하듯이 **해동소**를 한 번 들어보았다고 하면서 교만한 마음만 일으킨다. 그런 사람들 때문에라도 **해동소**는 결코 대중적으로 설할 수가 없다.

약국은 움직이지 않는다. 약이 필요한 환자가 돈을 가지고 약국을 찾아서 온다. 그처럼 생사의 병으로부터 벗어나야겠다고 생각하는 사람들은 장소가 어디든 간에 **해동소**를 가르치는 곳으로 찾아오게 되어 있다. 산속 깊은 곳에 숨어 있는 산삼도 필요에 의해서 찾아내는데 하물며 **해동소** 전문 도량을 못 찾아오겠는가. 누구든지 살고 싶은 자는 아차말보살처럼 원근은 물론 물불을 가리지 않고 이곳을 찾아와 구도의 자세로 모두 다 배우고 간다.

명색이 인간이라면 살아 있을 때 이 **해동소**를 필수적으로 배워야 한다. 이것은 범부가 왜 고통받는지에 대해 정확하게 깨닫도록 도와주기 때문이다. 그저 시간 날 때마다 교양 과목 듣듯이 주마간산으로 들어서는 소득이 없다. 구도하는 자세로 목숨을 다해 배우면 자기도 모르게 죄업에 파묻혀 있던 진짜 마음이 요동친다. 그러면 생사에 허덕이는 고통으로부터 완전히 벗어날 기약이 서는 특별한 인연을 가지게 된다.

그렇게 하려면 현재 자신의 근기부터 높이도록 애써야 한다. 10층에 들어가려면 10층 높이만큼 올라가야 하듯이 이것을 배우려면 자기 자신부터 먼저 업그레이드시켜야 한다. 그렇지 않고 듣기만 들으면 위에서 말했듯이 자기를 변화시키지 못하고 매양 그대로의 자기를 고집하는 데 그친다. 고집스러움, 참 답이 없는 성질이다. 고지식에다 옹고집을 가진 자라면 더욱 더 변화시키기가 어렵다. 이런 자들은 부처가 줄을 이어 이 세상에 태어난다 해도 그들과는 무관한 출현이 된다.

근본적인 힐링은 밥 잘 먹고 똥 잘 싸도록 하는 데 그 목적이 있는 것이 아니다. 더없이 건강하고 온전한 인간이 되려면 어떤 비싼 대가를 치르더라도 **대승기신론 해동소**를 반드시 배워야 한다. 그러면 숙세로 내려온 생사의 고질병을 완벽하게 힐링할 수 있게 된다.

❖

이 문단에서 원효 스님은 적어도 밥을 지어 먹는 인간 정도라면, 육체만이 전부가 아니라 육체를 조종하는 신해의 마음이 그 속에 파묻혀 있다는 것을 알아야 한다고 지적하신다. 그것을 찾아내도록 불법을 배우라고 말씀하신 것이다.

行智具備 如車二輪 自利利他 如鳥兩翼

수행과 지혜를 함께 갖추게 되면 수레의 두 바퀴와 같은 것이고
나에게도 이익이 되고 타인에게도 이익이 되는 수행을 한다면
새의 두 날개와 같은 것이다.

짝을 이루어 닦아라

18

바라밀은 건넌다는 뜻을 가지고 있다. 생사의 바다를 건너 피안의 세계로 가는데 여섯 개의 방법이 있다. 이것이 6바라밀이다. 이 6바라밀은 삼현보살이 되어야 본격적으로 수행하게 된다. 이것은 범부가 닦는 바라밀과는 그 목적이 완전히 다르다. 범부의 수행은 오로지 복덕을 배양하는 데 있지 깨달음하고는 상관이 없다. 설령 깨닫는다 해도 그것은 불각이다. 이것은 **기신론**의 말씀이다. 원효 스님은 **해동소**에서 불각을 범부각이라고 표현하시고 있다. 범부는 범부각을 이루지 더 이상의 깨달음은 없다는 것이다.

바라밀은 동적 바라밀과 정적 바라밀로 나뉜다. 동적인 것은 보시·지계·인욕·정진이고, 정적인 것은 선정과 지혜이다. 원효 스님은 동적 바라밀을 行이라고 부르고 정적 바라밀을 智라고 표현하셨다. 이 바라밀들은 순차적이면서 동시적으로 완성된다. 말하자면 동적인 바라밀이 선행되지 않는 한 정적인 바라밀이 이루어지지 않으며, 정적인 바라밀이 이루어져야 동적인 바라밀이 성취된다는 것이다.

그러나 보통 범부로서는 순차적인 방향으로 수행할 때 더 큰 중복의 효과를 낸다. 즉 보시를 해야 복을 지을 수 있고, 복이 있어야 계율을 지킬 수 있으며, 계율을 지킬 때라야만이 인욕할 수 있다. 인욕을 해야만 정진할 수 있고, 정진할 수 있어야만이 선정과 지혜를 일으킬 수 있다. 그런데 어느 곳이든 이런 과정을 수습시키지 않는다. 그냥 보이는 대로 참선 체험을 시킨다고 남녀노소 가리지 않고 다 가부좌로 앉혀버린다. 그러나 범부는 참선을 해서 부처가 되지 못한다. 절대로 되지 못하기 때문에 부처님 가신 지 2,500년이 지났지만 아직도 참선을 해서 부처가 나타나지 않고 있는 것이다.

범부들에게 주어진 참선의 궁극적 용도가 무엇인지를 분명히 밝혀두고자 한다. 선은 범어로 Danya이다. 이것을 중국에서 선나라고 음역했고 후일 禪이라는 간결한 약어를 썼다. 이것이 선의 전래 음이다. 선은 부처님의 28대 적손인 보리달마가 인도에서 말레이반도를 거쳐 중국에 가져온 것이다. 그는 부처님의 법맥과 **기신론**의 원본이라 할 수 있는 **능가경**과 그 수행법인 선을 중국에 전했다. 사실 달마가 중국에 불교를 들여오기 전에는 선이라는 것이 중국에 없었다.

선을 대신할 만한 한자어가 특별히 없었기 때문에 역경사들은 궁여지책으로 인도 말인 선을 그대로 음역했다. 그런데 단어가 너무 낯설었다. 그래서 뒤에 안정의 뜻인 定을 붙여 선정이라고 했다. 이 선정을 닦는다는 뜻이 참선이다. 참이라는 말은 참구한다의 줄임말이고, 선이라는 말은 적정을 말한다. 즉 적정이 되도록 노력한다는 뜻이 참선이라는 말이다. 그러므로 선은 도가에서 행하는 조식법이

나 외도들이 하는 명상법하고는 근본적으로 다르다. 그렇다면 선은 무엇인가.

❖

부처님의 12번째 적손인 마명보살은 부처님이 열반하신 후 수천수만 갈래로 찢어진 그분의 말씀과 수행관을 하나로 묶어 통일시켰는데, 그것이 대승불교라는 특별한 교리이다. 마명보살이 참선을 처음으로 만들어 범부들에게 제공한 이유는 딱 한 가지다. 그것은 범부가 세상에 집착하는 것을 부숴주기 위함에서였다.

그런데 여기에 하나가 더 있다. 바지가 있으면 허리띠가 따라붙듯이 참선이 있으면 지혜가 동반되어야 한다. 이 둘은 언제나 같이 작용한다. 실재와 현상이 같이 있듯이 참선도 반드시 지혜와 같이 있어야 온전한 자기 기능을 다할 수 있다. 그런데 사람들은 참선만 닦기를 권한다. 참선에 부응하는 지혜에 대한 매뉴얼이 없다. 바로 참선만 우선시하는 풍토의 맹점 때문에 생긴 부작용이다.

지혜로 세상을 정확히 보아야 한다. 팔정도 가운데서 正見이 제일 앞에 나와 있는 것만 보아도 이 대목이 얼마나 중요한지를 알 수 있다. 세상은 허상이다. 진실된 모습이 아니라 가짜다. 허상에 집착하지 마라. 거기에 집착하면 죽는다. 이것은 물속의 개에게 정신이 팔려 자기가 문 진짜 고기를 놓치는 어리석은 개의 경우와 같은 것을 경계하고 있다. 세상을 정확히 보라. 원효 스님은 이 세상을 허공의 꽃이라고 보셨다. 허공에는 꽃이 없다. 꽃이 보이면 안과에 가서 눈 치료를 받아야 한다. 이 중생세상도 원래 없다. 중생세상이 실제 있는 것처럼 보인다면 경전으로 마땅히 교정을 받아야 한다고 하셨다. **금강경**에서는 이렇게 말씀하셨다.

凡所有相
皆是虛妄
若見諸相非相
卽見如來

눈앞에 보이는 모든 것은
전부가 다 가짜다.
눈에 보이는 모든 것들이 전부 다
진짜가 아닌 것으로 보이게 되면
그때 부처가 보일 것이다.

가짜의 세계가 진짜의 세계인 것처럼 착시하게 만드는 것은 무명에 의한 망념이다. 이 망념에 의해 무상과 고통과 유전과 부정이 나타난다. 이 네 가지가 있는 삶은 모두가 다 고통이다. 그 결과로 중생은 생사의 고통을 받는다고 확신해야 한다. 그래야 그 고통으로부터 벗어나고자 하는 방법을 찾게 되는 것이다. 이런 조건이 전제되지 않으면 절대로 참선을 하지 않는다. 이유 없이 참선을 할 필요가 없기 때문이다. 분명한 이유가 주어져야 힘이 들고 무리가 가더라도 참선을 하려고 할 것이다. 그냥 하라고 해서 호기심으로 하는 참선은 취미이지 당위가 아니다. 참선은 망념을 잠재우는 하나의 특출한 방법이다. 하지만 이 참선은 그렇게 호락호락하지 않다.

❖

해동소에서 원효 스님의 말씀을 먼저 들어보자. 먼저 참선을 하려면 다섯 가지 조건이 갖추어져야 한다.

첫째가 고요한 곳이다. 장소가 좋지 않으면 잡념을 일으킬 수 있는 문제가 생긴다.

둘째는 계율을 가져야 한다. 계율이 없이 참선을 하면 사람에 의해 소란스럽다. 죄를 짓고는 가만히 앉아 있을 수 없다. 먼저 죗값을 치르고 난 뒤에 참선에 임해야 한다. 따라서 해제가 끝나고 결제를 할 때 우선 참회부터 하면 좋다. 그렇게 함으로 해서 거친 번뇌를 누그러뜨릴 수 있기 때문이다.

셋째는 옷과 양식이 충분하게 준비되어 있어야 한다. 그렇지 않으면 먹고 사는 것에 걱정이 생긴다. 이런 걱정을 가지고는 결코 마음의 평정을 얻을 수 없다.

넷째는 선지식을 모셔야 한다. 사람들은 자기들끼리 모여 앉아서 참선을 한다고 한다. 그렇다면 그 향상되는 수준은 자기들 수준에 그친다. 그러므로 스승의 질정과 경비가 현저하게 들더라도 진정으로 참선을 하고 싶다면 반드시 스승을 모시고 정진해야 한다. 그렇지 않으면 친목을 위한 계모임 정도밖에 되지 않는다.

다섯째는 해야 할 일을 마무리하고 참선에 임해야 한다. 벌려놓은 사업과 얽혀 있는 반연들로 머리가 복잡하면 일단 마음이 가라앉을 때까지 후원의 일이나 도량 청소를 해야 한다. 그렇게 해서 자기를 둘러싸고 있는 일들이 일차적으로 정리되면 참선에 임해야 한다. 이것이 참선 수행에 들어가는 이상적인 마음 자세라고 말씀하셨다.

참선은 아홉 단계를 거쳐서 삼매에 들어간다. 매번 한 계단씩 올라갈 때마다 그에 걸맞은 마장들이 나타난다. 수행이 깊으면 깊을수록 마장들이 강하게 덤벼든다. 이 마장들을 모두 다 차례대로 물리쳐야 마지막 단계인 진여삼매에 들어갈 수 있다. 진여삼매는 돋보기로 빛을 모을 때 한 지점에 그대로 멈추는 것과 같다. 정상적인 사람들은 단번에 어떤 특정한 지점에 멈추지만 수전증 걸린 것 같은 중생들은 오랜 노력 끝에야 이것이 가능하다.

일단 돋보기가 정확히 멈추면 불이 나온다. 이 불은 처음에는 연약하지만 천하를 태워버릴 수 있다. 마찬가지로 진여삼매에 들어가면 일행삼매가 나온다. 이 삼매가 나오면 천하를 꿰뚫어볼 수 있는 지혜가 솟아난다. 하지만 설령 일행삼매가 나온다 하더라도 깨달음과는 상관이 없다. 범부가 이 삼매를 가지기 위해 피나는 노력을 다한다 해도 이것은 참선의 완벽한 목적이 아니다. 참선의 목적은 바로 공덕을 증장하는 데 있기 때문이다. 이런 공덕이 증장되면 그때서야 믿음이 나오게 된다.

그 믿음은 네 가지다. 첫 번째는 자신이 누구라는 것을 먼저 믿는 것이다. 일체중생은 모두 다 부처의 아들이다. 그런데 길을 잘못

들어 열반궁으로부터 벗어나 거지가 되었다. 거지의 생활은 너무 고통스럽고 힘든 삶이었다. 하지만 태생이 그러려니 하고 운명적으로 고통을 받아들이고 다리 밑 거적때기 위에서 극고의 삶을 살았다. 그런데 어느 날 자기가 우주 제일의 부처님 아들이 확실하다는 소리를 들었다. 이 소리를 듣고도 느낌이 전혀 일어나지 않는 중생은 거지노릇이 제격에 맞는 자들이다. 하지만 거지의 삶이 진절머리가 난 자들은 귀가 번쩍 뜨이는 일생일대의 희소식으로 받아들인다.

그들은 우선 경전인 족보를 보고 확인 절차에 들어간다. 모든 경전의 족보를 다 뒤져봐도 자기가 분명 부처의 아들이 맞다는 것을 확신한다. 그리고 부처인 아버지가 자기를 노심초사 찾고 있다는 것도 분명히 안다. 이제 그는 보따리를 싼다. 나는 삼계도사 부처님의 아들이다 하면서 거지의 소굴을 벗어나 부처가 계시는 열반궁으로 나아간다. 이것이 바로 자신이 누군지를 먼저 믿는 소중한 첫 단계가 되는 것이다. 이 단계를 거치지 않고는 불교 속으로 들어갈 수 없다. 아무리 당신이 부처의 자식이라고 가르쳐줘도 이대로의 중생 삶이 좋다고 하면 다른 대책이 없다. 그런 사람은 부처가 천명이 와도 제도가 되지 않는다. 그래서 부처는 교화 가능한 중생만 교화하신다고 **해동소**에서 원효 스님은 말씀하신 것이다.

두 번째는 부처님을 믿는 것이다. 부처님은 무량한 공덕을 갖추고 있으므로 항상 가까이 모시고 그분께 공양과 공경을 올려야 한다. 그러면 선근이 발기된다. 난로 옆에 가면 몸이 따뜻해지고 얼음 옆에 가면 몸이 차가워지는 것처럼 공덕이 원만한 부처님께 계속해 나아가면 나도 모르게 공덕이 나타나게 된다. 그래야만 세상을 꿰뚫어볼 수 있는 일체의 지혜를 얻을 수 있다. 왜냐하면 공덕이 있어야 지혜가 일어나기 때문이다. **대교왕경**에서는 만약 사람들이 부처님을 외면하면 그 자리에 어리석은 악귀가 들어와 앉는다고 말씀하셨다.

세 번째는 부처님이 말씀하신 법을 믿는 것이다. 법은 진리이다. 진리에는 엄청난 큰 이익이 있다. 그 진리에 계합하기 위해서 언제나 바라밀을 닦도록 노력하는 것이다. 진리는 배워야 한다. 이것을 모르면 고생스런 삶을 사는 수밖에 없다. 물은 위에서 밑으로 흐르는데 그 진리를 모르면 온몸으로 물에 맞서는 고생을 한다. 그러면 피곤하고 힘들어서 세상을 살 수가 없다.

네 번째는 승보를 믿는 것이다. 승보는 올바르게 자리이타를 수행하는 분들이므로 항상 즐겁게 그분들과 친근해야 한다. 그러면 그들이 수행하는 여실수행을 나도 모르게 따라 행하게 된다고 마명보살은 **기신론**에서 설명하시고 있다.

❖

참선을 하면 내 자신이 누군지를 믿게 되고 그 다음에는 삼보를 믿게 된다. 삼보는 여섯 가지 공덕이 있기 때문에 반드시 믿어야 된다고 **구경일승보승론**에서 말하고 있다.

첫째는 희유하다. 삼보는 아무 곳에나 없다. 복이 있는 곳에만 삼보가 있다. 그러므로 삼보를 알았다는 것은 이 세상에서 가장 만나기 어려운 것을 만난 것이다.

둘째는 청정하다. 삼보는 깨끗하다. 그러므로 죄업의 혼탁한 마음을 자동적으로 씻어낼 수 있다. 그저 가만히 삼보 옆에만 있어도 청량한 기운을 끊임없이 느낄 수 있다.

셋째는 세력이다. 삼보는 엄청난 세력을 가지고 있다. 삼보를 제대로 믿으면 천마와 마귀는 물론 외도와 귀신이 범접할 수 없다. 모두 다 무릎을 꿇고 공경하고 예배한다.

넷째는 장엄이다. 삼보는 그 어떤 보석보다도 더 화려하고 아름다운 모습으로 나의 등급을 올려준다. 그러므로 삼보는 나의 생명이고 은인이며 최고 후원자가 된다.

다섯째는 최고로 훌륭한 일을 해주신다. 삼보는 나같이 볼품없는 삼계의 거지를 우주의 제왕인 부처로 만들어준다. 그래서 목숨을 다해서 삼보를 모시는 것이다.

여섯째는 불변이다. 세상 천하가 인연 따라 다 변하여도 내가 기대고 내가 모시는 삼보는 영원하고 불변하다. 언제나 그 자리에서 나를 끝없이 변화시키고 나를 한량없이 이익이 되게 만든다. 그래서 삼보를 믿는 것이라고 했다.

목환자경에 이런 말씀이 있다. 사두라는 스님이 아둔해서 선정을 제대로 닦을 수가 없었다. 부처님께서 그의 저열한 근기를 안타깝게 여기시다가 새로운 수행법을 하나 내려주셨다. 이제부터 다른 수행은 하지 말고 오로지 이것만 염송하라고 하셨다.

나무 불법승

사두 스님은 부처님 말씀대로 일구월심 나무불법승만 염송했다. 그러던 어느 날 그는 소승성자 가운데 두 번째 계위인 사다함과를 증득했다고 한다. 그만큼 삼보는 굉장한 위력을 지니고 있다.

또 **복전경**에서는 삼보는 큰 배 역할을 해주신다. 중생을 실어 안락의 세계로 나아간다. 상상할 수 없을 정도로 크고 튼튼하기 때문에 생사의 바다에 빠질 일이 없다고 하시면서 누구든지 타고 싶은 자들은 모두 다 올라타도 된다고 하셨다.

❖

참선을 하면 전체적으로 위에서 말한 네 가지 사실이 믿겨지는 공덕이 함양된다. 이것을 믿어야 10선업을 닦고 三心을 개발할 수가 있다. 三心은 자비와 지혜와 발원이다. 마명보살은 **기신론**에서 이것을 직심과 심심과 대비심으로 표현하셨다.

참선과 명상은 엄연히 다르다. 의미도 다르고 방법도 다르며 목적도 다르다. 참선은 참선 그 자체의 독특한 수행법을 갖고 있기에 명상이라 번역하지 않고 그냥 본래대로 禪이라고 옮겨놓았다. 이 선에도 다양한 차제가 있다. **선원제전집**에서 규봉선사는 참선에는 외도선과 범부선, 소승선, 대승선, 최상승선, 여래선, 조사선이 있다고 했다. 이 중에서 한국불교는 중국의 조사선인 직지인심 견성성불이라는 모토의 수행법을 종풍으로 삼아 그 법맥을 이어왔다. 그러므로 일반적인 명상 수련법과는 현격한 차이가 있다.

참선의 개념을 지혜로 관조하지 않으면 명상과 같다는 혼란을 엉뚱하게 일으킬 수 있다. 불교인이 요가수행자가 되기도 하고 명상 수행자가 되기도 하는 이유가 여기에 있다. 그러면 그 사람은 그때 부터 더 이상 불교의 정통 수행자라 말할 수 없다.

대승불교를 정립시키신 분이 마명보살이다. **발심수행장** 서두에서 도 말했듯이 이 보살이 참선을 범부의 수행법에 넣을 때 그 용도를 부처가 되는 깨달음에 두고 있지 않다는 것을 다시 한 번 더 말한다. 오로지 참선이란 네 가지 믿음을 일으키는 도구일 뿐 견성성불하고는 관계가 없다. 그래서 역사 이래로 참선을 해서 부처가 된 자가 없다고 말했다. 결론을 내리자면 참선의 원래 목적은 자신의 공덕을 발기하여 네 가지 믿음을 일으키는 데 있다는 것이다. 이것이 중국에 들어와 도교의 선도사상과 섞여버리면 졸지에 직지인심 견성성불이라는 엄청난 괴력을 지닌 수행법으로 탈바꿈되어버린다는 것이다.

사람들은 말한다. 조계종 큰절에서도 다 그렇게 말하는데 왜 유독 스님만 그렇게 말하느냐고 한다. 나는 절에서 말하는 것보다 불교에서 말하는 것이 더 정확하고 조사가 가르치는 것보다 보살이 가르치는 것이 더 확정적이라고 고증한다.

"그럼 스님은 조사선을 하지 않으면 무슨 선을 하십니까?"
"나는 보살선을 합니다."
"헐!"

공덕이 생기면 세상을 보는 시각이 아주 정밀해진다. 찡그린 사람이 세상을 보면 세상이 찡그러지게 보인다. 행복한 사람이 세상을 보면 행복하게 보인다. 복 없는 사람이 세상을 보면 세상은 치열하게 살아가는 삶의 중심 공간이 되지만, 공덕이 있는 사람이 세상을 보면 세상은 가짜로 보여 연극처럼 재미있게 살아가기 시작한다. 그러면서 그들은 진짜의 세계를 찾는다. 이것은 가짜 다이아몬드반지라도 가져본 사람이라야만 진짜 다이아몬드를 찾게 되는 것과 같다. 그렇지 않으면 다이아몬드가 어떻게 생겨서 어떤 빛을 발하는지조차 짐작이 가지 않는다.

참선인 선정과 관찰인 지혜는 함께 수행해야 하는 과제다. 어느 것이 먼저고 뒤라 할 수가 없다. 새의 양 날개는 어느 쪽이 앞선다고 말할 수 없다. 똑같이 작동해야 날아오를 수 있다. 다시 말한다. 정혜는 반드시 쌍수이다. 이 쌍수에 만 가지 수행이 다 들어가고 만 가지 의심이 다 끊어져 무한의 공덕을 일으킨다.

정리하자면 망념이 만들어낸 세상은 허위이기 때문에 그 망념이 일어나지 않게 하기 위해 참선을 닦는다. 다른 말로 하자면 참선은 세상이 허위라는 전제하에 닦는 것이고, 지혜는 세상이 엄연하게 존재한다는 사실하에 닦는다. 이를 원효 스님은 **해동소**에서 이렇게 표현하셨다.

諸法不無而非是有
諸法不有而非都無

눈앞에 보이는 세상은 없지 아니하지만 그렇다고 해서 있는 것은 아니다.

눈앞에 보이는 세상은 있지 아니하지만 그렇다고 해서 도무지 없는 것도 아니다.

윗줄의 내용은 세상이 있지만 있는 것이 아니기 때문에 참선을 해서 그 본질로 들어가라는 것이고, 아랫줄의 내용은 세상이 없지만 없는 것이 아니기 때문에 지혜로써 관찰하여 그 인연생기를 직관하라는 것이다.

참선에 의해 망념의 요동이 그쳐지고 지혜에 의해 인과가 역연하게 나타난다. 그 결과 참선을 하면 망념을 일으키는 인연이 그쳐지고 지혜를 닦으면 범부가 진실이라고 믿고 있는 세상이 가짜라는 것을 알게 되어 진짜를 찾아 발심으로 나아가게 되는 것이다. 이것이 바로 마명보살이 정립해놓은 참선의 궁극적인 기능이고 목적이다.

이런 순기능이 와전되면 정말 악기능이 되어버린다. 아무리 좋은 약이라도 잘못 먹으면 독이 되고 남용하면 안 먹는 것만 못하다. 참선이 비록 신심을 일으키는 최고의 방법이라 하지만 오용하거나 남용해버리면 없는 것만 못하고 안하는 것만 못한 결과를 가져온다는 사실을 각지해야 한다. 그러므로 참선을 시키되 올바른 지혜를 병행해 가르쳐주지 않으면 아무런 역동성과 생동감이 없다. 죄 없는 몸만 절구통처럼 앉혀 놓고 있을 뿐 마음은 시장 바닥을 헤매고 다녀도 그대로 방치된다.

범부가 왜 참선을 해야 하는지, 그 목적 자체가 무엇인지, 도고마성이라고 어떤 마장들이 언제 어떻게 나타나는지, 그것을 어떻게 대치해야 하는지, 몇 번의 과정을 거쳐 어떻게 삼매에 도달하는지에 대한 뚜렷한 매뉴얼도 없이 그저 참선을 한다면 그것은 참선의 매너리즘에 빠진 것 외에는 아무런 의미가 없다.

✤

자리이타 역시 같은 이치이다. 구경각을 이루고자 하는 자는 반드시 원대한 발원을 세워야 한다. 그 발원은 사홍서원이다. 대승불교에서 이 발원 없이는 부처가 되고 싶어도 되지를 못한다. 그러므로 자기 하나 먹고 살기에 급급한 수행자라면 이 말씀하고 전혀 연관성을 가지지 못한다. 범부들을 기준으로 보면, 어쩌다가 아주 조그마하게 타인과 함께 나눌 복이 생기게 되면 겨우 이성의 짝이 생긴다. 그들을 애인이라고 부른다. 애인이 웃으면 행복하고 애인이 울면 슬퍼진다. 이럴 때 애인과 한 몸이 되는 것이다. 이제 겨우 한 사람을 가슴에 포용할 만한 공간이 만들어진 것이다. 더 나아가면 가족이 그렇게 되고, 더 나아가면 한 나라, 한 민족, 인류, 중생이 그렇게 나와 한 몸이 되는 것이다.

내가 편안하려면 주위가 편안해야 한다. 내가 안락하고자 하면 주위가 안락해야 한다. 내가 문화적 삶을 누리려면 주위가 문화적이어야 한다. 나 혼자 아무리 고상하고 품위 있게 살고 싶어도 장소가 빈민 소굴이면 삶이 거칠고 황폐해질 수밖에 없다. 그래서 내가 살기 위해서는 주위를 먼저 살려야 한다. 이것이 바로 범부가 자리이타해야 하는 이유이다. 이것은 꼭 내 아이들이 아프면 내가 고통스럽고 내 아이들이 잘 자면 내가 숙면을 취하는 것과 같은 이치이다. 自利만 하면 한 쪽 날개를 가진 새처럼 자유롭게 창공을 비상할 수 없다. 제자리에서 계속 퍼덕거릴 뿐 도약이 되지 않는다.

참선은 자리이고 지혜는 이타이기 때문에 두 개를 동시에 수학해야만 자리와 이타가 원만해져 거침없이 허공에 날아오를 수 있다. 그러면 자유롭게 세상을 유영할 수 있게 된다. 그렇게 전 법계 중생이 나와 한 몸이라는 사실을 알 때까지 수많은 세월 동안 복과 덕을 쌓고 닦아 나가야 한다. 장장 3대겁 아승기야 세월보다도 더 오랫동안 일체중생들을 가슴에 품을 수 있는 공간을 만들어나가는 것이 바로 중생무변서원도의 요점이다.

유마거사가 말했다. 일체중생이 아프므로 내가 아프다. **문수반야경**에서 문수보살이 말씀하셨다. 일체중생은 나와 한 몸이다. 내 몸 말고 또 다른 중생은 없다.

❖

이 대목에서 원효 스님은 대승의 수행자는 반드시 止觀을 함께 닦아야 하고, 그 발원은 자리이타에 있다는 것을 말씀하시고 있다. 그러므로 꼭 기억해야 한다. 참선과 지혜는 반드시 함께 닦아야 한다는 사실을!

得粥祝願 不解其意 亦不檀越 應羞恥乎
得食唱唄 不達其趣 亦不賢聖 應慙愧乎

죽을 얻어 축원을 하되 그 의도를 알지 못하면

모든 신도들에게 창피한 일이 아니겠으며

밥을 얻어 범패를 불되 그 취지를 이해하지 못하면

모든 현성들께 부끄러운 일이 아니겠는가.

부끄러움을 알라

19

부처님은 진리 그 자체이다. 진리는 우주의 생명력이다. 여기에 순응하면 살고 역행하면 죽는다. 이 도수에 맞게 일월성신이 운행하고 이 절기에 맞게 산천초목이 싹을 틔우고 열매를 맺는다. 천지만물은 모두 다 이렇게 진리에 순응하면서 질서 있게 존재한다. 인간도 마찬가지다. 살려면 이 진리의 작용에 순응해야 한다. 누구도 이 진리를 굴절시키거나 변형시킬 수 없다. 이것은 거대한 우주의 원칙이고 한결같은 불변의 법궤이기 때문이다. 그런 진리를 부처님의 자연업이라고 부른다.

부처님은 중생과 한 몸이 되고 우주와 한 몸이 된 분이시다. 그러므로 그분은 어떤 특정한 민족신도 아니고 선택된 나라의 수호신도 아니다. 그분은 법계의 일체중생을 상대로 크나큰 행업을 하신다. 그래서 그분을 위대하다고 하는 것이다.

이런 부처님 앞에 죽 한 그릇 올려놓고 신자의 소원을 원만하게 이루어달라고 축원을 하고 있다. 이게 정녕 가능한 일인가. 법계의 대웅이며 삼계의 대도사를 상대로 한 그릇의 죽을 걸고 그분의 자비를 시험하고 있다. 이게 정녕 타당한 일인가. 개미가 깨알 하나를 물고 와 인간에게 바라는 바를 구하면, 인간은 그 성의가 가상해 당장 그에 맞는 긍휼을 내릴 것이다. 하물며 부처님이겠는가라고 하겠지만 부처님은 전혀 그렇지 않다.

차라리 기복하는 그 정성과 간절함으로 부처님 대신 왕부자나 권력자에게 빌면 효과가 빨리 나타난다. 그들의 사무실이나 저택 앞에 자리를 펴고 앉아 그들의 이름이나 초상을 걸어두고 백일기도를 드리면, 그들은 감동해서라도 기도자의 소원을 어떻게든 들어줄 것이다. 하지만 부처님은 인간이 원하는 소원을 들어주지 않는다. 그분은 잡신들이나 인간들처럼 감정을 갖고 중생을 대하시는 분이 아니기 때문이다. 그런데도 스님들은 그렇게 빌고 있다. 하지만 스님으로서는 어쩔 수 없는 일이다.

그렇다면 최소한 죽을 먹고 사는 가난한 사람들, 얼마나 급했으면 먹고 살아야 하는 죽 한 그릇을 정성스레 불단에 올려놓고 기도를 할 수 밖에 없겠는가를 먼저 생각해야 한다. 이런 마음을 놓치면 축원하는 스님은 정말 죽 한 그릇을 얻어먹기 위해 생존하는 죽반승밖에 되지 못한다. 이런 삶은 진짜 부끄러운 삶이다. **법구경**의 말씀을 들어보자.

Beings who are ashamed of what is not shameful,
and are not ashamed of what is shameful,

embrace wrong views

and go to a woeful state.

창피하지 않아도 되는 것을 창피해하고

창피해야 할 것을 창피하게 생각하지 않는

이런 시각을 가지고 세상을 사는 자는

죽어서 지옥에 간다.

믿는 사람을 신자라고 하고 그 무리를 신도라고 한다. 불교는 예부터 이 가르침 속에 단수를 두지 않았다. 언제나 공동체의 뜻을 가지는 복수로 표현했다. 그러다 보니 불교에서는 신자라는 단수의 말을 쓰지 않았다. 대신 복수의 뜻인 신도라고 했다.

원효 스님은 여기서 신도를 단월이라고 표현하시고 있다. 檀이라는 말은 보시의 줄임말이고 越이라는 말은 넘어간다는 뜻이다. 즉 보시행을 해서 생사의 바다를 넘어가고자 하는 자들을 옛날에는 단월이라고 불렀다. 뜻으로 보면 신자라는 말보다 백배 더 의미가 깊지만 요즘엔 아무 곳에서도 이 말을 쓰지 않는다. 그저 믿는 사람이라는 신자만 있고 더불어 사는 단월의 무리는 없다. 또한 이기적인 사람들만 있고 이타적인 보살들이 없다. 자기는 물론 중생을 고통의 세계에서 열반의 세계로 옮기고자 보시를 행하는 자도 현저히 드물기만 하다.

형편이 좋은 사람들은 부처님께 더 좋은 공양물을 올리고 그들의 소원을 빈다. 원효 스님은 이것을 밥으로 표현하셨다. 부처는 중생의 빈부에 개인적인 관심이 없다. 그들이 부처님께 보시금을 많이 올리고 안 올리고는 스님들만 알 뿐 부처님은 그런 데 휘둘리는 분이 아니시다. 그런데도 법당에 공양물이 가득 올라오면 더 신이 난 목소리로 범패를 부르며 부처님의 자비를 기원한다. 이게 가당한 일인가. 하지만 스님들은 모두 그렇게 해준다. 그렇게 할 수 밖에 없는 게 현 상황이기 때문이다. 하지만 왜 그렇게까지 해야만 하는지를 모르면 정말 현자인 삼현과 성인인 보살에 부끄러운 광대 짓거리밖에 되지 못한다.

사실 스님들 치고 죽은 영가를 제사로 극락세계에 보내줄 수 있다고 믿는 자는 아무도 없다. 그런데 그렇게 안 하는 절도 없고 안 하는 스님도 없다. 그렇게 할 수 밖에 없는 현실 앞에서 다 그렇게 하고 있다. 사실 절에서 제사를 지내주는 이유는 그것이 유일하게 큰 수입원이 되기 때문이다. 안 그러면 누가 그만한 큰 목돈을 절에다 시주하겠는가. 그냥은 아무도 하지 않는다. 방편상 어쩔 수 없이 그들이 원하는 대로 불공을 하고 제사를 지내주고 있다는 것은 세상 천지가 다 아는 불편한 사실이다.

그러나 만약 정말로 제사를 지내주어 죽은 자의 죄업을 없애주고 극락의 세계로 승천시킬 수 있다고 믿는 자가 있다면, 그 사람은 귀신 들린 사람이거나 외도자임에 틀림없다. 불교는 인과의 법칙을 말하기 때문에 설령 신통제일인 목련존자라 하더라도 엄격히 말해서 그것은 절대로 불가능한 일이다.

세상은 아날로그 시대에서 디지털 시대로 왔다. 더 나아가 유전자 혁명 시대로 가고 있다. 그런데도 불자들의 의식 수준은 아직도 조선시대에 머물러 있다.

왜 불자가 집에서 기제사를 지내는데 유교식 제사 형식을 항구하게 따르고 있는지 도통 이해가 되지 않는다. 세상이 정말 어떤 세상인데 아직도 고서비동이니 어동육서니 홍동백서니 하는 소리를 해가면서 되지도 않는 기제사 의례를 끝까지 고수하고 있는지 상식적으로 납득이 가지 않는다. 그렇게도 죽은 혼백을 위하고 싶다면 아예 상복을 입고 시묘살이를 하든지 해야 할 것인데, 이런 것들은 호랑이 담배 피우던 시절의 케케묵은 관습이라고 다 버렸으면서도 어떻게 유독 제사만큼은 불변의 가례로 여태까지 지켜 내려오고 있는지 그 이유를 묻지 않을 수 없다.

제사 차례 중에 강신 진찬이 지나 합문하는 순서가 오면 멘붕이 일어난다. 모든 후손들이 문을 닫고 밖으로 나간다. 하지만 재주는 방안에 남는다. 그것은 혼백이 음식을 드실 때 시중을 들기 위함이란다. 이게 말이나 되는 소리인가. 바깥에 나간 사람들은 마당이나 마루에 엎드려 있다. 우리가 어렸을 때 분명히 그렇게 했다. 마당에 멍석을 펴고 순서대로 줄을 지어 부복해 있었다. 제삿날이 겨울일 때는 정말 고역스러웠다. 그렇게 두고 혼백은 따뜻한 방안에 앉아 맏아들의 시중을 받으면서 제삿밥을 잡수신다. 이것 참 아무리 좋게 생각해도 비상식적이다.

이것은 후손과 아주 원수를 맺게 하려고 누가 악의적으로 만든 악법이 아니라면 이렇게 할 수가 없다. 이것은 후손에 대한 정신적인 가학이며 학대. 어떻게 이런 미신에 가까운 행위가 불교를 믿는 집안에서 이어지고 있는지 정말 개탄스럽지 아니할 수 없다.

불교는 인과와 윤회를 골자로 하는 종교다. 제사를 고수하는 유교와는 근본적으로 다른 사상을 가지고 있다. 우리에게는 원천적으로 제사의 교리가 없다. 모두 다 유교와 도교의 찌꺼기들이다. 사람이 죽으면 그 영혼이 블랙홀에 빨려 들어가듯이 자기의 업력에 의해 어디든 떠나버린다. 살았을 때처럼 영혼이 자기 주위를 맴돌고 있다고 생각하는 것은 단지 그렇게 믿고 싶은 사람들이 그렇게 생각할 뿐이다.

일단 꿈속에 들어가면 어디서 그 안으로 들어왔는지 모른다. 그냥 꿈속에서 움직이는 그것이 자기의 전부다. 마찬가지로 사람이 죽으면 그 전에 있었던 기억과 추억 같은 것들을 모두 다 잃어버린다. 이것을 昧한다고 한다. 즉 죽음에 시달리다 보면 그 고통이 너무 심하여 갖고 있던 의식이 어두워져 버린다는 것이다. 그러므로 죽고 나면 영혼은 사리분별을 할 수 없을 정도가 된다. 흐릿한 잠재의식을 갖고 있는 상태로 이리저리 떠돌다가 자기에게 맞는 인연이 닿으면 업력에 끄달려 그쪽으로 다시 태어나는 것이다. 만약에 사람이 죽었는데 그 영혼이 살아생전처럼 의식이 또렷하다면 얼마나 무섭고 겁나는지 모를 일이다. 죽었다고 하니 한쪽으로 미루어놓고 밥이라도 먹지 죽어도 살아 있다면 내 방에 몰래카메라 하나가 장치되어 있는 것 같은 섬뜩함을 느낄 것이다.

죽은 자는 말이 없다고 한다. 말이 있다면 전설의 고향일 뿐이다. 그렇기 때문에 산 자가 죽은 자에 얽매일 필요가 없다. 불교는 모든 것으로부터 중생을 해방시켜준다. 있지도 않은 신의 속박에서 해방시켜주고 있지도 않은 귀신의 족쇄에서 완전히 벗어나게 해준다. 그래서 불교가 위대하다고 하는 것이다.

의식은 만들기 마련이고 예식은 정성이 들어가면 족한 것이다. 불교 신자들은 이제부터라도 불교식 의식을 자기 가정에 맞도록 새로 만들면 된다. 제삿날이 되면 돌아가신 분의 넋을 기리고 가족의 친목을 도모하는 가족의 날로 정하는 거다. 맛있는 음식을 장만하여 망자의 유언과 덕행을 되새기고 배고픈 자들을 찾아가 음복시키면 이보다 더 좋은 제사는 없다.

그리고 **부모은중경**을 읽고 같은 가족으로 태어난 인연에 감사함을 느끼도록 불교의 인연법을 곁들여 대화한다. 그러면 제삿날을 가족들끼리 더 끈끈한 화합의 날로 승화시킬 수 있다. 그로 인해 상주들은 슬픔의 틀에서 벗어날 수 있고 가족들은 새롭게 가족애를 더 진하게 느낄 수 있는 계기가 될 것이다.

절에서 이렇게 제사의 법도를 불교식으로 완전히 바꾸어준다면 각자 자기 삶을 살기에 바빠 소원해 있던 가족들과의 친목과 유대가 더욱 더 군건하도록 만들어줄 것이다. 그러면 가족 간의 갈등과 제사로 인한 정신적인 압박이 완전히 사라져서 명절증후군이라는 말이 깔끔하게 없어져 버릴 것이다.

어떤 종교든지 종교가 연착륙하는 데는 네 가지 관점이 확실해야 한다. 첫째가 교주관이고, 두 번째는 수행관이며, 세 번째는 사후관이고, 네 번째는 내세관이다. 안타깝게도 한국불교는 이 네 가지가 다 불확실하다.

교주인 부처님이 위대한 스승이냐 아니면 전능의 구세주냐가 분명치 않다. 위대한 스승이라면 모든 종교적 기복 행위는 종법으로 정지시켜야 한다. 구세주라면 개인적으로 복덕을 지을 필요가 없다. 타 종교처럼 부처님만 믿으면 구원을 받을 수 있기 때문에 제불통게의 말씀이 무색해져 버린다.

다음이 수행관이다. 이제까지 지적해왔듯이 수행의 목적이 분명치 않다. 조사선을 기준으로 참선을 시키다 보니 부처님이나 마명보살이 제시한 바라밀 수행법과는 상당히 괴리가 있다. 참선의 목적이 복덕을 짓는 바라밀이냐 아니면 부처가 되는 중국불교의 독특한 수행법이냐를 정확히 밝혀주어야 한다.

세 번째로 사후관이 분명치 않다. 사람이 죽고 난 뒤 영계의 세계가 불분명하다. 대체적으로 유교의 혼백사상과 도교의 명계세계가 혼합된 제사를 절에서 지내고 있다. 유교 쪽에서는 혼백을 불러와 음식을 흠향케 하고, 도교 쪽에서는 업경대를 내세워 명부시왕을 들먹인다. 우리가 흔히 아는 염라대왕도 도교의 지옥관에서 나온 명계 열 대왕 중의 한 명이다.

절에서 지내는 제사의 내용을 뜯어보면 전통은 유교식이고 의식은 도교식인데 불교의 내용이 가미된 정도다. 정확히 말하자면 이것은 완전 짬뽕 사후관 의식이다. 49라는 수도 도교사상에서 나온 말인데 이제 완전히 불교로 자리 잡아버렸다.

이런 제사나 영가천도 의식이 불교에서 확실히 인정되어버리면 **목련경**에서 말씀하신 인과법이 뒤틀리게 된다. 불교는 제각기의 업을 갖고 있는데 그 업은 정업으로서 누구도 의식으로 풀어줄 수가 없다. 분명히 알아야 할 점은 목련존자의 모친은 삼보에 공양을 올린 공덕으로 천상에 올라간 것이지 제사에 의해 올라간 것이 아니라는 것이다. 그렇게 대단한 신통제일 목련존자라 하더라도 자기 어머니의 죄업을 다른 어떤 방법으로도 풀어줄 수가 없었던 것이다.

그러므로 이제 불교의 사후관을 정확히 정립시켜야 한다. 어중간하게 계속된 범벅식 제사 의식은 가급적 지양해야 한다. 하루빨리 불교만이 가지고 있는 윤회사상을 확실하게 정립하여 유교와 도교의 미신적 의식으로부터 깔끔하게 벗어나도록 해야 한다.

마지막으로 불교가 내세우는 유토피아의 세계가 확실치 않다. 모든 종교는 신앙의 궁극적 목적지가 있다. 천국이라 해도 좋고 도원이라 해도 좋다. 하지만 불교는 그것이 없다. 어떤 때는 극락세계가 진짜로 있다고 말하면서도 어떤 때는 그냥 방편이라고 선을 긋는다. 그러다 보니 오랫동안 절에 다닌 분들의 마지막 회향처가 분명하지를 않다. 이거야 원 염불을 해야 하나 참선을 해야 하나 어느 것을 해야 하는지 몰라 노인이 되면 절에 다니지를 않는다. 즉 가야 하는 좌표가 분명치 않다는 점이다.

위에서 말한 네 가지에 대한 정확한 답을 제시하면 불교는 불교만의 독창적 교리를 갖고 중생제도의 원대한 발원과 그 무비의 가르침을 천대만대로 당당하게 이어갈 수가 있다. 그럴 때 그 위대한 구제 사상이 중생계를 감동시켜 나날이 불일증휘하고 법륜상전을 하게 된다. 그렇지 않고 지금처럼 어중간하게 방편이라는 이름으로 애매모호하게 불교를 고수해나간다면 머지않아 불교의 순수한 가르침이 퇴색되고 혼탁되어 정통 불교가 사찰에서부터 서서히 없어지고 말 것이다.

불교만의 특수한 가르침을 가지고 사찰을 완전히 불교식으로 독립시키지 못하는 상태에서 앞서 말한 영가시장이 시들해져 버리면, 그때부터 스님들은 자구책으로 직접 돈을 벌어 사찰을 운영해야 할 것이다. 그렇게 되면 아마 사찰마다 바리스타가 된 스님들이 커피를 볶을 것이고, 셰프가 된 스님들이 네처럴페멘트 요리로 관광객을 소리쳐 맞이할 것이다. 조금 더 나아가면 사찰들은 법당 앞마당에서 캠프파이어를 열어주는 친화적 숙박업소로 패키지 상품을 내놓을 것이다.

이것은 먼 훗날의 이야기가 아니다. 정부에서 지원받는 문화재 사찰이 아닌 교외의 풍광 좋은 사찰들은 모두 다 그렇게 급속도로 바뀌어갈 것이다. 오늘날 유럽의 오래된 수도원들과 사원들이 식당이 되고 전시관이 되어 있는 것만 보아도 조만간 이렇게 변형된 사찰들이 곧 낯설지 않은 모습으로 우리에게 빠른 속도로 다가오게 될 것이다. Calming Inn이라는 괴이한 간판을 걸고서.

❖

이 문단에서 원효 스님은 방편이라는 명목하에 불공을 하고 제사를
지내지만, 그 의도와 목적만은 잃지 말아야 한다고 강조하시고 있
다. 의도는 중생제도를 위한 방편이고 목적은 깨달음을 향해 나아가
는 보리심이다.

人惡尾蟲 不辨淨穢 聖憎沙門 不辨淨穢

미충이 깨끗하고 더러운 것을 구분 못 한다 하여

인간들이 측은하게 여기듯이

사문이 깨끗하고 더러운 것을 구분 못 하면

성인들이 안타까워하는 것이다.

수행자를 지켜보고 있다

20

尾라는 말은 꼬리 달린 짐승을 뜻하고, 蟲이라는 말은 여러 개의 발 달린 벌레를 통칭한다. 이 둘을 합하여 미충이라 한다. 미충은 인간들보다 저급한 축생세계의 생명들이다.

강아지를 아무리 향기 나게 씻겨도 밖에 내어놓으면 기를 쓰고 더러운 곳부터 기웃거린다. 그러다 사람이 뱉어놓은 침까지 핥아먹는다. 주인이 기겁을 하면서 견줄로 꾸짖어도 개는 개답게 전혀 개의치 않는다. 여러 개의 발을 가진 벌레들도 우둔하기는 마찬가지다. 앞에 빵가루를 갖다 두어도 바보같이 피해가버린다. 애잔한 마음에 다시 먹이를 옮겨주어도 더듬이만 더듬거릴 뿐 제대로 찾지 못하고 배회하기만 한다.

답답하기는 큰 동물도 마찬가지다. 세렝게티 초원에 힘이 장사라는 물소들이 살고 있다. 어른 물소 세 마리만 뭉치면 사자들도 쉽게 공격할 수 없다. 하지만 물소는 나름대로 자기 방어용인 거대한 뿔을 갖고 있으면서도 위기 상황에 처했을 때 제대로 공격다운 공격

207

을 해보지 못하고 맥없이 쓰러진다. 옆에서 보고 있으면 분통이 터질 정도로 답답하게 행동하지만, 그들은 태생적으로 머리가 우둔해 사자들에게 수백만 년을 그렇게 잡아먹히고 있는 것이다.

인간도 마찬가지다. 인간에게는 세상을 제멋대로 유영할 수 있는 부처의 초능력이 들어 있다. 그런데도 늘 실체 없는 무상에게 속수무책으로 당하고 있다. 부처가 도저히 그냥 볼 수가 없어, 그대들에게는 지혜라는 것이 있으니 그것을 쓰면 죽음의 무상으로부터 벗어날 수가 있다고 했다. 하지만 인간들은 그 말씀에 귀를 기울이지 않고 종본이래로 아주 당연한 듯 무상에게 고통스런 죽음을 맞이하고 있다. 그중에 그래도 용기 있는 자들이 사문이 되어 단체로 이 무상과 대적하고 섰다.

스님들은 다 같이 살기 위해서 서로를 의지하고 두호하는 도반이 되어야 한다. 자기 혼자 살려고 세속의 이익과 명예를 위해 전체 상가를 버려서는 아니 된다. 새끼발가락 발톱이 아무것도 아닌 것 같지만, 그것 하나 빠지면 몸의 균형이 깨져서 걸음을 온전하게 걸을 수가 없다. 이와 같이 자기 혼자는 아무것도 아닌 것 같지만 자기에게 주어진 스님 역할을 제대로 하지 못하면 전 상가가 욕을 얻어먹어 상가 자체가 허물어질 수 있다.

인간 피라미드 만들기 놀이가 있다. 일본에서 시작된 집단 운동인데, 우리가 어렸을 때 단체정신을 함양한다는 명분하에 운동회가 열리면 이 프로그램을 꼭 끼워 넣었다. 서로가 서로를 지탱해주는 일종의 매스게임이기 때문에 누구 한 사람이라도 힘들다고 자신의 자세를 틀어버리면 전 구조가 붕괴된다. 이처럼 자기가 지켜야 되는 상가 자리를 이탈한 자는 대단히 이기적이다. 승보라는 거대한 선박이 바다에 들어가 중생들을 건져 올려야 하는데, 자기 하나 잘 먹고 잘 살겠다고 자기 직책을 팽개쳐버리면 이 선박은 위험에 빠질 수 있다. 그러므로 스님들은 서로의 안위와 수행을 위해서라도 수행자의 공동체인 상가를 끝까지 잘 지키고 보호해야 한다. 계율에도 상가를 깨뜨리는 자는 참회가 되지 않는다고 하여 오역죄에다 집어넣었다.

상가는 수행자의 울타리이며 보호 철책이다. 이 속에서 안전하게 깨달음을 구하는 구도자의 수행을 해나갈 수 있기 때문이다. 따라서 상가는 죽음의 사자로부터 방어하는 최후 보루이며 최전방의 해자다. 누구든지 이 속에 들어오면 안전하게 수행할 수 있다. **데라가타**에 나오는 천민 수니타의 독백을 들어보자.

❖

천민으로 태어났습니다. 가난하다 보니 언제나 허기진 삶을 살았습니다. 재단에 버려진 시든 꽃 사이에서 먹을 것을 찾아 헤맸습니다. 사람들에게서 경멸을 받았습니다. 모욕을 당했습니다. 너무 초라했습니다. 하염없이 다른 사람들에게 무릎을 꿇고 복종하는 삶을 살았습니다.

그런 제가 수많은 제자들을 데리고 라자가하로 들어가시던 부처님을 뵈올 수 있었다는 것은 큰 행운이었습니다. 저는 저의 갸날

픈 몸을 지탱하던 지팡이를 내려놓고 그분께 나아갔습니다. 그리고 부처님께 무한의 경배를 올리면서 저에게 자비를 내려주시기를 빌었습니다. 그분의 발아래 무릎을 꿇고 저도 그분의 제자들 무리인 상가에 들어갈 수 있도록 해달라고 애원했습니다. 그때 그분은 이렇게 말씀하셨습니다.

수니타. 나를 따르라. 너는 지금부터 비구가 된다.

그 자애로운 한 말씀에 저는 구족계를 갖춘 정식 비구로 상가의 일원이 되었습니다. 비구가 된 뒤에 혼자 숲 속에 기거하면서 스승의 가르침을 따라 혼신의 힘을 다 바쳐 열심히 수행했습니다. 그러던 어느 날 밤 나는 드디어 첫 번째로 내 진짜 모습을 보았습니다. 그리고 숙명통을 얻었습니다. 두 번째 내 자신을 보던 날 나는 천안통을 얻었습니다. 그리고 세 번째 마지막으로 내 자신을 보게 되었을 때 동녘 하늘에 붉은 해가 떠오르는 것 같은 큰 광명을 느꼈습니다. 그러자 흐릿하게 나를 감싸던 어리석은 무명이 완전히 벗겨져 나갔습니다. 제석천왕과 범천이 나타나 두 손을 모으고 나를 지극히 공경해 마지않으면서 만세라고 소리쳤습니다. 그리고 말했습니다.

당신은 사람들 중에서 가장 존귀하고 가장 성스러운 분이 되셨습니다. 당신은 존경받아 마땅하옵니다. 그 이유는 당신이 중생의 모든 욕망을 제거하였기 때문입니다.

이렇게 천신들에게서 공경을 받는 저를 보고 스승은 빙긋이 웃으셨습니다. 그러고는 제자여, 공덕과 지혜가 사람을 성스럽게 만드는 것이다. 이것이 궁극의 성스러움이고 해탈이 되는 것이다라고 하셨습니다.

＊

제복을 입은 자들은 제복에 걸맞은 행동을 할 때 가장 아름답다. 학생도 그렇고 군인도 그렇다. 자기 본연의 모습일 때가 가장 멋지고 성스럽다. 스님은 말할 것도 없다. 법복이라는 승복을 입었다면 스님의 신분으로 살아야 한다.

스님은 세속의 모든 가치관과 일체의 관습으로부터 벗어난 자들이다. 그런데 스님 코스프레를 하면서 세속의 부귀와 명예를 좇는다면, 이거야말로 더럽고 깨끗한 것을 구분 못 하는 미충과 다를 바가 없는 것이다. 스님은 인간 세상의 흐름을 좇아가지 않고 그 반대로 돌아선 분들이다. 세상 쪽으로 가면 중생이 되고 반대로 가면 부처가 된다. 그래서 출가를 한 것이다.

그런데 그런 분들이 세간의 학문을 배우려고 한다. 학교를 가고 유학을 간다. 이런 것을 도저히 보다 못해 서산대사가 **선가귀감**에서 꾸짖으셨다. 출가한 사람이 세속 학문인 외전을 익힌다는 것은 보검으로 진흙을 깎는 것과 같다. 흙은 아무 쓸모도 없고 가지고 있는 보검도 결국 못 쓰게 된다고 말씀하셨다. 여기서 진흙과 보검이 무엇을 상징하는지 잘 새겨보아야 할 것이다. 그분은 덧붙여서 한마디 더 고언을 남기셨다. 절에 들어온 사람이 승복을 입고 명예와 재물을 좇는다면 잡풀 속에서 살아가는 촌부보다 못한 자라고 하셨다. 스님이라면 이 말씀을 마음에 담고 삶의 지침으로 삼아야 할 것이다.

출가한 스님은 스님 공부를 해야 한다. 스님 공부는 세속에서 배웠던 모든 것들을 내려놓는 공부를 말한다. 그것이 바로 불교다. 불교 공부만 제대로 하면 세속의 일체 학문들이 다 이 속에 융해된다. 일체의 물을 다 가지려면 일단 한 개의 웅덩이 물은 버려야 한다. 그리고 바다로 가야 한다. 바다에 머물면 가만히 있어도 일체의 강물을 모두 가질 수 있다. 모든 강물이 모두 다 바다로 들어오기 때문이다. 원효성사는 이런 어중간한 반거충이 스님들을 보고 성인들의 심정이 얼마나 답답하고 안타까우시겠는가 하고 탄식하신 것이다.

개구리는 양서 동물이다. 양서라는 말은 물과 땅 두 군데서 불편 없이 살아갈 수 있다는 뜻이다. 그러기에 그들은 상황에 따라 물과 땅으로 옮겨 다닌다. 개구리는 입이 크다. 움직이는 것은 모두 다 삼키려고 한다. 자기보다 큰 것이건 작은 것이건 모두 다 커다란 뱃속으로 집어넣으려 한다. 인간들도 모든 것들을 잡아 삼키려고 한다. 그들의 배도 결코 개구리 못지않다. 그러기에 눈에 보이는 것들은 무엇이든 다 잡아서 자기 뱃속으로 집어넣으려는 탐욕심을 갖고 있다. 개구리와 인간은 눈앞의 이익이라면 사족을 못 쓴다. 소화가 되는 것이건 아니건 무조건 삼키려 든다. 그래서 이익을 좇아 어느 쪽으로 뛸지 가늠이 되지 않는다. 정말 이 둘은 우열을 가리기 힘들 정도로 아주 유사한 습성과 욕심을 갖고 있다.

그러나 사문인 스님들은 다르다. 스님들은 더러운 세계인 예토를 접고 청정한 세계인 정토로 나아가고자 출가한 자들이다. 그러므로 세간과 출세간의 중간 지점에 개구리처럼 양다리를 걸치고서 세속적 이익을 챙길 수가 없다. 그러는 순간 제불보살님들의 혀 차는 소리가 우레처럼 들려오게 될 것이다.

스님들은 오로지 청정한 길로만 나아가야 한다. 그런 분들을 우리는 승보라고 부르고 성인들은 그분들에게 더없는 축복과 환호를 끝없이 보내주시는 것이다. 마명보살은 **대승기신론**에서 이런 자들을 일컬어 한결같이 진실되게 끝까지 수행해나가는 진정한 승가의 일원인 수행자라고 표현하셨다.

❖

이 대목에서 원효성사는 수행자는 중생의 세계를 완전히 떠나겠다는 결연한 의지가 있어야 한다고 말씀하시고 있다. 잘못하다가는 수행자가 예토와 정토를 구분 못 하고 엉거주춤하게 양다리를 걸치고 사는 개구리 신분으로 전락해버릴까 하는 노파심에서 이런 경고 말씀을 해주신 것이다.

棄世間喧 乘空天上 戒爲善梯

세상의 시끄러움을 떠나 허공을 타고 하늘에 올라가는 데는
계율이 가장 좋은 사다리가 된다.

계율을 지켜라

21

하늘과 허공은 같은 말이다. 하늘은 한글이고 허공은 한자어이다. 허공 속에 하늘나라가 있다. 그렇다면 허공은 어디에 있는가. 그것은 천지에 가득하고 우주에 충만하다. 그러므로 우리 몸속에도 있고 남의 화장실에도 있다. 문을 열고 덮개만 걷으면 바로 허공이 나타나 하늘로 연결되기 때문이다.

하늘에는 상하좌우가 없다. 인간들이 그것을 편의상 나누고 있을 뿐 하늘 어디에도 방향과 좌표라는 것이 없다. 상하가 없다 보니 인간 세상 역시 이미 하늘에 떠 있는 하나의 행성인 셈이 된다. 인간은 이미 하늘나라 사람이다. 하지만 여기서 성사가 말씀하시는 하늘은 지금의 세계보다 월등히 더 나은 세계를 말한다. 즉 우리 위에 수직으로 중첩된 하늘을 말씀하신 것이다.

불교에서의 천상은 지리적으로나 방향각으로나 범부가 재단하는 그런 세계가 아니다. 천국이라 하는 천상은 범부의 의식 저 너머에 있다. 그러므로 범부로서는 예측 불가능한 세계이다. 물고기에게

215

인간이 어디 사느냐고 물으면 그들은 하늘 위로 손가락을 치켜들겠지만, 사실 우리는 그들의 옆에서 살고 있는 것과 같은 이치이다.

하늘 속의 천국이 정확히 어디에 있는지 우리는 모른다. 황금의 세계인 엘도라도나 지상낙원인 무릉도원이나 이상의 세계인 유토피아는 모두 다 어디 있는지도 모른다. 혹 그것이 범부에게 보여지거나 인지할 수 있는 세계라면 이미 그것은 꿈의 세계가 아니다. 범부는 범부에게 맞는 눈동자와 의식을 갖고 있기 때문에 범부가 가늠할 수 있는 천국이라면 그 세계는 이미 가짜 천국이거나 허상의 신기루에 다름 아니다.

천국은 갠지스 강의 모래알 수보다도 더 많이 존재한다. 허공이 끝이 없는데 세계가 끝이 있을 수 있겠는가. 세계가 끝이 없는데 중생의 서식지가 끝이 있겠는가. 중생의 서식지가 끝이 없는데 어떻게 중생의 모습과 생각이 끝이 있겠는가.

이렇게 많고 많은 세계 중에서 보통 천국이라 불리는 곳은 우리와 가장 가까우면서도 기쁨이 여기보다 월등히 수승한 세계를 말한다. 그곳은 윤회하는 중생들이 갈 수 있는 윗자리 세계다. 어지간한 복을 가지고는 엄두도 못 낸다. 선업을 지은 사람들이 지상의 삶을 수용하기에는 그 복이 너무나 커 무병장수한 후에 더 큰 안락을 누리기 위해 태어나는 곳이다.

초막에 사는 사람들은 땔나무를 해야 한다. 그래야 밥도 지어 먹고 난방도 한다. 하지만 도시가스를 쓰는 사람들은 땔나무를 할 필요가 없다. 그래서 땔나무를 하는 방법에 대해 전혀 관심이 없다. 그러다 보니 어떤 나무를 보든 간에 도끼질을 하려는 욕구가 일어나지 않는다.

그처럼 천국의 삶은 범부의 생활과 다르고 향유하는 수준도 다르다. 그러므로 범부가 이 땅에서 살기 위해 익혀온 모든 흉포한 방법들은 전부 다 버려야 한다. 거기에는 거기에 기본적으로 적응할 수 있는 예법과 행위가 있다. 그것이 바로 10선업이라는 계율이다. 이 계율을 익혀야만이 그 세계에 태어날 수 있다. **법구경** 말씀이다.

Here he is happy, hereafter he is happy.

In both states the well-doer is happy.

 Good have I done, he is happy.

He is happier still when he is reborn in a blissful state.

여기서도 행복하다. 저 세상에서도 행복하다.

선업을 행하는 사람은 두 곳에서 다 행복하다.

여기서는 선업을 짓는 것으로 행복하고

저 세상에서는 좋은 세상에 태어난 것에 대해 행복하다.

이 10선업의 계율이 심성에 박혀 있지 않으면 그 세계를 아주 난장판으로 만들어버린다. 사냥을 하고자 활을 든 부시맨의 눈에는 목장 속의 사슴도 그저 사냥의 대상으로 보인다. 탐욕에 젖은 인간의 눈동자엔 천상의 모든 물건들이 습득의 대상이고 쟁취의 표적이 된다. 그러다 보니 그 세계를 엉망으로 휘저어버릴 수가 있다. 마치 농작물을 못 쓰게 망가뜨려버리는 멧돼지의 난폭한 행동처럼 자기 주위를 온갖 망나니짓으로 파괴해버리고 마는 것이다.

가장 수준 낮은 천상의 세계에도 범죄 사범과 경찰 치안이라는 말이 없다. 일체가 넉넉하고 풍요롭다. 모두 다 지선한 마음을 갖고 평화롭게 살아간다. 잠자리 날개 같은 의복을 걸친 아리따운 여인들이 나비처럼 움직이고 소속을 알리는 태그 하나 없는 진귀한 보석들이 지천에 깔려 있다. 그런 곳에 절제와 위의를 갖추지 않은 지상 세계의 소인배가 요행으로 태어났을 때, 그 세계를 분탕질해버리는 공포도는 상상을 초월할 것이다.

그래서 계율을 수습한 자만이 천국에 갈 수 있다고 하는 것이다. 그들은 복을 지은 자들이다. 복이 없으면 계율을 지킬 수가 없고 천국을 수용할 수도 없기 때문에 그런 것이다. 그런데도 언제부터인가 사람들이 횡사나 병사하게 되면 립서비스로 천국에 갔다고 한다. 하다못해 기르던 강아지가 죽어도 천국을 들먹거린다. 지상 세계에서 박복한 운명으로 요절하는 영혼들이 무슨 복으로 천국에 들어갈 수 있을 것인가. 그들에게는 언감생심 천국이 그리도 만만한 모양이다.

예부터 동양에서는 겸손하게시리 사람이 죽으면 저승에 간다고 했다. 아니면 유계라고 해서 지하 세계를 말하기도 했다. 그것이 요즘 사람들보다는 좀 더 양심적이고 합리적인 표현이 아닌가.

❖

윤회하는 범부는 정확히 자기 본국의 여권이 없다. 여권이 없는데 어떻게 천국행의 비자를 받을 수 있겠는가. 비자 없이 들어가면 밀입국에 불법체류자가 된다. 하기야 부평초처럼 떠도는 사바세계의 중생들은 어딜 가더라도 이미 불법체류자들이지만 말이다. 그렇지만 돈을 갖고 가면 불법체류는 어디서든 관대하다.

천상도 마찬가지다. 여권이 없고 비자가 없더라도 계율을 지키고 복을 갖고 들어가면 그대로 입국이 허용되는 곳이다. 이렇게 대단한 천국이지만 부처님은 범부가 천국에 가는 것을 사실 그렇게 권장하지는 않으셨다.

천국에는 복을 지을 필요가 없으므로 염생사고가 일어나지 않는다. 염생사고는 나고 죽는 고통이 몸서리치도록 싫다 하는 마음이다. 모든 것이 흡족하고 구족한데 왜 또 일부러 복을 지으려 하겠는가. 그래서 자기 복을 다 써버리면 죄업만 오롯이 남게 된다. 그 다음 가야 할 곳은 자명하지 않겠는가.

42장경에서 돈이 없으면 보시도 못 하기 때문에 복을 지을 수가 없다고 하셨다. 그렇다고 해서 돈이 많으면 사람들이 복을 지으려 하겠는가. 그것도 아니다. 마음이 순수하지 못하면 아무리 돈이 많아도 복을 지으려 하는 마음이 일어나지 않는다. 대체적으로 부자는 돈을 모은다고 고생을 한 이력이 있기 때문에 자기 자신만의 쾌락과 안위를 목적으로 쓰지 가난한 자들을 도와주고자 하는 마음이 없다. 만약에 부자나 가난한 자나 생활 수준이 같아져 버리면 부자만이 가지고 있는 우월심의 기분을 어떻게 느낄 수 있겠는가. 그래서 그들은 그들만의 즐거운 삶에 바쁘지 가난한 자를 도와 복을 짓고자 하지는 않는다. 그렇게 살다가 지어놓은 복이 다 떨어지면 그도 또한 가난한 자가 되어갈 뿐이다.

어느 거지가 매서운 찬바람이 부는 길거리에 앉아 동전을 구걸하고 있었다. 술을 먹고 지나가던 주정뱅이 하나가 객기를 부린다고 백만 원짜리 수표를 하나 던져 넣었다. 눈이 휘둥그레진 거지가 이게 무슨 돈이냐고 물었다. 그는 비틀거리며 로또가 당첨되었다고 했다. 거지는 그 사람에게 조용히 말했다. 자기도 과거에 로또에 당첨돼 벼락부자가 되었는데 당신처럼 허랑방탕하게 살다가 이 모양 이 꼴이 되었다고 했다. 그러면서 당신도 분명 나처럼 요렇게 될 텐데 그때 나에게 찾아오면 오늘의 고마움으로 동전을 어떻게 구걸하는지 그 방법을 전수해주겠다고 했다.

이처럼 돈다발을 풀어놓고 산해진미로 호의호식하다가 돈이 다 떨어지면 다리 밑으로 들어가야 되듯이 천국의 복이 다하면 지옥으로 직행하게 되어 있다. 그러므로 부처님의 지고하신 노파심이 아니 일어날 수가 없었던 것이다. 은행 잔고가 없어지면 빈털터리가 되는 것은 당연지사다. 그렇기 때문에 선업을 지어 천국으로 가되, 거기서도 끊임없이 복을 지어야 그 복이 연속해서 수용될 수 있다고 말씀하신 것이다.

❖

이 대목에서 원효 스님은 세상에 지친 사람들은 천국에 가라고 하셨다. 하지만 이어지는 뒤 문장을 보면, 그분이 말씀하시는 천국은 단순한 지리적인 천국이 아니라 이상향인 깨달음의 세계를 알기 쉽게 천국으로 표현하고 계신다는 것을 느끼게 될 것이다.

是故破戒 爲他福田 如折翼鳥 負龜翔空

그렇기 때문에 파계하고 타인의 복전이 된다는 것은
날개 부러진 새가 거북이를 등에 없고 하늘로 날아오르는
것과 같은 것이다.

계율은 날개다

22

불교의 계율은 계율 그 자체를 지키는 데 목적이 있는 것이 아니다. 계율은 선정과 지혜를 동시에 수행할 수 있도록 밑자리가 되어주는 보조 수행이다. 그래서 수행자는 반드시 이것을 지켜야 한다. 하지만 계율을 지키되 위 두 가지 수행이 연계되지 않는다면 그저 소나 말처럼 악의 없는 온순한 동물로 살아가는 중생계의 모범생 역할밖에 하지 못한다.

戒라는 말은 탐욕과 번뇌가 나에게 들어와 나를 더 이상 중생으로 만들지 말라고 울타리를 치고 창을 든 자세로 자기를 지키고 있는 모양이다. 그러므로 계를 지키지 않으면 바로 세속인이 된다. 계와 개의 발음이 아주 비슷하다. 누가 어느 곳에 살건 자기가 지켜야 되는 최소한의 법을 섬세하게 지키지 않고 자기 관리를 철저히 하지 않으면 바로 개차반이 된다는 뜻이 여기에 함축되어 있다.

참선은 아무에게도 위협을 받거나 무엇에도 쫓기지 않을 때 조용히 앉아 선정에 들 수 있다. 마찬가지로 지혜는 불안하고 산란스러운 마음으로부터 벗어날 때 세상을 직관할 수 있다. 계율은 이 두 가지 수행자에게 필요한 동적 바라밀의 대표적 수단이다. 이것이 토대가 되어야 비로소 지관의 수행이 빛을 발하게 되는 것이다.

사람들은 불교의 계율과 유교의 윤리를 동일시하고자 한다. 하지만 엄격히 말해서 이 둘은 목적으로 봐서 엄청난 차이가 난다. 하나는 인간 세상의 안녕을 위해 필요하고, 또 하나는 인간 세상을 떠나기 위해 필요하기 때문이다. 이 둘은 같은 것 같으면서도 그것이 취하는 방향이 완전히 다르다. 그러므로 세속적 도덕 기준으로 스님들의 종교 생활을 공격해서는 안 된다. 스님들은 스님들이 가지는 법이 있고 일반인들은 일반인들이 지키는 법이 있다. 그런 스님들이 세속법을 동시에 지키는 것은 세속법을 파함으로 해서 일어나는 사람들의 원성을 미연에 막기 위해서이다. 일례로 스님들은 불살생을 외친다. 하지만 군대에 가지 않는 스님은 없다. 군대는 비상시에 살인을 할 수 있도록 훈련받는 단체다. 그런데도 스님들은 국방의 의무를 다한다.

계율을 파하면 부처로의 방향인 정법훈습으로 나아가는 것을 포기하게 된다. 그러면 그 사람은 이제 스님도 아니고 세속인도 아닌 이상한 신분의 광대가 된다. 이런 사람들은 승보가 되지 못한다. 승보의 멤버가 되려면 계율을 가지고 깨달음의 세계로 나아가는 지관을 한결같이 닦아야 한다고 **해동소**는 말하고 있다.

스님들은 대단하신 분들이다. 그분들은 오로지 일체중생들을 위해 산다. 그분들은 끊임없이 공덕을 짓는다. 오로지 일체중생에게 그것을 나누어주고자 작복한다. 그분들은 가족이 없다. 물려줄 후손이 없다. 그런데도 모든 복덕과 지혜를 구한다. 쉬지 않고 만들어낸다. 오로지 중생들에게 물려주려고 그렇게 쉬지 않고 정진한다. **보승론**과 **법집경**에서 스님들이 지칠 줄 모르고 수행하는 이유는 중생들이 고통에 빠져 있기 때문에 그들을 구제하기 위해서라고 하셨다. 그래서 **복전경**에서는 이런 분들을 잘 모시면 세세생생 무량한 대복을 받는다고 하신 것이다.

삼보 중에서 가장 중요한 하나는 승보이다. 승보에 의해 부처님과 그 말씀이 살아나기 때문이다. 아무리 잘 조각된 미상의 불상이라 하더라도 끝내 침묵하고, 아무리 방대한 팔만장경이라 하더라도 언제나 벙어리일 뿐이다. 불보와 법보가 최고로 대단하다 하더라도 그분들의 존재를 설하는 스님이 없다면 중생을 상대로 내려지는 무비의 구제사상은 전달되지 않는다. 그렇다 보니 스님들에 의해 불교의 흥망이 갈라진다. 스님들이 가볍게 처신하면 불법이 볼품없어지고 스님들이 여법하게 처신하면 불법이 존귀해진다.

어떤 자들은 말한다. 스님에게 밥 한 그릇 올리는 것과 거지에게 밥 한 그릇 주는 것은 같지 않느냐고 한다. 분배로 보아서는 그렇지만 결과는 아주 다르게 나타난다. 똑같은 물이지만 옻나무에게 주면 옻이 만들어지고 뽕나무에게 주면 뽕이 만들어지는 것과 같은 이치이다. 다른 말로 하자면 배고픈 도둑에게 밥을 먹이면 도둑질을 하러 나서고 배고픈 농사꾼에게 밥을 먹이면 농사를 지으러 가는 것과 같은 논리다. 그래서 **42장경**에 착한 사람 천 명에게 밥을 주는 것보다 계율을 가진 스님 한 사람에게 공양 한 그릇을 주는 것이 더 복이 된다고 하셨다.

❖

비구가 걸식할 때 반드시 지켜야 되는 법도가 있다. 그것은 공급자와 사사로운 대화를 하지 않는 것이다. 거지는 무엇인가를 주면 연신 굽 실거리며 고맙다고 하지만 비구는 무엇을 줘도 결코 고맙다는 말을 하지 않는다. 그 이유는 바로 비구 자체가 복 밭이기 때문이다.

밭은 씨를 뿌리는 농부에게 고맙다는 말을 하지 않는다. 그저 뿌 린 씨를 싹 틔워 그 노력에 맞는 소득을 돌려주면 그만이다. 그게 밭 이 할 일이다. 그처럼 비구도 그들이 복을 심으면 그 복을 잘 가꾸어 그들에게 돌려주면 그만이다. 그러므로 고맙다는 말을 하지 않는다. 고맙다고 하는 날에는 밭이 아니라 인정상의 개인 거래로 끝나고 만 다. 그처럼 비구에게의 밥 한 그릇은 수많은 사람들의 복 밭으로 존 재케 하는 것이다. 그 비구가 부처로의 수행을 계속하는 한 연속해 서 그 파종의 공덕은 점점 더 크게 넓어져 시방의 세계로 가득하게 퍼져나갈 것이다.

하지만 밭이 오염되었거나 황폐되면 곡식을 키우지 못한다. 복 없는 인간들은 꼭 씨를 뿌려도 이런 밭에다 뿌린다. 뭐 눈엔 뭐밖에 보이지 않는다고 복 없는 자의 눈에는 그럴싸한 모습으로 신비롭게 나타나는 계율이 없는 자가 진짜로 자신들을 구제해줄 수 있는 구세 주로 보이는 것이다. 이런 자들은 아주 위험한 작자들이다. 이런 사람들을 금생에도 조심해야 한다. 그들은 복 밭이 아니다. 복 밭을 가장한 야바위꾼들이다. 아니면 남의 복 밭을 담보로 사사로운 이익을 챙기는 사기꾼들에 불과하다.

화엄경의 말씀이다. 말세에 사술을 익혀 선지식 흉내를 내면서 중생들을 미혹에 빠뜨리는 자들이 있다. 그런 자들을 조심하라. 그런 자들은 선근을 심는 자들에게 아무런 도움이 되지 않는다고 말씀하셨다. 이런 자들에게 걸리면 인생 자체가 박살이 난다. 대표적으로 마와 귀신에 덮어 쓴 자들의 유혹들이다. 그들은 과거와 전생을 들먹이며 온갖 화술로 사람을 혼란에 빠뜨린다. 그래서 **잡아함경**에서 부처님이 내 제자는 전생에 관한 일이거나 미래에 대한 예언을 말하지 말라. 그러한 말들은 사람들의 삶에 도움이 되지 않고 불법에 보탬이 되지도 않는다. 그런 말들을 하는 것은 지혜로운 일도 아니고 바른 삶도 아니어서 열반으로 나가는 데 아무러한 이익이 없다고 하셨다.

혹시나 그렇게 말하는 사람이 나에게 다가와 주절대면 이렇게 말하면 된다고 **자타카**에서는 말씀하시고 있다. 우리는 길흉 따위에 마음을 빼앗기는 사람들이 아니다. 나와 내 주위의 사람들은 길흉에 마음 쓰는 것을 좋아하지 않는다. 지혜를 찾아 불교를 믿는 자들은 꿈, 징조, 관상, 그리고 별점이나 사주 같은 미신적 사고에 매달리지 않고 오로지 선업만을 행한다. 그리고 그 결과를 기다린다고 하면서 자리를 피해야 한다고 하셨다.

대집거다라니경에서는 차라리 적이나 살인자와 친구가 될지언정 사악한 견해를 갖고 사람을 홀리는 자와는 조금도 같이 있지 말라고 하셨다. **정법념처경**의 말씀은 더 직설적이다. 사마외도에 걸린 사람들의 말은 온갖 사람들을 괴롭힌다. 그런 말을 하는 자는 어둠과 같아서 목숨이 있다고 해도 죽은 것과 다를 바가 없는 삶을 살아가는 사람이라고 하셨다.

사실 신의 존재를 부인하는 사람은 무지한 사람이다. 일체의 생명들은 모두 다 신의 속성을 갖고 있기에 그렇다. 그 속성 가운데서 순수무잡한 부분만을 지목해 불성이라고 한다. 이 불성이 죄업에 심하게 오염되었거나 사악한 귀신에 붙잡혀 귀신의 행세를 하는 자를 경계하라고 하는 것이다. 즉 신은 인정하되, 신을 신앙의 대상으로 삼든가 아니면 신을 자신의 수호신으로 믿고 있는 자를 조심하라고 하신 것이다.

귀신에게 사로잡힌 사람이 있다. 귀신이 원하는 대로 해주면 귀신이 조용하고 그렇지 않으면 일상생활을 못하도록 갖은 행패를 부린다. 그 행패에 못 이겨 퇴마사를 찾아 귀신을 쫓아내 달라고 한다. 퇴마사는 빙의라고 하면서 그를 쫓아내는 의식을 치른다. 그래야 귀신으로 붙어 있는 악령을 떨칠 수 있다고 한다.

이 퇴마의 의식은 주로 도교에서 쓰는 법술의 방식을 쓴다. 하지만 불교는 완전히 다르다. 불교는 퇴마라는 말을 쓰지 않는다. 대신 항마라는 말을 쓴다. 항마라는 말은 완전히 항복을 받는다는 뜻이다. 다음부터 이 사람에게 조금도 얼씬거리지 못하도록 아예 반 죽여놓는 상태를 말한다. 한 번만 더 까불거나 접근하면 완전히 죽여버리겠다고 서약을 받는 상태를 항마라고 한다. 불교인은 항마의 방법을 써서 마장을 물리쳐야 한다. 그 비법은 불교 속에 수없이 많이 들어 있기에 새삼 거론하지 않는다.

✤

여기서 원효 스님은 계율을 갖고 지관을 닦아 깨달음의 세계로 나아가지 않는 자들은 승보의 자격이 없다고 하셨다. 즉 그런 자들은 중생의 복 밭이 되지 않는다고 말씀하시고 있는 것이다.

自罪未脫 他罪不贖 然 豈無戒行 受他供給

자기의 죄를 벗어나지 못하면 타인의 죄를 풀어줄 수 없다.
그러니 어찌 계행도 없이 신자들의 공급을 받을 수 있단 말인가.

자신부터 풀어라

23

힘센 자가 약한 자를 돌본다. 성한 자가 병든 자를 케어한다. 이것은
지극히 정상적이다. 장님이 장님들을 이끄는 것은 진실로 위태하다.
아무리 그들 세계에서 대단한 장님이라 하더라도 장님은 다른 장님
을 안전지대로 안내할 수 없다. 눈을 뜬 자만이 빛을 본다. 어둠에
갇혔을 때 빛을 먼저 본 자만이 소리친다. 저쪽에 빛이 보인다고, 그
쪽으로 가자고 독려하고 앞장선다.

　사슬에 묶인 자는 자유로울 수가 없다. 죄업에 옭매인 자는 생사
의 고통을 받을 수밖에 없다. 하지만 묶인 자가 무더기로 있어도 풀
린 자 한 사람만 있으면 모두 자유로워진다. 그 한 사람의 풀린 자가
되기 위하여 스님들은 목숨을 걸고 그 방법을 배우고자 수행에 매진
하는 것이다.

　그렇게 하려면 첫 번째로 수행처가 있어야 한다. 자리가 편안해
야 마음이 안정된다. 공자도 머물 곳이 있어야 확고한 안정이 있다
고 했다.

단순한 사람들은 말한다. 스님들은 어느 절에 가든 그 절에서 살수 있지 않느냐고 한다. 이론적으로는 지극히 맞는 말이지만 현실은 꼭 그렇지만은 않다. 똑같이 머리를 기르고 사람 모습을 가졌다고 해서 다른 사람 집에 들어가 그냥 살 수가 없듯이 다 같이 머리를 깎은 스님들이라 해도 자기들의 권속이 아니면 어디서든 이방인이고 타인들이다. 설령 자기 권속들이라 하더라도 서로의 성격이 맞지 않으면 다 성가신 사이들이다. 그 이유는 세속에서 나름대로 아주 독특한 개성을 가진 사람들이 또 다른 삶을 찾기 위해 출가를 한 결과이기도 하다.

절만이 아니다. 사람들 사는 곳에서도 이것은 같은 논리다. 한 씨족 속에 가까운 집안도 서로 뜻이 맞지 않으면 남남으로 살아간다. 왕래도 없고 거래도 없다. 찾아오면 불편하고 같이 있으면 부자연스럽다. 절도 마찬가지다. 똑같이 부처님을 모시는 스님들 사이지만 인연이 다르게 모이면 다 껄끄러운 남이고 경계해야 하는 타인들이다.

옛날에는 형제가 많더라도 작은 집에서 서로 북적대며 잘 살았다. 각자의 고집을 내세우지 않고 살을 부대끼며 화목하게 지냈다. 하지만 이제는 큰 집에서 한두 명만 성장하다 보니 화합과 양보가 몸에 배어 있지를 않다. 이런 세대의 사람들은 출가해서도 자기의 개성을 쉽게 꺾으려 하지 않는다. 그렇게 모가 나고 각이 진 부분들이 총림의 승방에서 원만하게 절복되어야 하는데, 이제 그렇게 꺾어주는 스승도 없고 그렇게 꺾이도록 구부리는 제자도 없다. 그 결과로 산수 좋은 자리에 홀로 토굴을 지어놓고 자유로운 수행을 즐기려

하는 스님들이 많아졌다. 이렇다 보니 절은 옛날보다 더 크고 웅장한데 거기 사는 스님의 수는 그 전보다 확연히 적어졌다. 기존 절에 사는 스님은 포용력이 없어 그들을 끌어안지 못하고, 그곳에서 나온 스님들은 수용심이 부족하여 개인 사찰을 선호하기에 이른 것이다. 즉 공간의 평수만큼 포용의 평수가 따라가지 못했다는 것이다. 그 결과 사찰 수는 나날이 늘어나지만 스님들 수는 나날이 줄어들고 있는 이상한 세태가 되어버린 요즘이다.

둘째는 의복이다. 두 살 먹은 아이도 자기가 좋아하는 색상의 옷을 가려 입으려고 한다. 그처럼 스님들이 직접 의복을 구입하면 자기의 취향에 따라 골라 구입하려 한다. 하지만 출가한 자는 개인적인 패션 감각으로 멋을 낼 수가 없다. 자기의 구미와 기호에 맞게 옷을 사기 시작한다면 죽은 회색으로 자기의 육신을 둘러야 할 의도가 무색해진다. 하지만 신도가 의복을 공급하면 이런 패션의 흐름에 감정이 휘둘리지 않아 좋다. 얻어 입는 데 호불호를 따질 일이 없기 때문이다. 그냥 주는 대로 받아 입는 것이 제일 속 편한 일이기에 그렇다.

셋째는 양식이다. 이것은 수행자에게 가장 필요한 부분이다. 양식이 넉넉하지 못하면 매양 걱정이 앞선다. 비록 참선한다고 앉아 있어도 먹을 게 생각나고 불전에 의식을 집행해도 돈 계산이 우선된다. 그래서 원효 스님은 **해동소**에서 수행의 전제 조건으로 양식을 꼽으셨던 것이다.

넷째는 의약품이다. 즉 의료 후원이다. 사람들은 스님들이 무슨 철인인 줄 생각한다. 자기들은 온갖 좋은 것 다 먹어가면서도 아프다고 야단인데 스님들은 푸성귀만 먹어도 안 아파야 된다고 믿는다. 사실 영양학적으로 보면 스님들이 일반인들보다 훨씬 더 건강에 취약하다. 그러므로 그들의 육신은 확실히 질병에 유약해질 수밖에 없다. 하지만 돌봐 줄 사람이 없기 때문에 아프다는 사실을 쉽게 토로하지 못한다.

※

이 네 가지 조건이 수행자에게 원천적으로 제공되지 못하면 스님들은 생존을 위한 자구책을 강구하려 한다. 즉 스스로 이것들을 해결하기 위해 아주 다양한 방법으로 돈을 모으려 들게 된다. 그때 사람들은 스님들이 수행은 하지 않고 돈만 탐낸다고 입을 삐죽거린다. 사람들은 매정하고 야박하다. 그들을 지키려고 마군과 전쟁을 벌이고자 벼르는 의로운 승병들을 보고 군량과 무기도 지급해주지 않으면서 전선으로 내몰고 있다. 의약품과 의복 같은 후생의 보급품 없이 그저 맨몸으로 나가 싸우라고 몰아간다.

　스님들은 범부들을 안전지대로 탈출시키기 위해 이 사바세계에 잠입한 비밀 요원과도 같다. 또한 매복해 있는 적을 찾으러 야간에 투입된 수색병과도 같으며, 난마처럼 얽혀 있는 생사의 그물을 뚫고 안락처로 나아가는 무사와도 같다. 아니면 지식의 그물에 갇혀 있는 중생들을 탈출시켜 지혜의 바다로 들어가게 하는 혁명가와도 같다. 또 스님들은 눈 어두운 중생들을 광명의 세계로 인도해가고자 발원한 길잡이들과도 같다. 더 나아가 그들은 신의 공갈과 협박에 못 이겨 스스로 사슬을 묶고 노예가 되어 있는 어리석은 중생들을 지혜의 칼로 끊어내어 자유를 얻게 해주는 해방가들과도 같다. 이와 같은 역할을 하는 스님들이 없다면 중생들의 미래는 그 어떤 것으로도 무한의 안락을 담보할 수 없다.

그런데 범부는 자기들의 궁극적인 안녕을 위하여 일선에서 싸우는 이런 스님들을 외면한다. 그러면 최전선의 스님들은 더 이상의 열악한 환경을 견디지 못하고 따뜻한 후방으로 리턴할 수밖에 없다. 그분들은 인간들의 평화와 안락을 위해 가장 위험한 적지에서 보이지 않는 액운과 마군을 지켜내는 방어막 역할을 하는 분들이다. 이분들이 철수해버리면 중생세계는 정말 위험에 빠지게 된다. 중생에게 내려진 소중한 인적 자원을 잃게 되어 결국 사마외도에 의해 모두 다 공멸해버릴 수 있다.

증일아함경에서 신도들은 스님들께 공양을 올리는 것을 게을리 해서는 안 된다고 말씀하셨다. 부처님께 공양을 올리고 청법하는 것 외에 스님들께 필요한 것들을 반드시 제공해야 한다고 되어 있다. 그 필요한 것이 여기서 말하는 네 가지 필수품인 것이다. 문제는 위의 네 가지를 제공하는데도 용감히 수행에 나가지 않는 자들이다. 그들은 언제나 미적거리고 중생들 주위를 선생의 모습으로 빙빙 돌고 있다. 그들에게 필요한 것은 수행자의 지혜인 것이지 선생의 지식이 아닌데도 수행자 흉내를 내고 선생의 역할을 하고 있다.

선생은 중생들을 지식으로 옭아맨다. 수행자는 반대로 그것을 벗겨주려 한다. 선생은 무엇이든 가르치려 하고 수행자는 어떻게든 그것을 풀어주려고 한다. 묶임에서 풀림을 원하는 자들은 스님들께 그들의 안락을 위탁하고 공양물을 제공한다. 무엇을 어떻게 묶어놓았는지 **능가경**의 말씀을 근거로 한번 살펴보자.

1. 언어에 진실이 있다고 믿는 잘못된 생각.
2. 언어 속의 일들을 사실로 생각하는 잘못된 생각.
3. 세상의 모든 것들이 진짜라고 믿는 잘못된 생각.
4. 세상에서 이익을 얻었다고 믿는 잘못된 생각.
5. 중생을 만드는 자성이 있다고 믿는 잘못된 생각.
6. 생사를 일으키는 원인이 있다고 믿는 잘못된 생각.
7. 자기 눈으로 본 것을 진실이라 믿는 잘못된 생각.
8. 세상에서 뭔가를 이루었다고 믿는 잘못된 생각.
9. 자신이 이 세상에 진실로 태어났다고 믿는 잘못된 생각.
10. 죽어서는 다시 안 태어날 것이라는 잘못된 생각.
11. 망상이 연속된다고 믿는 잘못된 생각.
12. 무엇에 속박되어 있다거나 자유롭다고 생각하는 잘못된 생각.

이렇게 묶인 사고들을 풀어주어야 한다. 스님들은 이런 문제를 해결해주기 위해서 그들로부터 스님 소리를 듣고 공양을 받는다. **불치신경**에서도 자기가 불법의 본의를 알고 있어야 남의 묶인 부분을 해소해줄 수 있다고 하셨다. 그런데 이런 문제들을 풀어주기 위해 수행에 매진하지 않는다면 그 스님은 처음부터 중생구제에는 전혀 관심 없는 뻔뻔한 도둑 심보를 가진 자라 말할 수 있다. 참 몰염치한 무뢰한이다. 그런 무치한 자들을 경계해야 한다.

❖

이 문단에서 원효 스님은 풀린 자만이 묶인 자를 풀어줄 수 있다고 하셨다. 이 말씀은 빛을 본 자만이 밝은 곳으로 인도해갈 수 있다는 말이다. 빛을 본 자가 되기 위해서는 지칠 줄 모르는 수행을 계속해야 하고, 빛이 필요한 자는 간단없는 시주를 계속해서 그들이 중도에 포기하지 않도록 세심한 주의를 기울여야 한다는 것이다.

無行空身 養無利益 無常浮命 愛惜不保

수행이 없는 쓸데없는 몸은 길러도 이익이 없고
무상하게 뜬 목숨은 사랑하고 아껴도 보존치 못하는 것이다.

영험 없는 몸뚱아리

24

주지하다시피 인생에는 두 가지 길이 있다. 하나는 자신을 살리는 길이고 다른 하나는 자신을 죽이는 길이다. 범부의 삶은 후자에 속한다. 살기 위해서 노력하지만 결국 그 노력 때문에 쓰러지고 만다. 이것은 마치 물통 속에 갇힌 가물치와 같은 신세다. 살기 위해 열심히 입을 봉긋거리지만 그 봉긋거리는 횟수만큼 물속의 산소 농도가 옅어져 결국 질식하고 마는 것이다.

문제는 그렇게 죽어가기 위해 투자되는 노력과 경제적 손실이 엄청나게 크다는 것이다. 자동차, 아파트, 연인, 직장 등 온갖 것을 다 제공하고 고혈을 짜는 자기 노력과 인생에 필요한 교육을 다 받아도 자기 몸 하나 이 죽음의 세상에서 빠져나가지 못한다는 것이다. 이것을 생각하면 살기 위해 버둥거리는 삶 자체가 허탈하기 짝이 없다.

말기 암 환자만이 마지막 코너에 몰려 있는 것이 아니다. 인간들 모두가 다 마지막 방법을 찾고 있는 터미널 환자이다. 그 방법을 어떻게든 찾아내지 못하면 무엇을 하고 어떻게 먹어도 죽음으로부터 절대로 벗어날 수 없다. 영화 빠삐용에서 스티브 맥퀸이나 쇼생크 탈출에서 팀 로빈스 같은 사람들이 부대를 이루어 특공대가 되더라도 이 생사의 교도소는 빠져나갈 수 없다. 와치타워도 없고 담도 없고 사나운 개도 없지만, 이 교도소는 한번 갇히면 인간의 머리로는 빠져나갈 방법이 없다. 그래서 중생세계를 큰 교도소라고 하는 것이다. **삼뮤따니까야** 말씀이다.

Neither young nor old, foolish, nor wise,

Will escape the trap of death, all move toward.

They are overcome by death. They pass onto another world.

The father can not save his son, like cattle to the slaughter.

젊거나 늙거나 바보거나 똑똑하거나 간에

이 죽음의 덫으로부터는 도망가지 못한다.

모두 다 이쪽으로 간다.

사람들은 죽음에 굴복한다. 그리고 다른 세계로 간다.

아버지라 해도 자식을 구할 수 없다. 소가 도살되는 것처럼.

❖

한 사람이 세상에 시끌벅적하게 태어나 쓸쓸히 죽기까지 소비되는 물자들은 실로 엄청나다. 물과 음식물만 하더라도 적어도 100톤은 먹고 마신다. 100톤은 5톤 트럭 스무 대 분이다. 이런 어마마한 것들을 소화하기 위해서 내뿜어지는 탁한 기운과 이산화탄소는 세상과 자연을 황폐화시키는 주범이 된다.

소변만 하더라도 평생 다 싼 것을 모아놓으면 자기가 익사할 수 있는 웅덩이가 되고 대변만 하더라도 강아지가 헐떡이며 뛰어올라가는 얕은 동산이 된다. 그러므로 우리가 살고 있는 이 지구를 살리기 위해서는 작은 체구를 만들려고 노력해야 한다. 인간은 무지해서 언제나 옳음의 반대쪽으로 향한다. 작은 체구를 가지면 음식물도 적게 먹고 생존하는 공간도 작게 차지할 텐데 반대로 크고 우람한 모습을 원한다. 거기다가 몸짱을 만든다고 어느 동물도 하지 않는 머슬운동을 곁들인다. 이러니 어떻게 이 땅이 남아나겠는가.

수렵을 하는 원시 시대도 아니고 격투로 전쟁을 치는 과거 시대도 아닌 컴퓨터 세대에 살고 있으면서 몸집은 왜 그리 크게 만들려고 하는지, 키 크는 약이라면 사족을 못 쓴다. 몸이 크면 에너지 소모도 더 많아지기 때문에 그 과정 중에 생성되는 신체에 해로운 부산물의 양 또한 엄청나게 많이 나온다. 공기가 오염되는 원인 중 하나가 대단위 목장에서 스트레스를 받은 가축들이 시도 때도 없이 방귀를 뀌기 때문이라는 보고서가 나왔다. 그런데 사람은 가축보다 실로 더 많은 오염 물질을 쏟아내고 있다.

몸집이 크면 자연계에 완전 해악이다. 비행기 좌석만 더블페어를 말하지 않는다. 좀 있으면 목욕탕 출입문에 분명 몸무게에 따라 목욕비가 다르게 산정된 가격표를 보게 될 것이다. 그리고 실생활에 폐해를 준다고 덩치 부담금을 낼 것이다. 그뿐만이 아니다. 화장장에도 분명 저울을 두는 것을 조만간 보게 될 것이다.

키가 작으면 여러 가지가 이익이다. 우선 씻는 것이 편하다. 나이 먹어가면서 몸집을 줄이면 늙고 병들었을 때 간호하는 사람을 편하게 만들어줄 수 있다. 입는 것도 작게 입기 때문에 공장의 매연을 반 이상으로 확실히 줄일 수 있고 세탁시 폐수도 아주 적게 나온다. 아이들 옷과 어른의 옷을 빨아보면 그 힘듦과 땟물의 차이가 어느 정도인지 금방 알 수가 있다.

만약에 사람에게 불필요한 꼬리가 없어지지 않고 그대로 달려 있다면 어떻게 되었을까. 지금쯤 꼬리패션이 장난이 아닐 것이다. 아마 그것 하나를 갖고 거대한 치장 사업이 아주 다양하게 벌어졌을 것이다. 물론 이 땅덩어리는 그에 수반되는 환경오염으로 벌써 다 파괴되어버렸을 것이다. 사람에게 꼬리가 잘려나갔다는 사실이 자연에게는 얼마나 큰 축복이고 다행한 일인지 모른다. 자연이 살려면 사람들의 몸에 장신구나 패션이 없어져야 한다. 그러면 자연 재앙이 현저히 줄어든다. 머리도 모두 자르고 의복도 전부 자연색을 입는 것 하나만으로도 오존 걱정과 환경문제가 해결된다.

도대체 인간들은 왜 자기도 죽으면서 자연도 죽이지 못해서 안달하고 있을까. 왜 자기가 살려고 하면서 죽는 방향으로 억지의 삶을 살고 있을까. 그렇게 하면 죽는다고 부처님이 그렇게도 말씀하셨는데도 왜 그 말씀을 듣지 않고 있을까. **팔대인각경**에 사람이 반드시 깨달아야 할 여덟 가지를 부처님이 직접 제시해놓으셨다.

1. 세상이 무상한 것을 깨달아야 한다.

2. 많은 욕심은 괴로움이 된다는 것을 깨달아야 한다.

3. 마음먹기에 따라 부족함이 없다는 것을 깨달아야 한다.

4. 게으르면 사악한 환경에 떨어진다는 것을 깨달아야 한다.

5. 어리석으면 생사를 하게 된다는 것을 깨달아야 한다.

6. 가난함에 시달리면 원망함이 많다는 것을 깨달아야 한다.

7. 오욕은 과오와 환난을 초래한다는 것을 깨달아야 한다.

8. 생사의 고통은 그 무엇보다 뜨겁다는 것을 깨달아야 한다.

이 여덟 가지를 제대로 이해한다면 그는 현명한 사람이다. **출요경** 말씀에 이런 구절이 있다. 백 년을 산다고 해도 생멸의 원인을 알지 못하면 하루를 사는 중에 그것을 깨달음만 못하다. 그 삶은 마치 뇌사자나 몽유병 환자 같은 삶이라고 하셨다.

❖

이 문장에서 원효 스님은 수행이 없는 중생의 삶은 살아도 사는 것이 아니라는 것을 말씀하시고 있다. 어떻게 가꿔도 죽기로 한정되어진 몸, 뭐 그리 거기에 애착을 부려 수행으로 끌고 나가지 않느냐고 답답한 마음으로 질책하신 것이다.

望龍象德 能忍長苦 期獅子座 永背欲樂

용과 코끼리의 덕을 바라보고 오랫동안
고난을 참아야 할 것이며
사자의 자리를 기약하고 길이 세속적인 욕락으로부터
벗어나야 할 것이다.

자유로운 자가 되라

25

용은 물과 하늘을 지배하는 상상 속의 동물이다. 승천을 꿈꾸며 오랜 세월 동안 바다 속에 죽은 듯이 엎드려 있다. 그러면서 용왕으로부터 온갖 신술을 닦아 터득한다. 그러다 마땅한 시절이 도래하면 여의주를 물고 장엄하게 등천해 풍운조화의 묘술을 부린다. 하지만 길고 긴 세월 동안 신묘한 술수를 익힘에 따분하고 지루함을 못 참아 조금이라도 사악하게 한눈을 팔아버리면 여의주를 얻지 못해 이무기가 되어버린다.

코끼리는 숲을 지배한다. 적막하고 울울한 숲 속이지만 코끼리는 그 어떤 것에도 두려움을 느끼지 않는다. 코끼리는 살아 있는 동물 중에서 가장 힘이 세고 똑똑하다. 그들이 갖는 사회는 마치 인간의 유대 관계와 흡사하다. 모든 동물은 배꼽 주위로 여러 개의 젖꼭지를 가지고 있지만 코끼리는 인간처럼 가슴 주위에 두 개의 젖이 달려 있다. 그만큼 인간과 흡사한 영특한 동물이라는 뜻이다.

부처님의 발은 평발이다. 사람들이 웃는다. 자기들의 생각으로 뭔가 이상하다는 생각을 한다. 코끼리의 발도 평발이다. 둘의 공통점은 누구에게 쫓기지 않는다는 것이다. 즉 빠르게 도망쳐야 할 이유가 없으므로 평발일 수 있다. 그 외에 모든 동물들은 도망치기에 알맞도록 발바닥에 둥글게 파인 공간이 있다.

사자는 평원의 무법자다. 수컷 사자의 울음소리는 4킬로미터까지 뻗친다. 동물 중에서 가장 우렁찬 목소리며 그 포효를 최고로 멀리 보낼 수 있다. 그래서 사자의 울부짖음을 무적 포효라고 한다. 그 울음에 의해 일체의 동물들이 오금을 저린다. 불교에서는 선사가 주장자를 들고 할을 하는 것을 사자후라고 한다. 이 소리에 귀신과 마군이 꼬리를 내리고 도망가기 때문이다.

이처럼 사자는 그 무엇에도 놀라지 않고 겁내지 않는다. 그러기에 드넓은 평원에서 배를 하늘로 드러내 놓고 잠을 잘 수가 있다. 사자는 잠을 하루에 최소한 열여덟 시간은 잔다. 많이 잔다는 말은 그만큼 도망갈 일이 없고 먹이 걱정이 없다는 뜻이다. 재미있는 말이지만 쪼그리고 자는 야생 동물들도 안전이 완벽하게 보장되면 배를 드러내 놓고 잠을 잔다. 토끼도 마찬가지고 고양이도 역시 그렇다. 그런지 안 그런지 집안에 데리고 들어와 3개월만 같이 살면 그들의 잠버릇이 이렇게 바뀐다는 것을 알게 된다. 그만큼 그들은 늘 불안하게 도망치는 삶을 살고 있다는 반증이다.

용, 코끼리, 사자 이 세 동물이 상징하는 것은 무엇인가. 첫째 자유를 가진다는 뜻이다. 이것은 해탈을 말한다. 둘째는 무적이다. 위덕이 그 누구도 따라갈 수 없을 정도로 대단하다는 뜻이다. 셋째는 오고감에 걸림이 없다는 것이다. 즉 유유자적을 말한다. 이 세 가지의 공덕을 한꺼번에 다 가진 자는 천하를 얻는다. 이분이 바로 부처님이시다. 부처님이 되어야 자유와 무적, 그리고 유유자적을 누릴수 있다.

이 세 가지를 가지지 않으면 언제나 불안하고 쫓기고 위협당한다. 그런 삶을 살아가는 자가 범부다. 문제는 이렇게 살면서도 이런 삶이 문제가 되지 않는다는 의식이다. 불확실성에 불안하고 불만족에 쫓기고 죽음에 위협당하면서도 이것을 심각하게 생각하지 않는다는 것이다.

이런 고통을 주는 문제투성이의 삶으로부터 완전히 벗어나야겠다는 사람은 지금부터 쓰디쓴 인고의 방법을 배워야 한다. 자기 가족 하나 겨우 먹여 살리는 데도 학교 교육을 대략 20년이나 받고, 거기다가 군대에서 인욕과 책임감을 이수하고도 매양 버벅거린다. 평생을 눈이 오나 비가 오나 가리지 않고 일터에서 워커홀릭이 되는 삶을 살아도 미래가 늘 불안하고 걱정이 항상 떨어지지 않는다. 하물며 부처가 되는 데 그에 수반되는 고난과 역경이야 이루 말할 수가 있겠는가.

연약한 새싹은 봄날의 따스한 햇빛조차도 힘들게 받아들이지만 점점 자라다 보면 여름의 뙤약볕과 비바람에 이어 찬 서리까지 다 견뎌내어 마침내 과실을 맺을 수 있다. 그처럼 수행자도 모진 고통과 고난을 참아가다 보면 어느덧 그것들이 나를 더욱 더 풍성하고 강하게 단련시켜준다.

신체에 가해지는 고통은 눈에 보이기 때문에 어떻게든 참아본다 하더라도 때와 장소를 가리지 않고 달려드는 마군과의 전쟁은 끝까지 버티기가 여간 어려운 게 아니다. 하지만 목적이 분명히 있고 좌표가 확실히 정해진 수행자라면 풀잎 같은 목숨을 버릴지언정 머뭇거릴 이유가 없다. **녹모경**에 차라리 죽을지언정 치사하고 졸렬하게 목숨을 부지하지 말라고 하시지 않았던가. 과거에 비바시불은 선정에 들어 있을 때 새가 자기 머리를 감아 집을 지은 것을 보고 그 새들이 놀랄까 걱정하여 한 번도 일어나지 않는 참음을 발하셨다. 석가모니 전신은 인욕바라밀을 수행할 때 갈라부 왕에게 사지가 절단당하고 살점이 다 발라져도 조금도 그를 원망하지 않았다.

❖

부처님이 제타바나 수도원에 있을 때 이야기이다. 어느 스님이 있었는데 아주 다혈질이었던 모양이다. 여차하면 성질을 내어 대중을 피곤하게 만들었다. 그 사실을 아시고 부처님은 좀 참아라, 비구여. 명색이 부처의 제자라는 자가 그렇게 쉽게 화를 내면 되겠는가 하시면서 과거 전생 얘기를 해주셨다.

아주 오래 오래 전에 쿤다라카라는 자가 있었다. 그는 부모가 돌아가시자 모든 재산을 정리하고 칸티바다라는 이름으로 히말라야에 들어가 고행 수행자가 되었다. 우기가 시작되던 어느 날 그는 식초와 소금을 구하기 위해 바라나시국에 들어갔다. 거기서 그 나라의 최고 사령관을 만나 그의 도움으로 왕궁 공원 옆 나무 밑에 자리를 잡고 수행을 계속해나갔다.

그때 갈라부라는 그 나라 임금이 공원에서 큰 연회를 열었는데 술이 취해 그만 골아 떨어졌다. 깨어보니 아무도 없고 모든 시중들이 칸티바다라는 수행자에게 가 설법을 듣고 있는 것이 눈에 띄었다. 왕은 순간적으로 끓어오르는 분노와 질투를 참지 못하여 그 수행자를 무력으로 결박하고 위세로 물었다.

"그대는 무슨 수행을 하는 것인가?"
"인욕수행을 합니다."
"시험해도 되겠는가?"
"하고 싶은 대로 하십시오."

왕은 제일 먼저 집행자를 불러 그에게 채찍질을 명령했다. 앞으로 백 대와 뒤로 백 대를 때리라고 했다. 채찍이 허공에 소리를 낼 때마다 그의 살갖은 수만 갈래로 찢어지고 솟아오르는 피는 사방으로 튀어나갔다. 그래도 칸티바다는 폭력에 저항하지 않았고 아프다고 소리치지도 않았다. 왕은 다시 물었다.

"그대는 무슨 수행을 하는가?"
"나는 인욕수행을 합니다. 대왕이시여. 당신은 나의 인욕이 살갖에 있다고 생각하여 그렇게 때리십니까? 아닙니다. 나의 인욕은 마음 깊은 곳에 있습니다."

"그대가 가르치는 것이 무엇인가?"

"내가 가르치는 것은 인욕입니다."

수행자는 조금도 흐트러짐 없이 숙연하게 대답했다. 왕은 이성을 잃고 다시 집행자를 불렀다. 이번에는 코와 귀를 잘랐다. 얼굴이 피범벅이 되었지만 그는 조금도 미동하지 않았다. 왕이 다시 물었으나 똑같은 대답이 돌아왔다. 왕은 끓어오르는 분노를 누르며 다시 집행자를 불렀다. 그리고 이번에는 두 팔과 두 다리를 잘라내었다. 집행자가 사지를 절단하니 몸 안에 남아 있던 핏물이 한꺼번에 분출되어 땅바닥에 고랑을 파고 흘렀다. 그래도 그는 왕에게 억울함의 분노를 표하지 않았다.

더 이상 어떻게 할 수 없다고 생각한 왕은 남아 있던 수행자의 몸뚱이를 걷어차면서 내 눈앞에서 사라지라고 고함쳤다. 그러고는 경악과 공포에 떨고 있던 여인들을 데리고 그 자리를 떠나버렸다. 사령관은 땅바닥에 절단되어 흩어진 팔다리와 코, 그리고 귀를 수습하면서 통곡했다. 그리고 수없이 저 무례한 왕을 용서하라고 참회했다. 수행자는 마지막 숨이 끊어지는 순간에도 왕이 다스리는 나라의 평안과 국민의 안녕을 빌고 또 빌어주었다.

하지만 수행자와 달리 하늘의 범천왕은 그를 그냥 두지 않았다. 천지가 진동하고 대지가 갈라지는 노함을 일으켜 잔인무도한 왕을 가차 없이 무간지옥에 던져버렸다. 결국 왕은 살아서 지옥에 들어가는 생함지옥의 비극을 맞이했다. 왕이 그렇게 처참하게 죽자 왕궁의 여인들과 관료들, 그리고 온 나라의 백성들이 앞다투어 수행자의 주검에 몰려들었다. 그들은 수행자의 시신에다 향수를 뿌리고 향을 피워 공경과 예배를 다했다. 그리고 온갖 꽃으로 장엄하여 성대한 장례식을 올려주었다.

부처님은 이야기를 마치시면서, 그때 나는 깨달음을 이루고자 오랫동안 인욕바라밀을 닦아왔다. 그런데 지금 비구들은 아무것도 아닌 것에도 자주 화를 내고 조그마한 불편에도 전혀 참으려 하지 않는다. 씨앗이 땅에 있을 때 얼마나 답답하고 숨이 막히겠는가. 하지만 시간이 지나면 땅위로 솟아올라 갈 것이라는 기대와 희망으로 그 어둡고 칙칙한 곳에서 인고의 세월을 보내는 것이다. 그러니 수행하는 비구들은 먼 후일 자유자재로 시방천지를 누비는 자유인이 될 것이라는 원대한 포부로 어지간한 불편은 잘 감수하는 그런 수행자들이 되면 좋겠다고 다독이셨다. 그러시면서 그때 그 왕은 제바달다였고, 사령관은 사리불존자가 되었다. 또한 그 수행자는 결국 부처가 되었는데 그가 바로 나다라고 하셨다.

그뿐만이 아니다. 설산동자는 부처님 말씀 한 구절을 얻기 위해 자신의 생명을 초개같이 던져버렸다. 모두 다 뼈를 깎는 인고의 과정을 겪고서 아름다운 깨달음의 결과를 증득하셨다. 그래서 고등 동물일수록 임신 기간이 긴 것이다. 인간은 그 어떤 동물보다도 인고의 세월을 겪을 수 있는 힘을 어미의 뱃속에서부터 배워 나오는 것이다. 문득 황벽 스님의 선시 속 뒤 구절이 생각난다.

不是一番寒徹骨

爭得梅花撲鼻香

뼈에 사무치는 추위를 한 번 견뎌내지 않고서야

어떻게 매화 향기가 코를 찌르는 것을 알겠는가.

구도는 죽음이다. 자기를 죽음에 희생해야 한다. 그러기에 역사 이래로 오직 몇몇의 용기 있는 자들만이 깨달음의 도에 들어갈 수 있었던 것이다. 서산대사는 참는 행이 없다면 만 가지 수행이 이루어지지 않는다고 하셨다. 한 송이 장미를 꺾으려 해도 가시에 찔리는 고통을 감수해야 하는데 어떻게 인욕 없이 좋은 결과를 고대한단 말인가.

결연한 의지와 불굴의 투지를 갖고 수행해나가면 안 될 것이 뭐가 있겠는가. 지칠 줄 모르고 계속 우물을 파내려가면 물이 솟구칠 수밖에 없다. 깨달음을 이루고자 하는 수행자도 이와 같이 정진해야 한다고 **정법화경**은 말씀하셨다. **문수반야경**에서는 이것을 사람이 화살 쏘기를 하는 것과 같다고 말씀하셨다. 처음에는 잘 못 맞추다가 점점 과녁을 맞혀 나가는 것처럼 수행자도 처음에는 수행이 성글더라도 계속해 나아가면 점점 그 수행이 익어갈 것이라고 하셨다.

그런데 이 세상에 참아야 하는 자가 꼭 인간들만은 아닌 것 같다. 부처님도 어리석은 중생들이 바글거리는 중생세계에서 어쩔 수 없이 참고 사실 수밖에 없었던 일화가 **법구경**에 있다.

마간디야는 우데나 왕의 셋째 부인인데 질투심이 많은 여인이었다. 자기의 왕과 두 왕비가 부처님을 존경하고 공경하는 데 대한 이상한 불만을 가지고 있었다. 그러던 어느 날 부처님이 제자들을 데리고 코삼비라는 도시에 걸식하러 오신다는 말을 들었다. 그녀는 많은 돈을 주고 불량배들을 고용했다. 그러고는 부처님을 어떻게든 욕보이라고 부탁했다.

며칠 뒤 부처님은 예정대로 걸식하기 위해 코삼비라는 도시에 들어갔다. 그러자 불량배들이 부처님을 따라다니면서 차마 입에 담지 못할 욕설과 저주를 퍼부었다. 그래도 부처님은 차례대로 걸식하면서 묵묵히 앞으로 나아갔다. 아무리 욕을 해도 부처님이 반응을 보여주지 않자 그들은 약이 오를 대로 올라서 더 심하고 거친 욕설을 내뱉었다. 곁에서 같이 걸식을 하던 아난존자가 도저히 보다 못해 부처님께 말씀을 드렸다.

"여기서 떠납시다."
"어디로 간단 말인가?"
"다른 곳으로 가십시다."

아난존자가 울먹이다시피 애원조로 부탁했다. 그런데 부처님의 대답이 뜻밖이었다.

"다른 곳도 마찬가지다."

"그래도 여기는 정말 너무 심합니다."

"그렇다고 욕하는 곳마다 피해간다는 것은 좋지 못한 수행이다. 나는 너희들에게 인욕을 몸소 가르치고 있는 것이다."

그러면서 부처님은 다음과 같은 게송을 남기셨다.

As an elephant in the battlefield withstands

the arrows shot from a bow,

even so will I endure abuse,

Indeed many people are without wisdom.

전장을 누비는 코끼리가

화살을 맞아도 끝까지 버티듯이

나도 사람들의 욕설을 참을 것이다.

사실 수많은 사람들이 지혜 없이 사는 사람들이다.

42장경에서도 이런 경우의 말씀이 나온다. 제자들이 지레 겁을 먹고 인욕수행에 나아가지 않는 것을 본 부처님께서, 악한 사람이 어진 사람을 해치는 것은 마치 하늘을 보고 침을 뱉는 것과 같다. 그 침은 자기에게 떨어진다. 또 바람을 거슬러 먼지를 던지는 것과 같아서 남에게 가기 전에 자기가 다 덮어쓴다. 그러므로 착한 자가 다

치기 전에 악한 자가 먼저 다치게 되어 있다. 걱정 말라고 하셨다.

❖

이 대목에서 원효 스님은 용과 코끼리, 사자와 같은 위력을 발휘하려면 그에 걸맞은 인고의 수행을 곁들여야 한다고 말씀하신 것이다. 사실 이 세 동물은 어른이 될 때까지 성장해가는 과정이 매우 힘들고 어렵다. 거의가 다 고난을 이겨내지 못하고 성수가 되기 전에 죽어버린다. 그래서 이런 동물들이 먹이 사슬의 꼭대기에 있어도 그 수가 더 이상 늘어나지 않는 것이다.

行者心淨 諸天共讚 道人戀色 善神捨離

수행자의 마음이 깨끗하면 모든 하늘이 함께 칭찬하고
도인이 재물을 생각하면 선신이 버리고 떠나가버린다.

청빈하게 살아라

26

수행자의 마음은 기본적으로 깨끗해야 한다. 그렇지 않으면 수행자의 가면을 덮어쓴 위선자에 불과하다. 수행자는 세상을 맑히는 청량목과도 같다. 또한 혼탁한 물을 맑게 하는 수청주와도 같다. 깨끗한 마음을 가까이 하면 같이 깨끗해지고 더러운 마음을 가까이 하면 덩달아 더러워진다. 사람들이 답답하고 열뇌에 허덕여 그 오염된 마음을 정화하고자 할 때 수행자의 곁으로 오게 되면 맑고 시원한 느낌이 드는 이유가 여기에 있다. 하지만 그렇지 못한 수행자는 도리어 그들에게 오염을 준다. 그러므로 신도를 상대하는 수행자는 반드시 그 마음을 깨끗이 해야 한다.

수행자의 마음이 깨끗하면 하늘이 환호와 격려를 보낸다. 그 사람이 바로 하늘의 식구로 예약되어지기 때문이다. 하늘은 복 있는 사람들이 모여 사는 곳이다. 건물과 환경은 최고로 좋은데 범부의 입장에서는 거기에 입주할 수 있는 능력이 되지 않는다. 그렇기 때문에 하늘의 인구는 언제나 모자란다. 지상에서도 못 사는 사람들의 인구는 많고 잘사는 사람들의 숫자는 드물다. 이와 같은 이치이다.

하늘 사람들 중에서 다시 하늘의 천인으로 태어나 그 세계를 즐기는 자는 극히 드물다. 모두 다 아래층의 중생세계로 떨어진다. 그 이유는 그들이 갖고 있던 복을 다 쓸 때까지 새로운 복을 짓지 않기 때문이다. 산 밑에 있는 사람이 산을 오른다. 산에 오르면 등정의 기쁨을 일순간이나마 마음껏 누린다. 그러다가 바로 산 아래로 내려간다. 똑같은 논리다.

6도에 윤회하는 중생은 하늘나라가 정상이다. 어떻게든 고통을 버리고 그곳으로 올라가 즐거움을 누리려고 한다. 인간은 하늘 바로 밑의 세계이다. 그러므로 인간은 하늘나라에 누구든지 들어갈 수 있는 후보군들이다. 단 조건은 열 가지 선업을 가슴으로 기쁘게 지어야 한다.

도를 닦는 사람은 일차적으로 보통 사람들과 다른 가치관을 갖고 있다. 그런 사람이 보통 사람들처럼 재물에 연연한다면 도를 닦는 사람이 아니다. 도인과 재물은 절대로 공존할 수 없다. 도인은 자유를 말하고 재물은 속박을 뜻한다. 그러므로 재물을 탐하든지 도를 닦든지 한 개만 가져야지 둘 다 같이 병행해 살 수가 없다. 왜냐하면 도는 재물의 혼탁함을 멀리하기 때문이다. 목우자 스님은 삼일 동안 닦은 자신의 수행은 천 년 동안의 보물이 되고 천 년을 탐애한 물건은 하루아침에 이슬이 된다고 말했다. 불도의 목적은 자유자재이다. 그런데도 지상의 재물을 탐한다면 속박으로부터 영원히 자유로울 수 없다.

세상에는 악신과 선신이 있다. 재물을 모으고자 하는 자들은 악신을 불러와야 한다. 악신의 대표적인 동물신이 바로 돼지이다. 그래서 사람들은 뭔가를 성취하고자 할 때 돼지머리를 올려놓고 재를 지낸다.

하지만 선신은 돼지머리를 제일 싫어한다. 그 속에는 탐욕이라는 약탈의 속성이 들어 있기 때문이다. 악신은 남을 해쳐가면서까지 재물을 탐한다. 그러다 자기 속의 선신이 도저히 동거할 수 없어 떠나버리면 이제 완전히 재물의 노예가 된다. 누가 내 것을 뺏어가지나 않나 불안하고 걱정스러워 악신을 모시고 의존한다. 그러면 사람의 모습이 사라지고 악신의 얼굴이 나타난다. **법구경** 말씀이다.

A man will go on plundering

So long as it serves his ends.

But, when others plunder him

The plunder is plundered.

남의 것을 약탈하면

어느 정도까지는 자기 것이 될 것이다.

하지만 다른 사람이 자기 것을 약탈할 때는

약탈한 자가 약탈당하게 될 것이다.

가슴에 복을 쌓는 사람들은 선신이 지켜준다. 하늘은 스스로 돕는 자를 돕는다고. 선신은 이런 따뜻한 사람들을 탐욕의 악신으로부터 옹호해준다. **대지도론**에서는 지혜 있는 사람은 신에 의지하지 않는다. 복에 의지한다. 신은 복 있는 자를 자발적으로 지켜준다고 했다.

마음이 깨끗해지고자 하는 자는 몸부터 정결하게 갖추는 것이 기본이다. 몸이 정갈하지 않으면 마음이 흐트러진다. 그래서 예부터 재주는 기도를 올리기 전에 언제나 몸부터 다듬는 순서를 가졌다. 몸을 단정히 다듬으면 주변으로 흐르는 산란한 마음이 한군데로 모아진다. 그럴 때 치성의 효과가 백배로 나타난다. 그렇게 되면 정신일도 하사불성이 나온다. 모든 종교 의식이 정결에서부터 시작하는 이유이다.

❖

중국 당나라 때 선율사라는 유명한 선지식이 있었다. 이분은 율사이기 때문에 그 행동이 위엄하고 여법하기가 이를 데 없었다. 그래서 모든 대중들이 지극히 존경하며 따랐다. 하지만 이상하리만치 좋아하는 음식이 하나 있었다. 바로 부추였다.

부추는 수행자가 먹으면 안 되는 오신채 중 하나로 지목되어왔다. 이것은 그냥 먹으면 신경질을 돋우고 익혀 먹으면 음욕심을 강하게 일으키는 채소라고 한다. 그래서 대승계율인 **범망경**에서 식용을 금지하셨다. 그런데도 선율사는 무슨 이유에서인지 이 부추를 상당히 좋아하셨던 모양이다.

어느 날 밤 율사께서 소피를 보러 밖으로 나갔다. 그런데 아뿔사! 그만 발을 헛디뎌 마루에서 마당으로 굴러떨어진 것이 아닌가.

260

"어이쿠!"

"아니. 스님 어디 다치신 데는 없습니까?"

스님이 정신을 차려보니 거대한 거인 하나가 자기 팔을 잡고 공손히 일으키는 것이 아닌가. 스님이 놀라 물었다.

"그대가 누구요?"

"저는 북방 비사문천왕의 아들 위대장군입니다. 스님의 호위무사로 근무 중입니다."

"뭐요?! 그렇다면 내가 떨어지지 않도록 했어야지 떨어지고 난 뒤에 뭐하는 거요?"

"죄송합니다. 하지만 스님은 부추를 많이 드셔서 제가 가까이 있을 수 없어 50리 밖에서 호위하다 보니 늦었습니다."

그러고는 연신 고개를 숙이며 용서해달라고 했다. 그때부터 선율사는 입적할 때까지 그렇게 좋아하던 오신채를 더 이상 입에 대지 않았다고 한다. **능엄경계환소**에 나오는 말씀이다.

❖

이 대목에서 원효 스님은 선신은 모시는 것이 아니라 데리고 있으라고 하셨다. 그렇게 하려면 선업을 지으면 된다. 선업을 행하면 선신은 자동적으로 나의 수호신이 되는 것이라고 말씀하신 것이다.

四大忽散 不保久住 今日夕矣 頗行朝哉

육신은 한순간에 흩어진다.

아무리 보호해도 오래 머물지 않는다.

벌써 저녁이 되었잖아.

수행을 하려면 아침부터 해왔어야 하는 것인데.

아침부터 시작하라

27

四大는 육신의 구성 요소다. 즉 地水火風을 말한다. 地는 땅 기운이다. 이것이 바로 뼈와 살을 만든다. 水는 물을 말하는데 몸 안의 흐름을 주도한다. 火는 심장을 중심으로 열기를 만들어내 음침과 탁습을 막는다. 風은 온몸의 신경계통을 뜻한다. 그러므로 생체를 살아 움직이게 한다. 이것들은 한시적으로 뭉쳐 있다. 어느 한쪽이라도 균형이 맞지 않으면 바로 병을 일으킨다. 그때 재빨리 기준을 잡아 주지 않으면 사대가 뒤틀려 죽게 된다.

사람들은 육신이 자기인 줄 안다. 이것은 자동차가 자신이라고 착각하는 것과 같다. 육신과 자동차는 똑같이 운송 수단이다. 자동차는 사람을 옮겨 나르고 육신은 마음을 실어 나른다. 돈이 많으면 좋은 자동차를 사고 복이 많으면 좋은 몸을 얻는다. 좋은 자동차를 사러 가면 자기처럼 돈 많은 사람들이 좋은 전시장에 모여든 것을 볼 수 있다. 그처럼 지은 복이 많은 사람끼리 모여드는 세계가 있다. 거기서 그 복에 알맞은 몸을 가질 수가 있다. 돈이 없으면 좋은 차를 사지 못하듯이 복이 없으면 좋은 몸을 가질 수가 없다.

　머리를 쓰면 돈을 번다. 학교에서는 머리를 써서 돈을 버는 방법을 가르친다. 누가 더 약삭빠르게 머리를 쓰느냐에 따라 출세가 보장된다. 출세하면 돈을 가진다. 그러면 육신이 호강을 누린다. 대신 가슴은 황폐해져 간다. 가슴을 쓰면 돈을 잃는다. 나보다 남을 먼저 생각해야 하기 때문이다. 전철을 탄다. 노약자가 내 앞으로 다가온다. 머리는 계산한다. 나도 돈을 내고 탔는데 왜 효도까지 강요받아야 하느냐 하면서 절대로 일어나지 말 것을 요구한다. 하지만 가슴은 다른 쪽으로 충동질한다. 힘없는 사람이니 자리를 양보하라고 들쑤신다. 이때 머리가 이기면 육신이 편안하다. 대신 마음은 불편하다. 가슴이 이기면 육신은 불편하지만 마음은 홀가분하다. 이처럼 둘은 따로 움직인다. 머리를 쓰면 인간 세상에서 재물을 가지지만 가슴은 메마르다. 가슴을 쓰면 물질은 손해를 보지만 마음은 따뜻하다.

　머리가 좋은 사람은 육신이 기름지다. 대신 가슴이 넉넉한 사람은 마음이 청량하다. 머리를 쓰는 사람이 배고플 때 먹을 것을 주면 눈에 보이는 것이 없다. 아무리 강아지가 애타게 쳐다봐도 그 눈길을 무시할 수 있다. 자기 혼자 싹 다 먹으면 배가 부르다. 가슴을 쓰면 한 입 안 떼어주고는 도저히 입으로 넘어가지 않는다. 머리를 쓰면 천지가 다 적이고 경쟁자다. 가슴을 쓰면 천지 생명들이 다 측은하기에 모두 다 나와 한 몸이 된다.

　머리를 쓰면 다음 세상에 지옥으로 간다. 푸줏간에 던져진 돼지고기처럼 죽음의 사자가 살찐 육신을 끌고 간다. 반대로 가슴을 쓰면 천당에 간다. 무겁고 거추장스러운 육신을 벗고 훌훌 하늘로 날아간다. 어떻게 할 것인가. 머리를 쓰든지 가슴을 쓰든지 선택권은 자기에게 있다. 하나는 苦로 나아가고 하나는 樂으로 나아간다.

학교는 머리 쓰는 법을 가르친다. 종교 수도원은 가슴을 쓰는 방법을 가르친다. 학교는 이익을 챙기라고 하고 수도원은 이익을 베풀라고 한다. 가르치는 방향이 완전히 다르다. 학교에서는 자신의 이익을 위해 공부를 하고 수도원에서는 타인의 이익을 위해 기도를 한다. 학교는 머리로 경쟁을 야기시키고 수도원은 가슴으로 포용을 제시한다. 머리를 쓰면 이익에 대해 대단히 논리적이 되고 가슴을 쓰면 세속적 손익 계산으로부터 벗어난다. 그러므로 머리를 쓰면 사람이 더없이 차가워지고 가슴을 쓰면 사람이 더없이 따뜻해지는 것이다.

머리를 쓰면 모든 생명들이 겁을 먹고 도망간다. 차가운 논리로 이익을 추구하기 때문에 사람들이 모두 겁을 먹는다. 대신 마음이 따뜻한 사람은 천지 생명들이 다 자기에게 다가온다. 안락한 가슴과 넉넉한 마음으로 그들을 끌어안기 때문이다. 타인과 타인 사이는 머리로써 대한다. 하지만 부모와 자식 간에는 가슴으로 응한다. 동성 간에는 머리를 쓴다. 하지만 이성 간에는 가슴을 쓴다. 동성 간에는 선물을 주면 상대방이 기뻐하고, 이성 간에는 주는 자기가 먼저 행복하다. 여기에 머리의 계산이 개입되면 연인 관계는 깨어진다.

이것이 바로 한 몸에 붙어 있는 두 가지 기능이고 두 가지 길이다. 이 한 몸속에 들어 있는 마음을 잘못 쓰면 악마가 되고 잘 쓰면 성인이 되는 것이다.

❖

사바티에 두 행상인이 있었다. 그들은 연배가 비슷하고 파는 물건도 거의 같았다. 하지만 성향은 완전히 반대였다. 한 사람은 현명하고 정직한 사람이었으며, 또 한 사람은 꾀가 많고 음흉한 사람이었다. 평소 하던 대로 그날도 그들은 장사할 물건을 가득 짊어지고 번화가를 나와 사람이 많이 살고 있는 주택가로 들어갔다. 그 주택가에는 아주 가난하게 살고 있는 할머니와 손녀가 있었다. 그들은 남의 집 허드렛일을 해주고 얼마간의 돈을 받아 연명하는 극빈층의 사람들이었다. 불행히도 며칠 전에 큰 비가 쏟아져 밖에 나가 일을 하지 못하다 보니 먹을 것이 떨어져 아침밥마저 굶고 있었다. 그때 마침 행상인의 목소리가 들려왔다.

"생활용품은 다 있어요. 간단하게 먹을 것도 팔아요. 고물도 바꾸어줍니다."

손녀는 배가 고파 조모에게 우리 집에 뭐 돈 될 것이 없느냐고 물었다. 조모는 그런 것은 아무것도 없다고 대답했다. 손녀는 뭔가를 찾아보라고 보챘다. 하지만 조모는 낡고 오래되어 허물어져 가는 집안에 땡전 한 닢과도 바꿀 수 있는 물건이 없다는 것을 잘 알고 있었다. 그때 손녀가 말했다.

"할머니. 마당에 굴러다니는 저 녹슬고 때 묻은 밥그릇이라

266

도 가져가려는지 한번 행상을 불러보시지요."

"저 밥그릇은 무겁고 더러워 아무런 값어치가 없는 것이란
다. 하지만 혹시 재수가 좋으면 몇 푼 쳐줄지 모르니 일단 불
러보자꾸나."

할머니의 부름에 행상인은 집안으로 들어와 까맣게 퇴색되고
찌그러진 밥그릇을 손에 들고 이리저리 살펴보았다. 그 옆에서 기가
죽은 할머니와 손녀가 행상인의 눈치를 살피며 말이 떨어지기를 숨
죽이며 기다리고 있었다.

"할머니. 물건을 주셔도 뭐 돈이 될 만한 물건을 갖고 오셔야
지. 이거야 원 참. 이 밥그릇은 아무리 잘 쳐줘도 다섯 푼도
안 됩니다. 그냥 갖고 가라고 해도 무거워서 안 가져갑니다."

"미안합니다. 우리가 밥을 못 먹어서 그렇습니다. 어떻게 조
금만 더 주시면 안 되겠습니까?"

"할머니. 이건 아주 형편없는 것입니다. 하지만 할머니와 아
이가 불쌍하니 내가 이 마을을 다 돌고 난 뒤 돌아오는 길에
돈이 좀 남아 있으면 한 몇 푼쯤 더 쳐드리겠습니다."

그러면서 그는 들고 있던 밥그릇을 내동댕이치듯 앞으로 턱 던
져버리고는 무정하게 일어나 나가버렸다. 사실 그는 그 밥그릇이 금
덩어리라는 것을 대번에 눈치챘다. 혹시나 하는 마음에 손톱으로 밑

부분을 긁어보고 더럽지만 이빨로 그릇테를 깨물어도 보았다. 틀림없는 금덩어리였다. 하지만 그는 사실대로 말하지 않았다. 사실대로 말하면 거금을 치러야 하지만 이런 식으로 처리하면 몇 푼 안 들이고도 간단히 자기 것으로 만들 수 있었기 때문이다. 또한 들고 다니면 무겁기 때문에 이왕 나선 걸음 조금이라도 더 돈을 벌기 위해 밥그릇을 거기다 안전하게 두고자 했던 것이다. 조손은 심히 절망했다. 얼마라도 얻어서 끼니를 때우려고 했는데 그것마저 이루지 못했으니 얼마나 마음이 아리고 슬펐겠는가. 그때 또 다른 행상인의 목소리가 바깥에서 들려왔다.

"모든 것 다 삽니다. 이런 것 저런 것 다 팝니다. 아무것이나 팔고 삽니다."

철없는 손녀는 그렇게 망신을 당하고도 또 할머니를 졸랐다.

"할머니. 또 다른 행상인이 왔네요. 혹시 누가 알아요. 이 행상인은 앞의 행상인보다 조금이라도 더 쳐줄는지. 한번 불러보시지요."
"애야. 무슨 봉변을 또 당하려고 행상을 불러들이라 하느냐. 그만두자. 아이야."
"할머니. 이번 행상은 뭔가 좀 다른 느낌이 와요. 목소리가 참 어질고 착하게 느껴져요. 그렇게 무례한 장사꾼은 아닌 것 같아요. 한번 불러봐요."

손녀의 성화에 못 이겨 할머니는 다시 길을 가던 행상인을 불러들였다. 그러고는 자기들의 사정을 간단히 말하면서 한쪽 구석에 던져져 처박힌 밥그릇을 들고 와 감정을 해달라고 부탁했다. 행상인은 밥그릇을 보기 전에 이렇게 말했다.

"설령 이 밥그릇이 아무 가치가 없다고 해도 할머니, 할머니와 손녀 따님의 양식은 얼마간 드리고 갈 것입니다. 그러니 너무 걱정하지 마십시오."

이 부드러운 말에 조손은 말할 수 없이 큰 위안을 받았다. 그리고 그 옆에 다시 쪼그리고 앉아 감정 결과를 애타게 기다렸다. 그런데 밥그릇을 세심하게 요리조리 돌려보고 긁어보던 행상인이 갑자기 손을 부르르 떨면서 벌떡 일어났다.

"할머니. 이거요. 이거. 금덩어리입니다. 이것은 금 밥그릇입니다."

조손은 순간 어안이 벙벙했다. 서로 꺼안고 얼굴을 비비면서 어찌할 바를 몰랐다. 그렇게 한없는 기쁨을 만끽하고 난 뒤 할머니는 조용히 행상인에게 말했다.

"이보시오. 젊은 양반. 이 금덩이는 당신 것이오. 우리는 이렇게 가난하게 살아도 이것이 금덩어리인 줄 몰랐소. 앞서 간 행상인도 이것이 무쇠 밥그릇이라고 했소. 이 금 밥그릇은 당신이 만든 것이오. 그러니 당신이 가지시오. 우리 것이라 해도 우리가 가질 복이 못 되는 것 같소. 당신의 복이오."

그러면서 한사코 가져가길 원하는 것이었다. 행상인은 끝까지 거절하다 어쩔 수 없이 제안을 받아들이기로 했다.

"할머니. 제가 가진 것을 다 드리겠습니다. 돈도 이 모든 물건도 다 드리리다. 단지 뱃삯이 필요하니 동전 일곱 개와 저울만 가지고 가겠습니다. 저는 어디 어디에 삽니다. 배가 고프시든지 뭔가가 필요하시면 언제나 저에게 오십시오. 평생을 제가 모시도록 하겠습니다."

조손은 그렇게 하겠다고 했다. 백번 감사의 인사를 하고 나온 행상인은 밥그릇을 들고 곧바로 강가로 뛰어갔다. 거기에는 마침 뱃사공이 노를 들고 있었다. 행상인은 소리쳤다.

"사공. 강을 건너는 데 6푼이지요. 내가 한 푼 더 드릴 테니 건너편에 실어다주시지요."

사공은 흔쾌히 대답했다.

"좋습니다."

배가 강 가운데에 이르자 그는 한숨을 돌렸다. 잘못하다가는 증오에 눈이 뒤집힌 다른 행상인에게 큰 화를 당할 수 있었기 때문이었다. 아니나 다를까 밥그릇을 집어던지고 간 앞의 상인은 계속해서 장사를 하다 혹시나 하는 마음에 바쁜 걸음으로 돌아와 그 집 앞에서서 할머니를 부르기 시작했다.

"할머니. 아까 장사꾼입니다. 쓸모없는 밥그릇이지만 할머니와 아이를 위해서 제가 헐값에라도 사겠습니다. 조금 전에 다섯 푼 정도라고 했는데 열 푼을 쳐드리겠습니다."

할머니는 정색을 하며 말했다.

"젊은 양반. 그 밥그릇은 금 밥그릇이랍니다. 다른 젊은 상인이 이미 제값을 주고 사 가고 없어요. 한발 늦었어요."
"뭐라꼬요?! 그건 내가 찜해놓은 밥그릇인데, 그 상인이 어디로 갔어요?"
"강가로 갔어요."

그는 바로 등짐을 벗어던지고 강가로 달음박질했다. 그때 앞선 상인은 이미 강 가운데를 넘어가고 있었다. 그는 고래고래 소리쳤다.

"그건 내 밥그릇이야 이 사기꾼아. 사공 돌아와 줘요. 그 놈 은 도둑놈이야"
"사공. 저 말 듣지 마시오. 우리는 우리 갈 길로만 갑시다."

점점 배가 건너편으로 사라져가는 모습을 보던 상인은 분노가 치밀어 올라와 어쩔 줄 몰라 했다. 드디어 그는 자기 머리를 때리고 입은 옷을 찢으면서 울부짖었다.

"두고보자. 절대 가만두지 않겠다. 세세생생 너를 죽도록 괴 롭히겠다."

가슴을 쓴 착한 상인은 사바티에 돌아와서 그 금 밥그릇을 밑천 으로 삼아 크게 장사를 했다. 그래서 수많은 사람들을 먹여 살리고 모든 사람들에게 무한의 감사와 칭송을 들었다. 반면에 머리를 쓴 또 다른 상인은 그의 점포 앞에 진을 치고 언제나 그와 같은 물건들 을 헐값으로 덤핑하거나 짝퉁을 만들어 그의 무역을 방해하는 삶을 살았다. 이 둘은 결국 그때부터 원한이 쌓여 후일 성자 중의 성자 부 처님과 마왕 중의 마왕 파순 제바달다로 만나 선과 악의 결과가 어 떤 것인지를 사람들에게 정확히 보여주었다.

사람들은 밤새도록 머리 쓰는 법으로 세상을 안락하게 만드는 기획을 짠다. 전혀 불가능한 일이다. 머리를 쓰는 기획안은 그 어떤 방법을 제시하든 절대로 안락하거나 평화로울 수 없다. 그 끝자락은 중생으로서 비참한 죽음에 가 닿도록 만들 뿐이다. 그럼에도 불구하고 어리석은 사람은 끝까지 머리를 쓰려 한다. 반면에 지혜로운 사람은 어떻게든 가슴을 쓰려고 한다. 어리석은 사람은 마음을 도구로 삼아 육신을 모시고, 지혜로운 자는 육신을 도구로 삼아 가슴을 살리려고 한다. 그래서 전자의 사람들은 무지와 죄업을 쌓아가고 후자의 사람들은 지혜와 복덕을 짓게 되는 것이다.

이 대목에서 원효 스님은 해야 할 일은 아침부터 마땅히 서둘러야 되듯이 가슴을 써서 복덕과 지혜를 짓는 일에는 조금도 방일하는 일이 없어야 할 것이라고 신신당부하시고 있다.

273

世樂後苦 何貪着哉

세상의 즐거움 뒤에는 고통이 따라오는데
어떻게 세상의 즐거움에 탐착하겠는가.

세상은 고통이다

28

세상의 즐거움은 연속성이 없다. 인간에게 주어진 자연적인 쾌락의 궁극은 이성 간의 교접시에 행해지는 사정의 순간이다. 이 한순간의 쾌락 때문에 인간은 평생 동안 쓰디쓴 책임을 져야 한다. 인간에게 주어지는 즐거움과 쾌락은 반드시 그에 상응하는 부피만큼 고통스럽고 괴로운 대가를 요구한다.

한자로 아들 子 자와 비슷하게 생긴 글자가 두 개 있다. 하나는 孑 자고 하나는 孓 자다. 앞의 것은 장구벌레 혈 자고 뒤의 것은 고단할 혈 자다. 앞 글자는 아들 子 자에 왼쪽이 없다 보니 좀 모자라는 아들이라는 뜻으로 만들어졌다. 이런 아들은 일생 동안 속을 썩인다. 정말 부모의 고혈을 짜낸다. 그래서 뜻이 장구벌레 혈 자다. 장구벌레는 모기의 유충이다. 성장하면 모기가 된다. 성장해서 부모의 피와 살을 빨아먹게 된다. 자식 복이 없어서 이런 자식을 만나는 날에는 평생 땅을 치는 한탄이 그치질 않는다.

뒤의 글자 孓은 아들은 아들인데 생긴 것이 비뚤어진 모습을 하고 있다. 바르지 못하고 엇나간 자식을 가진 부모는 정신적으로 정말 고단하다. 그래서 이 글자가 만들어졌다. 이런 자식 역시 복 없는 부모에게서 태어나 평생토록 부모 애를 먹인다. 그래서 일생 동안 눈물이 마를 날이 없다. 이 두 글자는 모두 생리학적으로 인간이 느낄 수 있는 절정의 기쁨 뒤에 나타난 결과물이다. 그러므로 둘 다 부모가 책임져야 한다.

그 외의 조그만 즐거움은 또 그에 맞는 조금의 고통을 수반한다. 한 끼의 따뜻한 밥을 먹기 위해 힘든 농사를 짓고 지겹게 직장에 다닌다. 그러고는 화장실에 가서 배설한다. 그렇게 하루하루 반복되는 삶을 사람들은 그냥 인생살이라고 한다. 이런 삶은 참 영양가 없는 일상이다. 이것은 본능적 생존에 그칠 뿐이다.

썩은 고기를 잘 먹는 자칼 부부가 있었다. 종일 굶어가며 먹잇감을 찾았지만 별 소득이 없었다. 굶주린 배를 등에 붙이고 흐느적거리며 집으로 돌아가는데 죽은 지 얼마 되지 않은 거대한 코끼리 사체 하나가 눈에 들어왔다. 그들은 허겁지겁 게걸스럽게 맘껏 포식을 했다. 하지만 그곳을 떠날 수 없었다. 그냥 두고 가면 누가 와서 차지할까 봐 집으로 돌아갈 수가 없었다. 자칼 부부는 그 사체 속에서 뜬 눈으로 밤을 지새우고 새벽같이 쫓아가 배고픈 식구들을 데리고 돌아왔다. 그때부터 자칼 식구들은 행복한 나날을 보내게 되었다. 비가 오거나 뙤약볕이 쏟아지거나 상관없이 그들은 그늘진 코끼리 몸속에서 마음껏 먹고 단잠을 자며 장난을 치고 사랑하면서 세월 가는 줄 모르고 기쁨에 젖어 있었다. 그들이 그 속에서 더없이 행복해

할 때 코끼리 가죽은 점점 말라가고 있었다.

초식 동물의 가죽은 일단 마르기 시작하면 무엇보다도 질기고 딱딱하게 변해간다. 이런 긴급한 상황인데도 그들은 순간의 행복에 겨워 바깥 상황을 전혀 눈치채지 못하고 있었다. 마침내 사체 안에 들어 있는 내용물을 다 파먹고 살이 통통하게 찐 가족들이 바깥으로 나오려고 했을 때, 그들은 그때서야 뭔가 크게 잘못되었다는 것을 깨달았다. 가죽이 굳어서 그들을 가두어버린 것이다. 불행히도 그들의 이빨과 버둥거림으로는 결코 밖으로 탈출할 수가 없었다. 결국 자칼 가족은 부모의 무지와 안일 때문에 그곳에서 모두 굶어죽는 비극을 맞이했다. 인간들은 결과적으로 이렇게 전 가족이 죽어가는 행복을 원하고 있다.

행복은 바로 즐거움이다. 즐거움으로 인해 행복해지기 때문이다. 그러므로 행복할 때 조심해야 하는데 인간들은 그렇지 않다. 대체적으로 인간의 즐거움은 상대적인 행위에서 온다. 상대는 외적 조건을 말하고 행위는 육체적인 움직임을 말한다. 이런 즐거움은 바로 고통을 대동한다. 상대가 언제나 나의 입맛에 맞게 움직여줄 이유가 없기 때문이다. 그러므로 한 단계 더 높은 행복을 원한다면 상대를 떠난 정적인 즐거움을 찾아야 한다. 시를 쓰거나 음악을 듣거나 아니면 명상을 하는 것 등이 대표적인 예들이다. 이런 것들은 모두 내면의 정화에 의해 독자적인 즐거움을 누리는 행위이기 때문이다. 하지만 이런 즐거움 역시 죽음의 숙명으로부터 벗어날 수 없다.

사실 따지고 보면 인간에게 행복이라는 것은 없다. 행복이라고 여길 때 벌써 불행의 조짐은 시작된다. 그래서 주어진 행복을 즐기면 여기서 죽는다. 죽지 않으려 하는 자는 행복을 즐기는 그 시간에 계속 선업을 지어 여기를 탈출해야 한다. 그렇지 않으면 자칼 가족과 같은 불행한 꼴을 당하게 된다.

오늘 내가 받아야 할 즐거움을 뒤로 미루면 그 즐거움은 배로 다가온다. 지금보다 더 큰 즐거움을 원한다면 지금의 즐거움을 투자해야 한다. 그것을 다 써버리면 다음 행복을 만들어내는 데 너무 많은 고통이 뒤따른다. 행복을 느끼는 시간은 짧다. 하지만 행복을 만드는 시간은 너무 길다. 그 행복을 수용하지 않으면 그대로 있는다. 내가 정당하게 만들어놓은 행복은 내가 그것을 수용하지 않는 한 그 누구도 훔쳐가지 못한 상태로 자연계에 온전히 남아 있다.

자식의 행복을 위해 공부하라고 들들 볶아대는 부모는 진정한 가족의 행복을 위해 지금 무엇을 하고 있는지 한번 생각해봐야 할 것이다. 어리석은 자칼 부부처럼 자식들을 데리고 거대한 코끼리 뱃속으로 들어가 행복해하는 어리석음을 범하지 말아야 것이다.

❖

인간은 정신적으로 뭔가 향상되는 삶을 살아야 한다. 성냥갑 같은 아파트나 게딱지 같은 주택에 둥지를 틀고 일평생 아이들 먹여 살리는 것으로 행복을 말한다면 자칼 부부와 뭣이 다르단 말인가. 건물은 하루하루 높게 올라가는데 인간들의 의식 구조는 매일매일 떨어지는 것 같다. 어떻게 된 심판인지 과거보다 더 저열하고 더 저급한 사람들이 너무 많은 요즈음이다. 엘리베이터가 사람들을 위로 올려주듯이 사람에게도 엘리베이터가 작동해서 그들의 의식 구조를 업그레이드시키는 변혁이 일어나야 한다.

동물은 생각이 없다. 그들은 감각에 충실하다. 전 5식을 가지고 즉흥적 감정에 의해 움직인다. 그래서 동물은 슬플 때 울 줄만 안다. 그들은 낄낄대며 웃지 않는다. 인간은 아주 다양하게 울고 웃는다. 의식인 6식을 쓰기 때문이다. 의식은 머리로 함수와 인과관계를 인식한다. 그래서 산수를 하고 상상을 한다. 고로 만물의 영장이라고 한다. 웃기는 소리다. 만물이 아니라 분명 인간까지다. 인간 위에 또 다른 누가 우리를 유심히 내려다보고 있다.

아이들에게는 수염이 없다. 2차 성장을 해야 수염이 난다. 보통의 인간은 여기서 성장을 멈추고 삶에 시들어서 죽어버린다. 3차 성장을 하면 물 위를 날고 하늘을 유영하는 아라한이 되고, 4차 성장을 하면 보살이 된다. 그 위 5차 성장을 하면 부처가 된다. 이처럼 인간은 계속해서 성장해야 하는 입장에 있다. 이 세상에 의식을 가진 인간으로 태어나 죄업의 굴레를 벗고 어느 정도까지 자신을 성장시키느냐 하는 것은 전적으로 자신의 의지여하에 달려 있다.

7식과 6식의 능력 차이는 진실로 어마어마하다. 인간은 신통술이 없다. 그런데 7식을 쓰면 적게는 세 가지 많게는 다섯 가지 신통을 부린다. 인간 위에 아라한이 있고 대승 삼현보살이 있다. 아라한은 삼신통을 갖추고 삼현보살은 오신통을 부린다. 삼신통은 신족통과 천안통과 천이통이다. 신족통은 축지법인데 천리를 한걸음으로 축소시켜버리는 능력이다. 천안통은 거리에 관계없이 정밀하게 전부를 세세하게 다 보는 것을 말하고, 천이통은 장벽에 관계없이 무슨 소리든 다 듣는 능력을 말한다. 이로 인해 그들은 거래의 장애와 공간의 부피를 초월한다. 삼현보살은 여기에 두 가지를 더 보탠다. 그것은 타심통과 숙명통이다. 타심통은 타인의 마음을 정확히 꿰뚫어 보는 것을 말하고, 숙명통은 거미줄같이 얽혀 있는 과거의 인과 관계를 손금 보듯이 모두 다 통달해 아는 능력을 말한다. 이런 분들은 7식을 쓴다.

그 위에 벽지불이 있다. 이분은 대승에서 흔히 독성이나 나반존자로 불린다. 또는 홀로 깨달았다고 해서 독각이라고도 한다. 이분도 다섯 가지 신통술을 부린다. 뿐만 아니라 풍운조화까지 부린다. 그러면서 도교의 신선처럼 사바세계를 무대로 임운유수의 삶을 산다. 특이한 점은 이분은 중생들의 교화에 전혀 관심이 없다. 다른 말로 하면 중생들의 삶에 조금도 관여하지 않고 혼자만의 법열을 즐긴다. 그래서 부처님이 이런 자들을 침묵의 부처라고 말씀하셨다.

그 위에 10지보살이 있다. 이분들은 마음의 근원인 8식을 쓴다. 그리고 여섯 가지 신통술을 부린다. 다섯 가지에다 번뇌를 일으키는 마음까지 조종하는 초능력을 갖고 있다. 이것이 바로 누진통이다. 이 보살들은 네 가지 언변술과 육신통, 그리고 색자재에 심자재를 한다. 색자재라는 말은 자기의 분신을 숫자에 관계없이 허공계에 만들어내는 능력을 말한다. 마음대로 죽고 마음대로 살고를 제멋대로 하는 분들이다. 관세음보살, 문수보살 같은 분들이 이 범주에 속해 있다.

그 다음이 부처다. 부처는 인식의 세계로부터 완전히 벗어난 분이시다. 그분은 식을 가지고 있지 않다. 식은 어떤 것을 인지하는 능력을 말하는데 부처는 어떤 부분을 인지하고 말고를 하지 않는다. 부처는 전체다. 전체는 하나이기 때문에 부분으로 그분을 재단할 수 없다. 허공은 전체이면서도 하나다. 그래서 그분은 모든 것에서 자유로운 분이시고 해탈하신 분이다. 그분은 육신통이 아니라 무량한 신통력을 다 갖추고 있다. 그래서 **화엄경**에서 그분은 신통을 얻어 허공뿐만 아니라 모든 것에 자유자재하다고 하신 것이다.

부처님은 그런 능력으로 중생을 구제하신다. **법화경**에서는 그분을 중생의 아버지라고 하시면서, 그분만이 고통받는 일체중생을 안락의 세계로 이끌어가신다고 하셨다. 또 **화엄경**에서는 중생들의 고통을 뽑아주는 훌륭한 의사라고 하셨다. **해우경**에서는 감로의 법으로 가없는 고해를 건너 열반을 얻도록 해주시는 분이시기에 신심을 다 바쳐 부처님께 정례하나이다라고 하셨다.

존나성취의궤경에서는 부처님의 가르침은 진실하셔서 중생들이 모두 고통의 고리를 끊고 열반에 들어가도록 하오십니다라고 경배하는 이유를 밝히셨다. 이런 분이기 때문에 **범천신책경**에서는 어리석어서 부처님의 가르침을 믿지 않는 자들은 방종의 무리들이다. 그들은 생사의 두려움이 없는 자들이다. 결국 그들은 부처님을 멀리해 온갖 고통과 괴로움으로 생사의 재앙 속에 살아갈 수밖에 없다고 말씀하신 것이다.

5식을 써서 집을 지으면 정말 볼품이 없다. 어떤 생명체든 간에 다 자기 집을 짓는다. 물속에 사는 물고기도 집을 짓고 진흙에 사는 망둥이도 집을 짓고 방게도 집을 짓는다. 뭍으로 올라오면 개미도 집을 짓고 벌레도 집을 지으며 곤충들도 집을 짓는다. 더 나아가 하늘의 조류들도 집을 짓고 수풀 속의 짐승들도 다 집을 짓고 산다. 다 그들 나름대로 살기 위해 집을 짓는다. 하지만 그들이 지은 집을 보면 성글고 엉성해서 진짜 볼품이 없다.

그 위에 6식을 쓰는 인간이 있다. 인간도 집을 짓는다. 고급 아파트부터 고층 빌딩까지 다 인간들이 지은 건물들이다. 여기서 5식을 가진 동물과 6식을 가진 인간이 지은 집을 한번 비교해보면 5식과 6식의 능력 차이가 얼마나 크게 벌어지는지 대번에 알 수가 있다. 그렇다면 6식을 가진 인간이 만든 세상의 모든 구조물들이 7식을 가진 분들에게 어떻게 보이겠는가를 같은 기준으로 비교해보면 대단히 재미있어 질 것이다. 그야말로 조악하고 형편없는 잡동사니들의 군상일 것이다.

인간들은 7식을 가진 분들의 세계를 엿볼 수 없다. 그것은 마치 동물들이 인간 세상을 상상해볼 수 없는 것과 마찬가지다. 그러므로 아무리 그 세계에 대해 설명해주어도 속 좁은 인간들은 쉽게 인정하려 하지 않는다. 하물며 7식을 뛰어넘고 8식을 넘어버린 부처의 세계야 뭐 말할 것이 있겠는가.

5식을 쓰면 동물 몸 하나는 근근이 챙긴다. 6식의 머리를 굴리면 자기 가족 정도는 겨우 먹여 살린다. 7식인 가슴을 쓰면 인간 세상 전체가 하나의 식구로 보이고, 8식을 쓰면 동식물 중생계 모두가 다 하나의 가족으로 보인다. 그러다가 부처가 되면 온 허공계가 자기의 몸이 되어버리는 것이다. 부처는 전 우주 중생계를 보듬는다. 그래서 **화엄경**에서 중생세계는 먼지 가루만큼이나 많고도 많다 하셨고, 부처는 도저히 설명할 길이 없이 많고도 많은 그 세계의 중생들 마음을 모두 다 알고 계신다고 하신 것이다.

중생들은 그렇게 대단한 부처님이라면 왜 나에게 나타나주지 않느냐고 의아해한다. 기신론에서 마명보살은 중생들이 부처를 볼 바탕을 갖추고 있지 않기 때문이라고 하셨다. 그것은 꼭 거울과도 같다. 거울에 때가 잔뜩 끼어 있으면 바깥에 아름다운 사물이 있어도 비추질 못한다. 그처럼 중생은 마음에 죄업의 때가 잔뜩 쌓여 있기 때문에 부처를 보지 못한다고 하신 것이다.

또 **섭대성론**에서 무착보살은 부처님은 중생세계에 언제나 계신다. 그런데도 중생들이 보지 못하는 것은 깨어진 그릇에 하늘의 달이 담기지 못하는 것과 같다. 하늘의 달은 어떤 그릇의 물에도 모두 반영한다. 하지만 물이 없는 그릇에는 나타나고 싶어도 나타날 수가 없다. 중생들의 마음은 모두 깨어져 있다. 그러므로 그곳에 복이 담겨져 있지 않다. 그 결과로 복 없는 중생들에게는 부처가 나타날 수가 없다고 하셨다.

원효성사는 **보살계본지범요기**에서 중생이 부처를 보지 못해 자비를 받아들이지 못하는 이유는 세 가지가 있다 하시면서 그 문제들을 아주 자세하게 짚어놓으셨다. 경전에서도 중생들이 부처를 보지 못하는 이유를 설명해놓으셨다. 먼저 **심지관경** 말씀이다. 햇빛이 천지에 고르게 내리쬐어도 구름이 가리어지는 곳에서는 햇빛을 볼 수가 없다. 중생이 춥고 어둡고 암울한 상태에 처해 있지만 태양빛과도 같은 부처의 자비를 가리고 있는 자기들의 죄업을 걷어내지 못하면 결코 부처를 보지 못한다고 하셨다. **출요경**의 말씀은 보다 직설적이다. 천지가 광명으로 해서 더없이 밝다고 해도 봉사에게는 아무것도 보이지 않는다. 그들은 눈을 먼저 떠야 한다. 눈을 감고서는 천지의 밝음을 볼 수가 없듯이 어리석은 자는 부처가 눈에 보이지 않는다고 하셨다.

이처럼 모든 경전과 논서는 척박한 중생세계에 부처가 나타나지 않는 이유는 자기 자신에게 문제가 있어서이지 부처에게 문제가 있지 않다는 것을 상세하게 설명하고 있다. 다이아몬드가 없는 곳이 없지만 돈 없는 사람에게는 그림의 떡이다. 아예 거기에 관심조차 없다. 그것이 없어도 그들은 자기들 나름대로 잘 먹고 잘산다. 하지만 돈 있는 사람들은 다이아반지를 목에도 걸고 손가락에도 낀다. 그리고 부드러운 옷을 입고 화려한 식당에서 최고의 문화를 즐긴다.

마찬가지로 부처는 천지에 가득히 중생들의 장엄을 위해 움직이고 있지만 복 없는 자들은 그 부처들의 행업을 수용하지 못한다. 수용하기만 하면 엄청난 가피와 자비를 누려 더없는 기쁨을 누리지만 수많은 중생들은 그런 부처님의 행업을 받아들이지 못한다. 그냥 자기 그릇만큼 울다가 웃다가 지쳐가면서 그렇게 산다. 부처님이 도와주려 해도 그들은 부처님의 도움 없이 그들 수준대로 하루하루를 힘들게 살아간다. 그것이 운명인 것처럼 제 발로 죽음의 문턱으로 꾸역꾸역 다가가고 있는 것이다.

❖

여기서 원효 스님은 인간들이 어떻게 살든 그 결과는 반드시 고통으로 나타난다는 것을 강조하시고 있다. 마치 모든 강물은 바다에 연결되어 있는 것처럼 세상의 낙은 모두 다 고통에 뿌리를 내리고 있다는 것을 재차 말씀하시고 있는 것이다.

一忍長樂 何不修哉

한 번만 참으면 긴 즐거움을 얻는데 어떻게 닦지 않겠는가.

한 번만 참아라

29

공장 가서 미싱 할래 대학 가서 미팅 할래라는 고 3반의 반훈 때문에 사회적으로 이슈가 된 적이 있다. 이런 표어는 보이지 않은 미래를 제시해서 아이들에게 공부의 당위성을 준다. 하지만 그렇게 말하는 자기들은 내생을 믿지 않는다. 똑같은 미래인데 왜 아이들은 미래를 믿고 공부해야 하고 자기들은 왜 미래를 믿지도 않고 복도 짓지 않는가.

공부하지 않으면 육신의 노동으로 살아야 한다. 그래서 머리를 쓰기 위해 공부를 한다. 이제 머리 쓰는 사람에게 묻는다. 머리보다 한 수 위가 가슴이라는 것을 현명한 사람들은 모두 다 안다. 그런데 당신들은 왜 가슴을 쓰는 방법은 배우려 하지 않는가.

불교의 모든 수행은 복과 덕을 기본으로 한다. 복은 자기에게서 나오고 덕은 타인에게서 나온다. 이 두 가지가 바탕이 되지 않으면 부처님의 말씀이 가슴에 들어오지 않고 두 발이 수행으로 나가지 않는다. 설사 수행으로 나간다 해도 사도에 빠진다. 불교의 가장 중요한 부분이 바로 이 부분이다. 이처럼 복덕은 자타에게서 나오는데 사람들

287

은 이것이 부처님 속에서 나오는 줄 알고 어리석게 빌고만 앉아 있다.

불교가 어렵다는 것은 무엇보다도 자기가 직접 복덕을 만들어 내야 하는 고충을 안고 있기 때문이다. 하지만 농사도 사시사철 뼈가 빠지게 고생해야 겨우 일 년을 먹고 사는데, 생사의 고리를 끊으려 하면서도 이 정도 고난과 역경에 겁을 먹고 주저앉는다면 무슨 낯으로 거울 속에 비쳐지는 자신의 민모습을 바라볼 수 있단 말인가. 심히 부끄러운 일이다.

❖

어느 비구가 길을 가다가 예상치 못하게 도둑을 만났다. 도둑은 가진 것 다 내어놓으라고 겁박했다. 비구는 아무것도 가진 게 없다고 했다. 화가 난 도둑은 그가 걸치고 있던 가사와 밥그릇을 빼앗았다. 그래도 비구는 화를 내지 않았다. 그 비구는 인욕수행을 하고 있는 중이었다. 차라리 수억만 개의 탐심을 일으킬지언정 하나의 노여움을 일으키지 말라고 하신 **결정비니경**을 따르고 있었기 때문이다.

비구는 속절없이 그들의 막행을 받아들일 수밖에 없었다. 그들은 아무것도 가진 게 없는 스님을 이리저리 할 일 없이 욕보이다가 거칠고 긴 칡넝쿨에다 묶어놓고 떠나버렸다. 비구는 그렇게 있었다. 그가 움직이면 묶인 넝쿨들이 끊어져 아플 것 같아서 배고픔과 따가운 햇살을 견디며 고통스럽게 버티고 있었다.

그때 그곳을 지나가던 군대 행렬이 있었다. 말을 탄 왕이 기세 늠름하게 선두에 서고 그 뒤를 따라 수많은 병사들이 창칼을 번뜩이며 따라오고 있었다. 일사불란한 대열을 지어 행진하는 위세가 무적의 강병들로 보였다. 그들은 힘없는 이웃나라가 공물을 제대로 바치지 않는다고 그들을 정복하기 위해 출정한 대병력이었다. 그런 왕이 이 우스꽝스런 광경을 보았다. 한 사람의 수행자가 발가벗고 풀줄기와 칡넝쿨에 묶여 있는 모습이 너무나 우스워서 한참을 껄껄 웃다가 하도 기이한 일이라 여겨 그 연유를 물었다. 비구는 말했다.

"풀과 넝쿨이 다칠까 싶어서 바로 일어나지 못했습니다."

자초지종을 듣고 왕은 가슴이 뜨끔해지는 큰 감동을 받았다. 그는 머뭇거렸다. 한 스님은 식물인 수목도 해치지 않으려고 저런 고생을 사서 하는데, 나는 이게 무엇하는 짓인가 하는 고뇌에 빠졌다. 결국 그는 모든 병사들에게 회군 명령을 내리고 불교에 깊이 귀의하여 성군이 되었다.

❖

또 하나의 예가 있다. 왕족이 지정한 보석상이 있었다. 거기는 왕들과 대신들이 주 고객이었다. 어느 날 세공사가 왕이 주문한 붉은 보석을 갈고 있었다. 때마침 그때 어느 한 스님이 탁발을 나와 그 보석상에 들어왔다. 세공사는 본체만체 하면서 열심히 보석만을 갈았다. 염불을 하던 스님도 점점 빛이 더해가는 보석을 신기한 듯 바라다보고 있었다. 그 옆에는 거위 한 마리가 한가로이 노닐고 있을 뿐 사람이라고는 아무도 없었다. 어느 정도 시간이 흘러 세공사가 화장실을 가려는 듯 자리에서 일어나 뒤뜰로 사라졌다.

그런데 그때 오잉! 세상에! 주위를 배회하던 거위가 그 빛나는 보석을 먹이로 착각해 그냥 한입에 꿀꺽 삼켜버리는 것이 아닌가. 너무 황당해서 어안이 벙벙해 있는데 세공사가 볼일이 끝났는지 뒤뜰에서 돌아와 제자리에 앉았다. 그러고는 갈고 있던 보석을 찾아보니 감쪽같이 사라진 것이 아닌가. 그 자리에 넋을 잃고 있던 스님께 물었지만 스님은 고개를 절레절레 흔들면서 모르는 일이라고 했다. 어쩔 수 없이 세공사는 주인을 불렀다. 주인은 의심할 여지없이 스님을 범인으로 몰아세웠다. 스님이 실토를 하지 않자 그는 몽둥이를 들고 사정없이 스님을 구타했다. 임금의 주문인데 어떻게 그 보석을 감히 훔칠 수 있느냐 하면서 무지막지하게 폭행을 가했다.

스님은 **육바라밀경**의 말씀을 되뇌었다. 참자 참자. 부처님이 말씀하셨다. 비구들아. 인욕하기는 쉽지 않다. 누가 나에게 칭찬하고 헐뜯을 때는 어디서 산울림이 들리는 것 같이 침착하라. 누가 너를 때릴 때는 네 몸이 거울에 들어 있는 영상과도 같다고 생각하라. 누가 너를 모함해 성질이 일어날 때에는 네 몸은 원래 공한 것이라고 생각하라. 그리고 교만이 일어날 때는 네 본성에 아는 것은 아무것도 없다고 생각하라. 그리고 공포를 느낄 때에는 네 본성에 원래 두려움 같은 것은 없는 것이라고 생각하라고 하시지 않으셨던가.

스님의 몸에서는 피가 흐르고 뼈가 부서지는 소리가 들렸다. 그때 자비가 감천을 했는지 주위를 맴돌던 거위가 더 이상 그 광경을 보다 못해 주인의 다리를 물고 늘어졌다. 주인은 화가 머리끝까지 나 있던 상태였기에 그대로 거위를 걷어차버렸다. 거위는 큰 비명을 지르며 그대로 즉사했다. 거위가 죽었다는 것을 안 스님은 그때서야 말했다. 저 거위가 보석을 먹었다고 했다. 주인은 믿지 않았다. 어떻게 거위가 보석을 먹을 수 있느냐며 말도 안 되는 소리 하지 말라고 고함쳤다. 스님은 피를 토하며 거위의 배를 갈라보면 될 것이 아닌가 하면서 소리쳐 제안했다. 몽둥이를 들고 씩씩대던 주인은 두고 보라며 거위의 배를 가르기 시작했다. 결국 보석을 찾은 주인은 도대체 왜 처음부터 거위가 먹었다고 말을 하지 않았느냐며 원망조로 물었다.

스님은 말했다. 내가 처음부터 그렇게 말했다면 당신은 거위를 바로 죽였을 것이 아닌가. 하루만 내가 어떻게든 참으면 거위가 똥을 누고 그러면 보석을 찾을 수 있었을 것이다. 나는 거위를 살리기 위해서 말을 하지 않았을 뿐이라고 했다. 주인은 스님의 자비에 감동했다. 그러고는 불교에 귀의하여 평생 동안 오계를 지키면서 선업의 수행을 했다.

✤

원효 스님은 인욕으로 세속적인 즐거움을 누르지 못하면 결코 생사를 벗어나는 기틀을 마련하지 못한다는 말씀을 하시고자 한 것이다. **아함경**에서 수행자는 인욕의 갑옷을 입으라고 하신 말씀을 이런 글귀로 옮겨주신 것이다.

道人貪是行者羞恥 出家富是君子所笑

도를 닦는 사람이 명예를 탐한다면 이거야말로 수행자의 수치요
출가한 사람이 부자로 산다는 것이야말로 군자의 웃음거리다.

탐욕을 버려라

30

부처님이 얼마나 스님들의 사유물을 경계하셨는지 이런 일화가 있다. 쿨라사리라는 비구가 있었다. 그는 출가하기 전에 의사로 생활했다. 그는 남들이 갖지 못한 의술을 지니고 있다는 데 대단한 오만과 자부심을 가지고 있었다. 그래서 사람들이 아파서 찾아오면 기분 여하에 따라 그들을 치료해주었다. 빈부와 남녀노소에 관계없이 자비스런 마음으로 환자를 살피는 것이 아니라 사람에 따라 분별하고 수행을 핑계로 까탈을 부리며 온갖 거만을 떨면서 진료에 임했다.

그뿐만이 아니라 어떤 때는 치료비라는 명목으로 돈을 요구하기도 하고, 어떤 때는 치료해줄 테니 맛있는 먹거리를 직접 구해오라고 한 적도 있었다. 이런저런 안 좋은 소문이 제타바나에 계시는 부처님께 들어가게 되었다. 사리불이 소문의 진상을 살펴보러 나왔다가 길거리에서 그 비구를 우연히 만나게 되었다. 마침 그는 돈을 받고 왕진을 나왔다가 돌아가는 길이었는데 손에는 진료의 대가로 받은 망고 몇 개가 들려 있었다. 사리불이 먼저 물었다.

"비구여. 손에 든 것이 무엇인가?"

"망고입니다. 왕진을 갔더니 환자가 이 망고를 주었습니다. 한 개를 드리리까?"

"아니오."

"그렇다면 세 개인데 두 개를 드리리까?"

"나는 개수에 관심이 없습니다."

사리불이 말한 것은 망고 과일이 아니었다. 하나는 사사롭게 먹을 것을 챙긴 것이고, 둘째는 수행자가 품위 없이 먹을 것을 손에 들고 다니는 것을 지적했던 것이다. 비구는 그것도 모르고 총총히 사라지는 사리불을 보고 왜 그럴까 하면서 그저 고개만 갸우뚱거렸다.

며칠 후 비구는 부처님께 불려갔다. 부처님은 이렇게 말씀하셨다. 비구여. 너는 참 부끄러움이 없다. 말과 행동, 그리고 생각이 바르지 못한 것이 오만한 까마귀와도 같다. 비구는 전적으로 수행만 하는 것이다. 세속의 의술을 쓰는 것은 계법을 어기는 것이다. 어떻게 하면 재물을 쌓아두고 편안한 생활을 할까 생각하는 것은 대단히 수치스러운 일이다라고 하시면서 그에게 게송을 하나 남겨주셨다.

부끄러워할 줄 아는 것은 힘든 삶이다.
명예와 이익을 버려 순수하고
애착이 없고 겸손하고 깨끗한 삶을 살면
생활은 어렵다.

하지만 깨끗한 생활이다.

수치는 창피하고 부끄러움을 말한다. 이 감정보다 더 강력한 언어가 참괴다. 참이라는 말은 사람에게 부끄러움을 느끼는 것이고, 괴라는 말은 파란 하늘에 부끄러움을 느끼는 것이라고 **열반경**에서는 말씀하셨다. 이것이 없으면 사람이라기보다 축생이라고 부르는 것이 낫다고까지 말씀하셨다. 그래서 **심지관경**에서는 참괴하는 마음으로 더러운 죄업을 씻어내면 몸과 마음이 청정한 그릇이 된다고 말씀하셨다. 또 **성유식론**에서는 참은 하늘에 부끄러운 것이고, 괴는 인간에게 부끄러움이라고 했다. 어쨌거나 몸 둘 바를 모를 정도로 창피함을 느낀다는 뜻으로 이 참괴라는 말을 쓴다.

참괴의 극점은 내가 지금 중생으로 살아가고 있다는 불편한 진실을 깨닫는 데 있다. 즉 내가 왜 내 부처를 중생으로 만들어 온갖 고통과 고초를 주고 있어야 하나라는 자책감에서부터 나온다. 이런 마음이 일어나지 않으면 발심이 되지 않는다. 도대체 이 삶이 뭐하는 짓인가 하는 한탄스러움이 극한에 이를 때, 이건 아니다 돌아가자는 비장함이 나오는 것이다. 중생의 삶이 더없이 어리석고 허황하고 무상한 것들로 이루어져 있다는 것을 절실히 느낄 때 그 반대 방향으로 유턴할 수 있는 원동력이 강하게 나오는 것이다.

그래서 **법집요송경**에서 참괴하는 마음이 있다면 지혜를 완성할 가능성이 있다고 하셨고, **존바수밀론**에서는 부끄러운 마음으로 인해 깨달음을 지향하는 마음이 일어나게 된다고 했다. 이때라야만이 정진하고자 하는 욕망이 일어난다. 사람들은 말한다. 이것도 욕망이 아니냐고 한다. 똑같은 욕망이지만 이 욕망은 전혀 다른 방향의 욕망이다. 범부의 욕망은 죽음으로의 방향이고, 이 욕망은 삶으로의 욕망이기 때문에 강하면 강할수록 자기에게 도움이 되는 욕망이다.

❖

정진이라고 할 때 왜 正進으로 쓰지 않고 꼭 精進이라고 써야 되는지에 대해 매우 의아해한 적이 있다. 세속의 학문적 문법상으로는 正進이 백번 맞다. 正進은 올바르게 앞으로 나아가는 것을 뜻하고 있기에 그렇다. 그러나 精 자를 쓰면 복잡해진다. 사람들은 바른 뜻보다 아주 정미롭고 면밀하게 나아간다는 뜻으로 이 精 자를 쓴다고 한다.

精 자를 쓰는 이유는 바로 정충의 뜻이 이 속에 들어 있기 때문이다. 즉 이 精 자는 정자, 또는 정충의 精 자이다. 정충은 정소에서 만들어진다. 이 정소를 음낭 또는 낭심이라고 한다. 직설적으로 말하면 옛날에는 이 음낭을 불알이라 불렀다. 불알은 부처의 알이다. 알은 씨를 말한다. 즉 불알은 부처의 씨가 들어 있는 주머니다. 범부의 근원은 부처라는 뜻이다. 정확히 표현하자면 일체중생은 부처의 씨를 갖고 태어난 후손이라는 의미이다. 그래서 **열반경**에서는 온갖 중생이 같은 불성을 지니고 있어서 차별이 없다고 하셨다.

精進이라는 말은 원래의 근원 자리로 돌아간다는 뜻을 가지고 있다. 그 원래의 자리가 바로 부처의 자리다. 중생으로 내려오면서 어리석음과 섞이다 보니 잘못 변형된 기괴한 모습의 인간으로 나타나 있지만 원래의 바탕 씨는 부처라는 뜻이다. 그래서 연어마냥 근원의 자리로 환원해간다는 뜻으로 정진이라는 말을 쓰게 된 것이다.

이 뜻을 알고 난 뒤에 나는 등줄기에 소름이 돋았다. 얼마나 아름답고 멋진 말인가. 근원으로의 회귀, 원래의 자리로 돌아가는 귀소, 거기로 돌아가기 위해 목숨까지 내어놓는 귀명, 원효 스님은 이것을 환원이라고 말씀하셨다. 현재가 잘못되었다면 원래의 자리로 돌아가야 한다. 거기서 다시 시작해야 한다. 길을 잃어버리면 원래의 자리로 돌아가서 다시 움직이는 것과 같은 이치다.

돈을 벌면 고향으로 간다. 반드시 고향으로 돌아가고자 하는 욕망이 일어난다. 내가 태어난 곳이 나를 잡아당기고 있기 때문이다. 그처럼 복을 지으면 마음의 근원으로 돌아가고자 하는 강한 욕망이 일어난다. 돈이 없으면 고향으로 가고 싶은 생각이 없듯이 복이 없으면 근원을 이야기해도 무슨 말인지 이해가 되지 않는다. 하지만 복을 지으면 자기도 모르게 마음의 고향이 사무치게 그리워지고 더나아가 아주 진지하게 환원의 방법에 대해 경청하기 시작한다.

글자 그대로 환원은 정말 어렵고 힘든 여정이다. 마음의 고향을 떠나온 지가 너무나 오래다 보니 지나온 흔적마저 남아 있지 않다. 그래서 부처님의 말씀을 배우고 조사들의 가르침을 듣고 환원하는 방법을 익히는 것이다. 부처님의 팔만장경 45년 설법 전체가 바로 근원으로 돌아가는 이정표이고, 조사들의 1,700공안이 모두 길거리에 파놓은 샘물들이다. 이분들의 가없는 가피와 은덕으로 복 있는 사람들은 멀고 먼 자기 근원으로 돌아갈 수 있는 희망이 생긴 것이다.

비록 이런 안내 지도가 있지만, 환원의 여정에는 말할 수 없는 어려움과 고충이 기다리고 있다. 여기서 정진하고자 하는 강인한 의지가 필요하게 된다. 지칠 줄 모르는 정진심과 그칠 줄 모르는 불방일의 정신으로 앞으로 앞으로만 나아가야 하는 것이다.

❖

삼국이 통일되고 신라는 불교를 국교로 받아들였다. 나라가 안정되고 백성들이 평화를 찾자 수많은 신라의 승려들이 중국으로 유학을 떠나기 시작했다. 그때는 평민들보다 진골이나 성골 귀족들이 유학의 주류를 이루었다. 마치 해방 이후에 한국의 재벌이나 유명인 자식들이 미국으로 줄을 이어 유학을 가던 시류와 같은 것이었다.

시작은 똑같이 중국으로 불교를 배우러 떠났는데 인연에 따라 배우는 학파들이 달랐다. 그 학파들은 주로 열반종, 법상종, 화엄종, 계율종, 천태종 같은 것들이었다. 보편적으로 유학승들은 신라에서 유교와 도교를 기본적으로 배운 귀족들이었기 때문에 불교를 수학하는 것도 아주 모범적으로 잘 이수할 수 있었다. 절제된 행동과 세련된 처세는 불교대국 당나라 스님들에게 조금도 뒤처지지 않았다. 거기다 죽음을 무릅쓰고 수만 리 유학을 온 만큼 지칠 줄 모르는 학구열을 발산했다. 그러다 보니 그들은 거의가 다 스승의 탄복을 받았고, 또 특히 변방의 스님들에게 까다롭다는 종장의 인가를 받는 데 치러야 하는 수행의 관문을 어렵지 않게 거의 다 무사히 통과했다.

그러고는 본의로든 타의로든 신라로 금의환향했다. 본의는 자기 의사에 의해 본국으로 귀국한 것을 말하고, 타의는 신라 왕궁의 요청으로 환국한 것을 말한다. 시도 때도 없이 도성에서는 귀환 잔치가 열렸고 왕궁에서는 문무백관들이 귀국 법문을 듣기 위해 성대한 법회를 열었다. 유학을 다녀온 그들의 기세는 가히 대단했다.

하지만 어떠한 조직이든 간에 세력이 커지면 분열하게 되어 있다. 불교라는 거대한 세력이 조정을 등에 업고 민심을 지배하다 보니 유학파 스님들끼리 서로 정통과 우위를 점령하기 위해 경쟁하기 시작했다. 그들은 주로 중국에 유학한 동문학파들을 중심으로 똘똘 뭉쳐 하나의 종파를 내세워 경쟁 상대인 타 무리들을 경계하고 질시하는 알력을 일으키기 시작했다. 그 대표적인 무리들이 바로 위에서 말한 10여 개의 기라성 같은 종파들이었다.

그들은 드러내 놓고 다른 종파들을 공격하고 자신들의 학파가 최고라고 선전했다. 날만 새면 타 종파들을 헐뜯고 배타하면서 능멸과 반목을 키워나갔다. 이러한 우월심의 경쟁으로 초기 신라불교는 혼돈과 대립 속에서 부처님 말씀이 누더기처럼 산산이 찢어져 가기 시작했다. 이러한 태세를 차마 더 이상 보고 있을 수 없어서 원효 스님은 마침내 두 팔을 걷어붙이고 그들을 화해시키고자 나섰던 것이다. 스님은 시송 하나를 지어 투쟁을 일삼는 그들 속으로 던져 넣었다.

誰許沒柯斧 我斫支天柱

누가 자루 없는 도끼를 빌려주면 하늘 받칠 기둥을 찍으련다.

이 시송을 태종 무열왕이 듣고 즉시 정치적인 반응을 보였다. 이것은 귀부인을 얻어 훌륭한 아들을 낳겠다는 것이니 나라에 큰 성현이 있으면 이보다 이로움이 없으리라고 번역해버린 것이다. 그래서 신하에게 명해 원효를 요석궁으로 불렀다는 것이 사학계의 정설 풀이로 내려오고 있다.

그러나 이 풀이는 잘못되었다. 원효 스님은 결코 한 여인을 품기 위해서 이런 시시껄렁한 세레나데를 부르지 않았다. 그분은 10지보살이다. 10지보살은 이미 전 중생이 그의 자식이다. 새삼스레 본인의 핏줄을 세상에 내어놓으려고 과부의 몸을 달라는 이런 애수의 소야곡을 부를 만큼 수준이 낮지 않다. 정확하게 풀이하면 이 시구의 내용은 이렇다.

누구라도 도끼같이 휘두르는 교만심을 내려놓으면
하늘처럼 받들고 있는 그대의 사상을 꺾어주겠다.

유학승들은 자신들이 중국에서 배운 학파의 이론에 굳게 갇혀 있었다. 남의 이론이라 하면 무조건 반대를 하거나 배타를 해버리고 자기들만의 이론이 정통이라고 주장했다. 마치 우물 안의 개구리가 세상에는 아무것도 없고 오로지 원통의 하늘밖에 없다고 우기는 것과 같은 고집들이었다.

그들은 일단 우물 밖으로 나와 봐야 자기가 갇힌 우물이 얼마나 작고 좁은지 알게 될 것이었다. 그래서 원효 스님은 그들을 우물 밖으로 끌어내기 위해 이런 시송을 미끼로 던진 것이다. 중생을 살리려고 배운 불교가 도리어 타 종파에게 위협적인 상해를 가할 수 있다는 뜻으로 도끼라는 극한 표현을 썼던 것이다. 자루는 그들이 배운 사상들이다. 그것이 도끼로 연결되어 있기 때문에 그것을 빼버리면 도끼는 아무런 위협이 되지 못하는 것이다.

공격하는 자들은 일단 공격성을 누그러뜨려야 한다. 그래야만 이 남의 말이 들어온다. 그때가 되면 자기들이 얼마나 무모한 교만을 피우고 있었는지 알게 된다. 원효 스님은 그때라야만이 하늘처럼 받들고 있는 그들의 잘못된 아만이 꺾인다고 보셨다. 그래서 종국에 그 유명한 **십문화쟁론**을 쓰시게 된 것이다. 모든 종파는 강물과도 같다. 일심의 세계인 바다에 들어가면 개개의 강물은 개체로 있지 못하고 모두가 다 하나로 융해된다. 그 세계가 바로 일심이라는 일심사상으로 모든 학파와 논설을 깔끔히 회통하셨다. 이 **십문화쟁론**에 의해 신라불교는 다시 새로운 면모로 화합하고 발전하여 이 땅에 아름답기 그지없는 불교문화를 찬란하게 꽃피웠던 것이다.

❖

주지하다시피 원효 스님은 중국에 유학하지 않았다. 그런데 유학을 다녀와 명성을 날리던 수많은 고승들을 일심사상으로 다시 지도하고 인도하셨다. **금강삼매경**의 독자적 법문과 해석은 원효 스님에게 용이 여의주를 얻은 것 같은 획기적 사건이 되었다. 이런 일화 때문에 원효 스님의 명성은 전국을 들썩이게 만들었다.

특히나 귀족 계급에 들지 못한 피지배층에 있는 사람들이거나 형편에 의해 유학을 가지 못한 토속 승려들에게 큰 반향을 일으켰다. 그러다 보니 도읍이 아닌 촌락 쪽에서는 원효 스님을 벤치마킹한 사찰들과 신행 단체들이 우후죽순처럼 나타나기 시작했다. 그들은 원효라는 이름을 걸고 사찰을 건립하기 시작했다. 전국 각지에 원효 스님이 지었다는 대부분의 사찰들은 전부 다 이렇게 건립된 것이다.

여기서 눈여겨보아야 할 점은 그분이 주로 움직이셨던 경주 도읍에는 원효라는 이름으로 지어진 사찰이 없다는 사실이다. 모두 다 왕성에서 일정 정도 떨어진 촌락이거나 변방에 원효라는 이름의 절들이 산재해 있다는 것이다. 그러므로 여기가 원효대사가 지은 사찰이다, 원효대사의 행적을 간직한 사찰이다 하고 말하는 것은 아무 의미가 없다. 원효성사가 원하는 것은 중생들을 이고득락시키는 것이다. 그분이 말씀하시고자 했던 법문과 실행하고자 했던 보살행이 계속해서 그곳에서 나오지 않는다면, 앞으로 그 사찰은 전설 속의 장소로만 남아 있게 될 뿐 그 외에는 아무런 내용도 없다는 것이다.

명예와 부유함은 세속 사람들이 원하는 것이다. 출가인은 모두 다 원효 스님의 행적을 따라가야 한다. 그분은 평생 어떤 직함 하나 가진 것 없었고 특별히 무엇 하나 얻은 것 없이 오로지 중생을 위해 헌신적으로 살다가 가셨다. 그것이 대승불교의 수행이고 요지인 보살행이다. 사찰 건물만 웅장하게 짓는다고 해서 불교가 흥하는 것이 아니다. 건물이 초라해도 그 속에 생사를 벗어나게 해주는 명약이 들어 있다면 그 명약을 찾아 인연 있는 사람들이 줄을 지어 찾아올 것이다. 하지만 포장지만 그럴싸하게 꾸며놓고 그 속에 들어 있어야 할 열반약이 없다면 사람들은 지금처럼 시끌벅적하게 구경만 하고 돌아갈 것이다.

이 사찰은 역사가 수천 년을 넘어간다는 자랑은 역사학자나 문화재 관리인들이 하는 소리로 충분하다. 불자들은 오로지 그 속에 들어 있는 열반약이 얼마나 신선하고, 그것을 가지고 있는 분들이 얼마나 믿을 수 있는 분들인가에 더 큰 관심이 있다. 혹시 오랜 세월을 거쳐 오면서 관리를 제대로 하지 못해 변질된 약을 가지고 있지 않나 하는 우려심도 사실 떨칠 수가 없다. 그런 약을 오랜 전통이라는 명분 아래 잘못 받아먹다가는 도리어 덧나거나 위험에 빠질 수도 있기 때문이다. 그러니 여하튼 간에 외형보다는 내용물인 열반약이 신선하게 쏟아져 나오는 그런 사찰이 되어야 시공을 뛰어넘는 원효 스님의 보살행을 속 깊게 만나볼 수 있을 것이다.

❖

원효성사는 1,400년 전에 이미 말세의 스님들이 어떤 것을 추구하는지 예측하셨던 것 같다. 그렇지 않고서야 어떻게 이런 강력한 메시지를 우리에게 던져줄 수 있을까. 가슴에 태산 같은 돌덩이가 굴러와 박히는 느낌을 받는다.

遮言不盡 貪着不已 第二無盡 不斷愛着

막는 말을 끝없이 하여도 중생들은 탐착을 그치지 아니하고
다시 또 끝없이 반복하여도 애착을 끊으려 하지 아니한다.

다시 한 번 더 말한다

31

맨 처음에도 언급했지만 이 **발심수행장**은 원효 스님 자신과 우리들에게 주어진 공동의 경책문이다. 그러므로 이제까지의 모든 문장들이 우리들의 잘못을 교정시키고 미혹을 일깨우고 있다. 그렇다 보니 부분적으로 상당히 듣기가 거북하고 기분이 떨떠름한 곳들도 많다. 문제는 하지 말라고 하는 것을 이제부터 안 하면 되는 것인데, 안 하는 쪽으로 자신을 움직이기보다 우선 듣기에 기분이 나쁘다는 것이다.

바보들은 언제나 진실이 담긴 고언을 외면한다. 그들은 그런 말씀조차 대면하기를 꺼려한다. 자신의 무지와 위선을 건드리는데 누가 좋아하겠는가. 그래서 아예 귀를 막고 눈을 가려버린다. 옛말에 귀에 거슬리는 소리가 나를 살리는 소리라고 했지만 이런 진심 어린 충고에는 귀가 열리는 대신 심한 굴욕감을 느껴서 반항심을 일으킨다.

그래서 성사는 이쯤에서 이 문장을 다시 쓰시게 된 것이다. 많은 사람들은 이 문장 첫머리에 있는 遮 자에 대해 혼란을 일으키고 있다. 그 누구도 명확하게 차 자에 대한 정의를 못 내리고 그저 어중간하게 현재까지 풀이해오고 있는 것이 사실이다. 그래서 이제 정확히 선을 그어드린다. 이 차 자는 막을 遮 자로 쓰셨다. 그 이유는 바로 **발심수행장** 전체가 중생으로 나아가는 길을 막는 취지로 쓰였기 때문이다.

✤

일본에 미국인 친구들이 살고 있었다. 이 친구들은 내가 외국에서 유태교에 대한 신학 공부를 할 때 만난 사람들이다. 그들은 오사카 어느 대학에서 강의를 하고 있었다. 인도에서 몇 번인가 일본을 다녀갔지만 그들을 만날 시간이 없었고 특별히 만나야 할 일도 없었다. 그런데 어느 날 그 친구들이 나라 현으로 이사를 했다고 연락이 왔다. 그러면서 다음에 일본으로 오면 꼭 한번 찾아달라고 했다. 이상하게 이번만큼은 그 지역이 나를 잡아당기는 느낌이 들었다.

어느 늦은 가을, 만추의 기운이 나라와 교토를 무르익어 가게 할 때 나는 가시하라 시에 있는 그들의 집에서 또 다른 외국 친구들과 오찬을 즐기고 있었다. 오랜만에 만난 친구들과 어울려 격의 없는 담소와 따뜻한 정을 푸짐하게 나누었다. 그리고 산책을 하기 위해 모두 밖으로 나왔다. 집을 나선 우리는 추수가 끝난 들판을 지나가면서 나라 현의 맑은 공기를 마음껏 들이마셨다. 앞서거니 뒤서거니 하면서 한가로이 논둑길을 걸어가다가 조그마하고 한적한 시골 어느 마을에 들어서게 되었다.

마을은 자그마한 동산을 뒤로 하고 앞은 들판이 펼쳐진 전형적인 농촌 마을이었다. 저녁 무렵이라 그런지 사람들도 잘 보이지 않았고 가끔가다 집안에 묶인 개들만이 우리를 이상하게 바라보면서 컹컹거릴 뿐이었다. 그렇게 얼마쯤 지나가다 근래에 아주 잘 지어진 집 하나를 발견했다. 기와를 얹은 담 밖으로 소나무 가지가 길게 늘어진 순수 일본식 집이었다. 담 너머로 감나무 몇 그루가 보이는데 가지마다 감이 많이도 달려 있었다. 시기가 그래서 그런지 잎은 하나도 없고 붉은 감들만 가지가 부러질 정도로 참 많이도 달려 있는 풍광 좋은 집이었다.

마침 그 집 주인이 밖에서 돌아오다 자기 집을 구경하던 우리를 보았다. 처음 보는 사람인데 낯이 무척이나 익은 것 같은 친밀감이 들어 가볍게 서로 목례를 주고받았다. 점잖게 생긴 초로의 노신사였는데 하얀 귀밑머리가 인상적인 사람이었다. 그 사람이 우리를 자기 집으로 초대했다. 오차라도 한 잔 드시고 가라고 해서 우리는 그의 대청마루에 올랐다. 기모노를 입은 그의 부인이 우리를 위해 무릎을 꿇고 말차를 제조하는 모습이 눈앞에 가물거린다.

차를 마시면서 그 사람이 말했다. 이 뒤에 가면 허물어져 가는 절이 하나 있다. 아주 오래된 절 같은데 지금은 폐사되어 아무도 살지 않는다. 나 보고 한번 가보겠느냐고 했다. 어차피 우리는 산책 나온 길이라 좋다고 했다. 그를 따라 다람쥐 길같이 작은 오솔길을 헤치며 산속으로 들어갔다. 나뭇가지가 엉키어 있고 산죽이 덮여 있는 숲 속은 정말 적막하기만 했다.

그렇게 수백 미터를 더 들어가니 허물어져 가는 암자 하나가 보이기 시작했다. 절 마당과 건물 사이에는 잡초와 잡목이 우거져 있고 지붕에는 와송이 장대처럼 솟아오른 폐사 직전의 고찰이었다. 언제 귀신이 하얀 소복을 입고 나타날지 모르는 귀곡산장 같은 모습이었다. 하지만 목조로 지은 기본 골조는 무너지지 않고 원래의 건물 모습을 비스듬하게 지탱한 채 모질게도 수천 풍상을 견뎌오고 있었다. 나는 거기서 몸이 굳어버리는 충격을 받았다. 그 쓰러져 가는 들보 중앙에 떨어질듯 걸려 있는 희미한 편액의 글씨가 일순간 나를 혼절하게 만들어버린 것이다.

행기사

행기! 생전 듣도 보도 못한 이름이다. 그런데 정말 놀랄 일이다. 행기라는 저 이름이 나에게 왜 이리 큰 충격을 주었을까. 行基. 그렇다. 행기는 원효 스님의 드러나지 않은 충직한 제자였다. 원효 스님은 제자를 두지 않았다. 그렇지만 그는 그림자처럼 그분을 따라다니면서 모셨다.

원효 스님은 누구에게 불법을 배운 적이 없다. 낭지대사에게서 사사하였다면 그분은 통불교를 하실 수 없고 그분만이 가지고 있는 독창적 사상을 드러낼 수도 없다. 백법문사가 될 수도 없다. 그분은 특별히 누구에게도 불법을 전수한 적도 없다. 어느 특정한 자에게 자기의 법맥을 전수하였다면 그분은 이미 전 종파의 위대한 스승이라 말할 수가 없다. 그렇기 때문에 그분은 스승도 없고 제자도 없다.

그분의 스승은 부처님이고 제자는 일체중생이었다.

　그분은 돌아가시지 않았다. 다만 10지보살답게 그 모습이 사라졌을 뿐이다. 사람들은 그가 혈사에서 70살의 나이로 죽었다 하지만 그렇지 않다. 그것은 그분이 더 이상 보이지 않아서 그렇게 말했을 뿐이다. 아버지가 보고 싶어 설총이 원효 스님의 조상을 만들어 분황사에 모셨다는 것만 보아도 그분은 사라지셨지 실제로 돌아가신 것이 아니다.

　원효 스님이 사라지고 난 후 중국 유학파들을 중심으로 뭉쳐진 기득권 세력은 자기들이 배운 불교를 이 땅에 그대로 옮겨심기 시작했다. 그 작업을 시작으로 한국은 아직까지도 독창적인 한국불교를 만들어내지 못하고 중국불교의 지류로 살아오고 있다. 그들은 중국에 유학하지 않고 신라불교의 핵을 이룬 원효 스님의 후예들을 가만히 두고 보지 않았다. 보이지 않은 온갖 차별과 냉대가 계속되자 어쩔 수 없이 원효 스님을 따르고 받들던 무리들은 모두 일본으로 가게 되었다. 그 속에 원효 스님의 손자인 설중업이 있었고 행기 스님도 끼어 있었던 것이다.

　행기 스님의 족적을 만난 나는 몇 날 밤을 뜬 눈으로 보냈다. 뭔가 알지 못하는 기운이 계속해서 나의 주위에 머물렀다. 그때까지 나는 행기라는 스님을 전혀 몰랐다. 그런데 그 이름 두 자를 낯선 곳에서 생전 처음 보고 왜 그렇게 큰 충격을 받았으며 짙은 설렘으로 밤잠을 설쳐야 했는지 정말 그 인연이 기이하기만 했다. 그 인연이 시작이 되어 나는 결국 한국에서 처음으로 원효 전집을 만들었다.

그리고 원효센터를 건립해 그분이 쓰신 **대승기신론 해동소**를 불교 역사상 처음으로 스물일곱 번째로 강의하고 있다.

　이것은 기적이다. 그분이 돌아가신 후 **해동소**를 스물일곱 번 넘게 강의한 자는 불교 역사상 어느 기록에도 없다. 이것은 전무후무한 일이다. 앞으로도 이런 일은 정말 없을 것이다. 그래서 내가 말한다. 이 문단에서의 遮 자는 막을 遮 자로 봐야 한다고 확신한다. 나의 의견을 그대로 따라도 전혀 착오나 무리가 없다고 단언한다.

❖

성사의 말씀대로 하면 중생의 길이 막힌다. 그러면 그쪽으로 내달림이 정지된다. 이제 돌아서야 한다. 그러면 거기에 또 다른 길이 보인다. 그 길로 수행자들이 대열을 이뤄 장엄하게 나아가는 것이 보일 것이다. 그 길은 근원으로 돌아가는 길이다. 타관을 헤매던 나그네들이 고향을 찾아 환원하는 성스러운 길이다.

　하지만 이 정도로 말해서 세상 사람들이 따라 움직인다고 생각하면 큰 오산이다. 그들은 눈 하나 깜박 안 할 사람들이다. 천만의 말씀이다. 이 사람들은 막아놓으면 어떻게든 뚫고 지나갈 사람들이다. 아니면 그 옆에 구멍을 뚫어 새로운 길을 내든지, 또 아니면 막아놓은 사람을 찾아 삿대질을 해대며 다시 열어라 할 사람들이지 순순히 여기서 돌아갈 사람들이 아니다. 그것은 앞에 가는 중생이 뒤를 당기고 있고 뒤에 오는 중생이 앞으로 밀고 있기 때문이다.

　그래서 원효 스님은 안타까움에 찬 어투로 다시 말씀하시고 있다. 한 번이 아닌 두 번째로 중생의 길을 차단하기 위해 팔을 벌리고 애타게 막아서는 심정으로 제이무진이라는 말을 쓰셨다. 억겁을 오로지 그 길로만 살아온 중생이 단번에 방향을 바꾼다는 것은 정말 어려운 일이다. 하다못해 금생에 태어난 왼손잡이를 오른손잡이로 바꾸는 것도 결코 만만치 않다고 하는데, 그 길로만 방향을 잡고 죽어라 살아온 중생들이 원효 스님의 지팡이가 겁이나 유턴한다는 것은 무리 지어 뛰어오는 들소 무리가 다시 되돌아가는 것만큼이나 어려운 것이다.

중생들의 고집스러움을 너무나 잘 알고 계시는 원효성사께서 다시 지팡이를 높게 쳐올리면서 이쪽이 아니고 저쪽이다라고 소리치고 있다. 미물인 가축도 자기가 살려고 인도하는 목동의 지팡이를 따르는데 명색이 사람이 어떻게 자기를 살리고자 하는 인도자의 말씀을 듣지 않고 자기 기준의 삶을 한사코 살려하는지 그저 답답하기만 하다.

此事無限 世事不捨 彼謨無際 絶心不起

세상의 일이 끝이 없다 보니 세상일을 버리지 아니하고
세상사를 끝없이 도모하다 보니 중생의 마음을 끊어야겠다는
생각을 일으키지 아니한다.

의미 없는 도전

32

배고픈 승냥이들이 먹이를 보고 달려들 때는 물불을 가리지 않는다. 인간들도 마찬가지다. 눈앞의 이익을 향해 달려드는 그들을 막을 방법이 없다. 그 이익이 죽음을 끌어들이는 디코라 하더라도 그들은 개의치 않는다. 놓치면 큰일 날 것 같은 절박감으로 달려드는데 그 누가 막을 수 있단 말인가. 잘못 막다가는 자기 생명조차 온전하지 못할 수 있다. 막는 자는 모두가 다 적이고 원수다. 이익을 방해하는 자는 전부가 타도의 표적이고 공격의 대상이다. 그래서 성자들은 늘 무지한 인간들의 적이었다. 그들의 목숨은 언제나 위태로웠다.

　허기진 짐승은 사납다. 무엇을 가지고자 혈안이 되어 있는 인간들도 무섭다. 지금 뭔가가 부족하여 여유롭지 못하기 때문이다. 잘못하다가는 자기 것도 뺏기지나 않을까 하는 불안감에 그들은 잔뜩 긴장하고 있다. 하지만 일단 배가 부르면 관대하다. 많이 가진 자들은 여유가 있다. 한두 개 없어지더라도 죽지 않을 수 있기에 주위를 돌아보는 여유가 있다. 그리고 대화가 통한다. 이 여유가 바로 불교에서는 복이라고 한다.

복이 있으면 마음이 안정된 상태가 되어 다른 사람의 말이 잘 들어온다. 배가 부르면 음식을 가려 먹을 수 있듯이 마음에 복이 있으면 상대방 말과 의도를 가릴 수 있는 여유가 생긴다. 복 없는 자들은 매사에 신경질적이고 날카롭다. 의심이 많고 불만이 가득하다. 그러므로 그들과 살면 항상 위험이 따른다. 그래서 때로는 그들의 공격성을 방어하며 더불어 살기보다 아예 피해버리는 것이 더 효과적이고 실리적이다.

이렇게 아웅다웅하는 삶은 내 인생을 살리고자 하는 삶이 아니다. 이런 치열한 삶은 상대방을 죽여야 내가 사는 것 같지만 결국 나를 먼저 죽여야 상대방을 이기는 꼴이다. 그러므로 이런 삶은 궁극적으로 전혀 나의 삶에 도움이 되지 않는다. 그러니 이렇게 고군분투하는 열정을 모아 다른 세계로 이민을 가자고, 거기 가면 여기서 고생하는 것 반에 반만 투자해도 너무너무 행복하게 살 수 있다고 나는 제안한다. 그러나 그들은 여기가 자기들의 세계고 터전이기 때문에 절대로 이곳을 벗어나지 않겠다고 한다. 어떻게든 여기서 해결해야겠다는 집념으로 가득하다. **법구경** 말씀이다.

Here shall I dwell in the season of rains,

And there in winter and summer :

Thus thinks the fool,

But he never think of death.

장마철엔 여기서 살고

겨울과 여름에는 저기서 살아야겠다고

바보는 계획을 짜지만

결코 다가오는 죽음은 생각하지 못한다.

※

욕계는 모자라는 세계이고 색계는 넘쳐나는 세계이다. 우리가 사는 욕계는 무엇이든 가지고자 하는 욕심으로 존재한다. 욕계는 탐욕이 치열한 곳이다. 사과 천 개를 천 사람에게 돌아가도록 배정하면 천 사람이 똑같이 사과 한 개씩 가져야 한다. 하지만 산수대로 꼭 그렇게 분배가 될까. 분명히 모자란다. 몇 개의 사과가 홀연히 사라진다. 누가 중간에 자기 몫 외에 더 챙긴 결과이다. 이게 욕계 중생이 가지는 탐욕의 단면이다. 한 개를 못 가진 자는 한을 품고 다음 기회를 기다린다. 그러다가 벼르던 기회가 오면 잃어버렸던 자기 몫을 잽싸게 챙긴다. 문제는 자기 것만 챙기는 게 아니라 저번에 도둑맞았던 것까지 같이 챙긴다. 더 나아가 다음에 잃어버릴 것까지 미리 더 가진다. 이렇게 욕계 중생들은 똑같은 개수를 두고 서로서로 끊임없이 뺏고 뺏기면서 한없이 투쟁한다.

반대로 색계는 느슨하다. 개수는 많은데 인원이 적다. 그래서 물질에 대한 욕심이 없고 미래에 대한 염려도 없다. 사는 데 머리를 쓰지 않고 가만히 놀면서 필요한 것만 챙긴다. 그 어떤 불안과 두려움도 없다. 모든 것이 풍요하고 더없이 안락하다. 이럴 때는 언제 가는

지 모르게 세월이 후딱 지나간다. 재미있는 연속극을 보면 언제 시간이 다 가버렸는지 모를 정도로 빨리 흘러가버리는 것과 같다.

욕계와 색계 중생들은 똑같은 죽음의 문 앞에 다다른다. 하나는 너무 힘들게 다가가고 하나는 자기도 모르게 다가선다. 그러나 둘 다 쓰디쓴 죽음을 맛본다. 그러므로 이 둘은 권고할 만한 거주처가 아니다. 이런 삶을 살아서는 결과가 좋지 못하니 다른 곳으로 이사를 가자고 이끈다. 마치 수해를 입은 사람에게 여기 있으면 또 다른 수해를 입게 되니 삶의 장소를 옮기자고 이야기를 하는 것과 같다. 이때 사람들은 어떻게 반응할까.

우선 두 가지 유형으로 나뉜다. 하나는 돈이 없어서 못 간다는 사람과 또 하나는 여기가 우리 터전이니까 옮길 수 없다는 사람이다. 앞사람은 그 처지로는 어디에 가도 자기들의 삶이 더 나아지지 않는다고 생각하는 소심한 사람이고, 뒷사람은 새로운 세계에 적응하는 것을 아예 싫어하는 협열한 사람이다. 말하자면 전자는 복이 없는 사람이고 후자는 애착이 많은 사람이다. 이 두 부류는 사바세계를 떠나지 못한다. 그들은 여기서 생로병사의 고통을 연속적으로 받게 되는 가엾은 숙명을 지니고 있다.

사바세계에 익숙해진 습관과 더불어 서로 간에 동류업으로 같은 고통을 겪어온 인연들을 떨쳐내지 못하는 한 그들은 여기서 끝없는 고통의 삶을 살 것이다. 앞에 있는 사람들을 보라. 그리고 뒤에 있는 사람을 보라. 주위를 돌아보라. 창문을 열고 밖을 내다보라. 눈에 보이는 사람들 모두 다 그렇게 용기가 없어 이 사바세계에 주저 앉아 있는 사람들이다. 그래도 그들은 살려고 움직인다.

　이런 사람들과 한정된 물건들을 두고 밤낮으로 다투어야 한다. 설령 재수가 있어 그들 것을 우선 빼앗았다 하더라도 영원히 가지지는 못한다. 그러니 정말 아무 의미 없는 투쟁을 평생 동안 벌이고 있는 것이다. **잡아함경**의 말씀이다.

　　　살인자는 살인자를 부르고
　　　정복자는 정복자를 부른다
　　　학대자는 학대자를 부르고
　　　욕쟁이는 욕쟁이를 부른다.
　　　그처럼 *끄*는 업은 정확해서
　　　약탈자는 약탈자를 부른다.

❖

이 문단에서 원효 스님은 범부는 눈만 뜨면 이 사바세계에서 출세를 하려고 머리를 쓴다. 하지만 출세한 사람은 근본적으로 아무도 없다는 것을 알아야 한다고 말씀하시고 있다. 사실이다. 아무리 출세를 한다 해도 죽음의 왕 앞에서는 숨소리조차 제대로 내지 못한다. 아침부터 저녁까지 머리가 깨지도록 두뇌를 굴려도 죽음의 문으로 더 다가가는 것 외에 아무것도 없는데도 계속 그렇게 날마다 계획하고 모의하고 있다.

今日不盡 造惡日多 明日無盡 作善日少
今年不盡 無限煩惱 來年無盡 不進菩提

오늘이 다하지 않다 보니 죄악을 짓는 일이 나날이 많아지고
내일이 끝이 없다 보니 선업을 짓는 날이 나날이 줄어든다.

금년이 아직 다하지 않다 보니 한없는 번뇌를 일으키고
내년이 끝이 없다 보니 깨달음의 세계로 나아가지 않는다.

발심하지 못하는 이유

33

사람들은 태어나면서부터 이치에 맞지 않는 것들을 먼저 배운다. 가르치는 기성세대들이 사실과 전혀 다른 삶을 살아가고 있다는 반증이다. 모든 것이 궤변이고 모순이며 거짓으로 뭉쳐 있는 것들을 다음 세대로 끊임없이 전달한다. 대표적인 것이 곰 세 마리라는 노래다. 엄마 곰과 아빠 곰은 절대로 한집에 살지 않는다. 한집에 살면 아기 곰은 아빠 곰에 의해 반드시 죽음을 맞이하게 된다.

갓을 쓰고 꽹과리를 치며 노래를 부르는 가수가 있다. 그 노랫말 속에 간밤에 울던 제비라는 가사가 있다. 제비는 밤에 울지 않는다. 맹금류 외에는 그 어떤 새도 밤에 울지 않는다. 이것은 소양강 처녀라는 노래에서 갈대밭에 슬피 우는 두견새만큼이나 황당하다. 두견새는 갈대밭에 내려앉지도 들어가지도 않기 때문이다. 모든 것이 이모양이다. 거짓이 진실이 되고 진실이 거짓이 되다 보니 인생 자체가 도대체 뭐가 뭔지 모르게 뒤엉켜버렸다.

성인들이 가장 좋아하는 노래가 찔레꽃이라고 한다. 고향과 추억을 아련히 되새겨주는 이 노래의 가사 말에 찔레꽃이 붉다고 한다. 붉은 찔레꽃은 없다. 있다면 유전자 변형으로 나타났거나 아니면 외래종이다. 우리의 향취와 토정에 전혀 맞지 않지만 그렇게 부르고 그렇게 알고 그렇게 다 살고 있다.

언덕 위에 초가삼간도 마찬가지다. 언덕 위에는 초가를 짓지 않는다. 초가는 짚으로 이엉을 엮어 지붕을 덮으므로 바람에 몹시 취약하다. 지붕을 묶어주는 새끼가 썩으면 바람에 의해 이엉들이 뒤집어져 버리기 때문에 언덕은 초가집 터로는 최악의 자리다. 또 논밭으로 일하러 다니는 데 있어서 필요 없는 기력과 시간을 소비하게 된다. 초가집에 사는 농부는 언제나 배가 고프고 일상이 팍팍하다. 그런 사람들이 날마다 비탈길을 오르내리면서 농사를 짓는다는 것은 경제적으로 전혀 이치에 맞지 않다. 그뿐만 아니라 논밭에서 생산된 곡물을 높은 지대로 끌어올리는 것도 예사로 힘든 일이 아니다.

언덕 위에 살면 풍광은 좋다. 하지만 삶이 고달픈 농부의 눈에는 풍광이 전혀 중요하지 않다. 그냥 일신이 편하고 배부르면 그만이다. 그렇게 하는 데는 물이 가장 필수가 된다. 그런데 언덕에는 물이 없다. 아래로 내려가서 머리에 물동이를 이거나 지게로 짊어지고 날라야 하는데 그 불편이 이만저만이 아니다. 그래서 옛날 사람들은 위의 세 가지 문제 때문에 모두 다 언덕 밑에다 집을 지었던 것이다.

그러므로 농부가 언덕 위에다 초가집을 짓는다는 것은 대단히 엽기적인 발상이다. 이 가사를 쓴 사람은 초가에 한 번이라도 힘들게 산 사람 같지가 않다. 작사자는 도시 책상에 앉아 농촌을 그저 평화로운 서정의 세계로 그리고 있다. 그래서 노동에 찌들고 허기에 지친 농촌 출신들의 기억에는 이 가사가 정확히 들어맞지 않는다. 그냥 고향을 그리고 농촌의 향수를 자극하는 노래로는 인기 있는 노래가 될 수 있겠지만 농촌 초가의 생태를 전혀 고려하지 않고 쓴 가사만은 적어도 틀림이 없는 것이다.

우리의 삶도 마찬가지다. 삶의 흐름은 태양을 기준으로 하고 있다. 그런 태양이 뜨고 진다고 한다. 이런 소리에 익숙해 있다 보니 태양이 우리 위를 밤낮으로 돌고 있다고 착각한다. 이런 착시와 착각 속에 살아가다 보니 무엇인들 정확히 보고 정확히 말하고 정확히 생각할 수가 있겠는가. 그냥 좋은 게 좋은 거라고 더 이상 따지지 말고 생각하지 말고 이렇게 저렇게 한평생 살다가 가자고 한다. 그런 결과로 우리가 일상적으로 쓰는 언어들도 모두 다 그냥 그렇게 인생을 땜빵하는 보조 수단으로 의미 없이 쓰이고 있는 것들뿐이다. 그래서 **마지마니까야**에 이런 말씀이 있다.

They have forgotten thoughtful speech,
They talk obsessed by words alone.
Uncurbed their mouths, they bawl at will:
None knows what needs him so to act.

그들은 생각하지 않고 말한다.
말에 홀려서 말을 하고 있다.

입을 통제하지 않고 생각나는 대로 소리를 낸다.

그들은 행동으로 무엇을 해야 하는지 전혀 모른다.

학교에서는 예리한 분별력을 요구하는데 인생에서는 그렇게 살면 피곤하다고 한다. 그래서 논리적인 사람은 신경이 쓰이고 이론적인 사람은 머리가 아프다고 피해버린다. 문제는 그렇게 건성건성 길들여진 사람들이다 보니 삶과 죽음도 그냥 대충대충 넘어간다는 것이다. 인생에 어지간한 충격을 주어도 눈도 꿈쩍하지 않는다. 아무리 이 방향은 잘못된 방향이라고 설명해주어도 그들은 진지하게 들으려 하지 않는다. 이런 생로병사의 삶 외에는 결코 다른 어떤 삶도 없다는 것처럼 아주 당연하게 중생의 삶만을 전적으로 받아들인다.

육신이 머무는 집은 움막에서 초고층 빌딩까지 올라갔는데 정신적 방향은 아직도 죽음의 세계로 굳건히 고정되어 있다. 대혁신은 사회가 벌여야 되는 당면 과제가 아니라 구태를 벗어나려는 개개인이 자기로부터 해야 하는 것이다. 자기의 혁신이 이루어지면 세상의 혁신이 따라 이루어지기 마련이다.

자기의 혁신은 자신 깊숙이 이타의 본성이 들어 있다는 사실을 각지하는 것이다. 사람들은 오로지 自利만을 추구하고 있다. 인연으로 건립된 세상 모든 것은 상대적 양면을 가지고 있다. 그러므로 자리만큼 利他를 하지 않으면 다른 한쪽이 기울거나 부실하게 된다. 자리를 할 때 복이 생기고 이타를 할 때 덕이 생긴다. 복은 자리를 말하고 덕은 이타를 말한다. 복은 자신의 진성인 본각을 살릴 때 이루어지고 덕은 타인이 고마워할 때 만들어진다. 즉 복은 자신이 만들고 덕은 타인이 만든다. 이 두 가지는 육신의 두 발처럼 인생에 없어서는 안 될 필수 요소들이다. 그런데 사람들은 오로지 자신의 이익만을 생각하는 자리 때문에 균형을 잃고 한쪽으로 가 처박힌다. 그 한쪽이 바로 죽음이다.

불교에서 가장 중요시하는 단어가 복과 덕이다. 이것이 바로 자리이타에서 생기기 때문이다. 그런데 이제 이 단어가 너무 생소한 언어가 되어버렸다. 조선시대 때 갓 덮어쓴 사람들이 쓰던 고리타분한 고어쯤으로 치부해버린다. 이런 사람들에게 어떻게 복과 덕을 짓도록 하는 불교의 기본 교의를 전파할 수 있을까. 불교를 믿지 않는 사람은 그렇다 하더라도 이미 불교 속에 들어와 나름대로 신행하는 사람들조차 이 두 가지에 관심이 없다. 그저 유명한 사찰을 찾아 불상에게 절을 하고 기도를 붙이는 것으로 자기 할 일을 다 했다고 하는 사람들에게 복과 덕은 요원한 소리가 되어버린 지 오래되었다.

❖

한국에는 특별하게 표시가 나는 도교 사원이 없다. 그래서 도교와 불교가 쉽게 구분되지 않는다. 그러다 보니 도교가 불교 속에 들어가 완전히 자리 잡아버리고 말았다. 한국불교의 역사는 정확히 도교와 유교, 그리고 우리 민족에게 예부터 전래되어 오고 있는 토속 신앙이 혼융해진 범벅종교로 이어왔다. 정확히 어느 것이 불교라고 딱히 이야기할 수가 없을 정도로 이것들은 서로서로 깊이 설키고 엉키어 있다. 이제부터라도 불교는 불교만의 특수성을 갖고 홀로 서야 한다. 그럴 때 불교만의 민낯이 드러난다. 그렇지 않으면 불교의 미래는 밝지 못하다. 존속하느냐 못하느냐를 고민해야 할 정도로 심각한 상태에 처하게 된다.

불교 속에 들어와 있는 도교는 아주 다양하다. 우리가 하고 있는 기도는 주로 도교의 치성이다. 새벽에 일어나 부정 타지 않은 몸가짐으로 찬물로 머리를 감고 정한수를 떠놓고 치성을 올리는 행위는 도교의 신앙이다. 불교는 새벽이나 찬물 또는 부정하고는 거리가 멀다. 길일을 정해놓고 기도를 하는 것도 도교의 행위다. 초하루나 초이레, 보름, 그믐에 이어 뭐 삼월삼짓날이나 칠월칠석과 동지 같은 날들도 모두 도교에서 만든 기도 날이다. 불교에서는 기도 날이 따로 없다. 좋은 날이 기도 날이고 절에 가는 날이 기도하는 날이다. 그래서 일일시호일이라고 한다. **마지마니까야** 말씀이다.

Don't dwell on the past:
Don't long for the future.
The past is gone:
The future is yet to come.

과거에 살지 말아요.
미래에 살지 말아요.
과거는 지나갔고

324

미래는 오지 않았어요.

With mindfulness be aware
Of every present moment,
Training the mind with
Diligence and steadfastness.

정신을 똑바로 차려
지금 현재에 살아요.
부단한 노력과 확고한 의지로
자신의 마음을 닦아봐요.

Who knows when death may come?
Perhaps tomorrow he will strike.
There is no bargaining
With him or with his army.

누가 알아요. 죽음이 언제 올는지.
내일이라도 닥칠지 몰라요.
죽음과 그의 군대는 무자비해서
무엇으로도 거래가 되지 않아요.

For one who practices in this way,

Both ardent and untiring,

Everyday, the Buddha taught,

Is an auspicious day.

정열을 다해 그리고 지칠 줄 모르게

이 길로 수행해나가면

나날이 부처님 말씀을 따라

최고의 좋은 날이 되는 것입니다.

축원을 하고 복을 빌며 두 손을 비비고 머리를 조아리고 하는 것들 역시 도교의 행위다. 남자를 건명이라고 부르고 여자를 곤명이라고 부르는 호칭도 도교에서 비롯되었다. 축원하면서 이름을 부를 때 누구누구 보체라고 하는데 그 보체라는 것도 도교의 언어다. 부적이나 강신, 음양오행, 작명, 풍수, 대장군, 육효, 뭐 주술 같은 것도 다 도교의 산물이다. 사람들은 절에서 주로 이런 것을 하니 이것도 불교인 줄 알지만 불교하고는 전혀 다른 제도들이다. 종을 치고 북을 치며, 징을 치고 요령을 흔들고 하는 것들 역시 도교의 의식이고 도구이다. 옛말에 도사 앞에 요령 흔드나 하는 말이 여기서 나왔다.

하지만 특이하게도 목탁만은 불교 법구에 속한다. 중국 어느 스님이 베트남으로 내려가 인도로 경전을 구하러 가는 중간에 생전에 보지 못했던 망망한 바다를 건너게 되었다. 그런데 한 마리의 거대한 물고기가 나타났다. 물고기의 등에는 이상하게 생긴 큰 나무가 자라고 있었다. 그 물고기가 말했다. 전생에 무거운 죄업을 지어 이런 나무를 지고 산다. 이 나무를 잘라다 이런 모양의 법구를 만들어 달라. 그리고 법구를 치면서 세상 사람들에게 죄를 짓지 말라고 경고해 달라. 법구의 이름은 목탁이다. 우리 용궁에서는 법회 때마다 이 법구를 쓰고 있다. 그렇게만 해주신다면 내가 전생에 지은 죄업을 모두 소멸할 수 있고 스님도 큰 복을 지을 수 있을 것이라고 했다.

물고기가 원하는 대로 스님은 나무를 잘라 귀국하자마자 목탁이라는 것을 처음으로 만들었다. 그래서 목탁에는 반드시 물고기의 무늬가 들어가 있다. 그것은 물고기의 부탁에 의해 만들어졌기 때문이기도 하고, 또 물고기는 눈을 감지 않기 때문에 수행하는 자들이 수면에 떨어지지 말라는 경고의 뜻을 주기 위해서 그렇게 새긴 것이다. 목탁은 법구이고 소리는 경고음이다. 의식 때 대중을 동일하게 움직이도록 하는 일종의 통솔 기구로만 그치지 않는다. 이 소리는 부정을 없애고 정도를 종용한다. 그래서 일반 사회에서도 곧고 정의로운 방향을 지향해나갈 때 목탁이라는 소리를 쓴다.

목탁을 치는 스님은 자신이 무엇하는 사람인지 그 목탁 소리에 의해 각성된다. 그리고 그 소리를 듣는 자 또한 자신의 본성을 깨닫도록 만든다. 하지만 세상이 혼탁할 대로 혼탁해지다 보니 이제 목탁 소리가 일반인들에게 공해나 소음으로 들릴 정도로 그 본연의 소리와 내용이 완전히 무뎌져 버렸다.

부처는 복 있는 자에게 나타난다. 물이 있으면 달이 나타나는 것과 같은 이치다. 물이 없다면 달이 나타날 수 없다. 복이 없으면 부처의 가피가 작업을 할 수 없다. 아무리 울어도 부처가 어떻게 할 수 없다. 100일이 아니라 천 일을 넘어 평생을 기도해도 복이 없으면 부처가 나타나지 않는다.

이틈을 타서 魔가 나타난다. 복 없는 사람이 간절하게 기도를 하면 그 정성이 사무쳐서 부처가 나타나는 줄 알지만 그때가 되면 마가 슬그머니 나타난다. 마는 그것을 노리고 처음부터 눈여겨보고 있다가 결정적인 시기가 오면 부처의 모습이나 10지보살의 모습을 띠고 기도자 앞에 진짜인 양 나타난다. 기도자는 깜짝 놀라며 즉시 계수로 엎드린다. 혹은 흐느껴 울거나 감격에 북받쳐 뜨거운 눈물을 흘린다. 이때 부처로 변신한 魔가 소원이 뭐냐고 묻는다. 소원을 말하면 마가 그 소원을 들어준다. 그러면 기도자는 부처가 자기의 소원을 들어주었다며 성불받았다느니 정성이 통했다느니 하면서 감격스레 호들갑을 부린다.

마가 소원을 풀어주면 거기서 끝나는 게 아니다. 마는 밑지는 장사를 하지 않는다. 마는 기도자의 목에 쇠줄을 건다. 그러면 죽을 때까지 그 쇠줄에서 벗어나지 못하고 마의 노예로 살아가야 한다. 이게 바로 복 없는 자가 기도로 얻게 되는 일시적 도움의 결과이다.

하지만 모든 기도자에게 魔가 나타나는 것은 아니다. 魔가 보았을 때 그나마도 사람들에게 영향력을 행사할 수 있을 정도로 말발이

괜찮은 사람만을 골라 작업을 건다. 그래야 마의 세계가 그 사람에 의해 계속 탄탄해질 수 있기 때문이다. 별 필요치 않은 사람은 魔들조차도 거들떠보지 않는다. 복 없는 자들, 거기다가 성격조차 좋지 않는 자들은 부처도 손을 들고 마도 더 이상 관심을 보이지 않는다. 이런 사람들은 환영을 본다. 복 없는 사람이 간곡한 기도를 할 때 마가 달라붙지 않으면 환영이 보인다. 그것으로 그들은 큰 위안을 삼는다. 물론 자기들은 그것이 환영인지 모른다. 실재라고 믿고 부처님의 가피를 받았다고 한다.

반대로 복이 있다면 어떻게 될까. 복 있는 자는 누구의 도움도 필요하지 않다. 부처님이 나타나셔도 좋고 안 나타나셔도 살아가는 데 크게 문제될 것이 없는 사람들은 까딱 넘어갈 정도로 급하지 않다. 그러므로 부처님의 위신력에 간절히 매달리지 않는다. 그러다 보니 마가 장난을 칠 수가 없다. 魔가 나타나면 즉시 반응을 보여야 하는데, 이런 자들은 자기가 어떻게 해야 할지 몰라 가만히 쳐다만 본다. 그러면 魔는 싱거워서 자동적으로 사라진다. 이것은 꼭 물고기가 미끼를 본 둥 만 둥 내버려두면 낚시꾼 스스로가 지쳐서 낚싯대를 걷어가는 것과 마찬가지다.

불교에서의 기도는 복 있는 사람들이 하는 신행의 행위이다. 뭔가를 바라는 기도가 아니라 마음을 모으는 기도 수행을 하면서 복을 증장해나간다. 이것은 일종의 참선과 같은 의식이다. 이렇게 계속해 나아가면 진여삼매에 들어가고 일행삼매가 나온다. 이런 기도가 정통적인 불교의 기도이다.

물을 퍼 올리는 펌프가 있다. 이 펌프는 반드시 얼마간의 물을 부어주어야 그 속에 들어 있는 우물물을 내어놓는다. 즉 물이 있어야 물을 퍼 올릴 수 있다. 복 없는 자의 다급한 기도는 펌프에 우선 물을 부어야 하는데 그 물마저 다 마셔버린 상태로 우물물을 끌어올리려 애를 쓰는 것과 같다.

이것은 불가능한 일이다. 절대로 부처가 갖고 있는 복의 물을 당겨 올릴 수 없다. 복을 얻으려 한다면 자기가 얼마간의 복을 일단 갖고 있어야 그 밑천으로 다른 복을 끌어당겨 올 수 있다. 그래서 불교에서의 기도는 복 있는 자가 하는 기도라고 말하는 것이다. 그러므로 기도를 하려면 복부터 먼저 지어야 한다. 그 다음에 기도를 하는 것이 정통 순서가 된다.

❖

부처의 눈에는 중생 전체가 평등하다. 그분은 하늘과 같다. 평등해서 전체를 덮는다. 그분은 땅과도 같다. 전체를 싣는다. 그분은 물과 같다. 전체에 스민다. 그분은 태양과 같다. 전체에 빛을 내린다. 그러므로 세상에 태어나 이분을 만난다는 것은 더할 수 없는 축복이고 비길 바 없는 영광이다. 이것은 일생일대의 횡재이다.

불교에서는 명산이라는 자체에 의미를 부여하지 않는다. 신행이 있는 곳이 바로 명산이고 작복을 하는 곳이 바로 기도처이기 때문이다. 불교는 궁극적으로 복과 덕을 쌓도록 가르치는 것이지, 특정 지역을 신성화해서 범부들의 길흉화복을 쥐락펴락하는 가르침이 아니다. **수따니파타**의 말씀이다.

> 하늘에 별들만큼 수많은 사람들이
> 하늘을 향해 기도를 올리지만 하늘로부터 응답이 없다.
> 하늘이 우리들 속에 들어오지 않는 한
> 우리는 하늘의 응답을 절대로 듣지 못할 것이다.
> 단지 우리의 기도가 완숙해지면
> 사랑과 자비가 우리 가슴에서 넘쳐나게 될 것이다.
> 그러면 설령 슬픔이 일어난다 해도 진정이 되고
> 가슴엔 사랑과 자비가 충만하게 된다.
> 그때가 되면 두려움과 불안으로부터 벗어나
> 부처님의 성스러운 법에 계합되어지는 것이다.

모든 불자는 복과 덕을 지어야 하는 의무를 가지고 있다. 복덕을 짓지 않으면 절에 평생을 다녀도 하등 이익이 없고, 이것을 도외시한 기도는 그 어떤 높은 절이라 하더라도 아무런 효과가 없다. 복덕은 안락에 이르는 문이고 지혜는 해탈에 이르는 문이기 때문에 이 둘은 아무리 강조해도 언제나 부족하게만 느껴지는 말씀이다.

불자는 절에서 작복하는 방법을 배워 세상에 심어야 한다. 세상 천지가 복과 덕을 지을 수 있는 밭이고 논이다. 절은 어떤 특정한 날짜를 정하지 않는다. 어느 날이 좋고 어느 날이 좋지 않다는 택일의 기준이 없다. 마음먹기에 따라서 언제나 좋은 날이다. 언제든 절에

갈 수 있는 날이 되고 언제든 복을 지을 수 있는 날이 되는 것이다.

자가용을 갖고 출근하는 날엔 가급적 양보 운전을 한다. 항상 상대방을 우선으로 둔다. 거기에서 덕이 생긴다. 대중교통을 이용하면 밝은 표정을 짓는다. 힘든 세상을 살아가는 사람들에게 내 고뇌의 표정까지 보태줄 필요가 없다. 내 문제는 내 문제이지 다른 사람들 문제가 아니기에 그렇다. 거기서 덕이 생긴다. 그런 마음을 갖고 사람들을 대하고자 할 때 복이 생긴다.

절에서도 끊임없이 이타의 행위를 한다. 법회 때 좋은 자리는 늘 다른 신자들에게 양보한다. 방석을 두 손으로 정성껏 다듬질해 타인에게 주면 둘 다 기분이 좋아진다. 복이 생기는 순간이다. 마칠 때가 되면 모두가 배고픈 것은 마찬가지다. 이때 먼저 식당으로 가서 자리를 잡겠다는 이기적인 생각을 버려야 한다. 남들보다 먼저 밥을 먹겠다고 하는 순간 복은 달아난다. 힘들게 절에 와서 돈도 없애고 시간도 버리고 겨우 남아 있는 복까지 까먹고 가게 되는 순간이 된다.

세상을 살아가면서 손해 좀 보는 법도 배워야 한다. 바보처럼 실실 웃고 대책 없이 살라는 말이 아니다. 나를 알고 세상을 알면 이 세상은 나에게 복덕을 지을 수 있는 최고의 터전이 된다. 반대로 의미 없는 노랫말처럼 인생 자체를 건성건성 보내면, 이 세상은 그냥 인생을 소비하는 최악의 세계가 된다. 회한이 서려 있는 노래 가사와 허무만 이야기하는 인생무상으로부터 좀 더 건설적이고 효과적인 삶으로 나아가길 원한다면, 지금부터 복과 덕을 닦는 데 게으르지 말아야 한다. 그것이 인생에 진정 남는 장사가 되는 것이다.

❖

이 문단에서 원효 스님은 범부들의 머뭇거림을 지적해주셨다. 하기
는 해야 하는데 오늘은 자기 기준대로 살고 내일부터 그렇게 하겠다
는 범부들의 대책 없는 습성을 예리하게 파헤쳐주신 것이다. 오늘
못 하는 자는 내일도 못 하기 때문에 지금 이 순간에 삶의 고삐를 바
짝 조이지 못하면 내일이라고 해서 달라질 것은 없다. 건초는 햇빛
이 있을 때 서둘러 말려야 한다. 햇빛은 건초를 기다려주지 않기 때
문이다.

時時移移 速經日夜 日日移移 速經月晦
月月移移 忽來年至 年年移移 暫到死門

시간 시간이 흐르고 흘러 빠르게 낮과 밤이 지나가고
하루하루가 모이고 모여 신속히 보름과 그믐이 지나간다.

한 달 한 달이 가고 가서 어느덧 일 년이 지나가고
한 해 한 해가 가고 가서 잠깐 동안에 죽음의 문에 당도한다.

죽음의 문이 기다린다

34

중생세계에 영원한 진리 세 가지가 있다. 이것을 삼법인이라고 한다. 이것은 하늘이 쪼개지고 땅이 갈라져도 달라지거나 변하지 않는다. 이것은 우주의 법칙이고 법계의 철칙이다.

그 첫 번째가 무상이다. 정지되어 있는 것은 아무것도 없다. 모두 다 상호 관계를 유지하며 일정한 궤도를 따라 움직인다. 여기에 두 가지가 있다. 하나는 세상이고 또 하나는 마음이다. 그대의 마음이 움직이니 깃발이 펄럭인다는 육조스님의 말씀은 정곡을 찌르는 대승불교의 키워드다. 범부의 마음이 움직이는데 어떻게 범부가 만들어놓은 세상이 움직이지 않겠는가. 거울이 움직이는데 어떻게 거울 속에 들어 있는 영상이 평형을 유지하겠는가. 그러므로 마음은 무상하고 세상은 유한하다는 것이다.

내 마음과 세상은 단 한 번도 정지한 적이 없다. 정지한 적이 없기 때문에 세상에 명사란 있을 수 없다. 전부 다 동명사들만 있다. 내가 보는 세상은 전부 다 움직이고 있다. 움직이고 있는 것은 무엇이다라고 정의를 내릴 수 없다. 따라서 범부가 세상에 대해 연구한 논문들은 모두가 휴지뭉치들이다. 조금 지나면 아무짝에도 필요가 없다. 그런 논문들로 세상에 있는 수백만 개의 도서관을 다 채워도 중생세계를 근본적으로 변화시킬 수는 없다. 왜냐하면 무엇인가에 대한 정의를 내릴 때는 이미 그 대상은 다른 모습으로 서서히 변화해가고 있기 때문이다.

밤하늘에 보이는 별들이 있다. 그것들은 수백 광년을 지나 우리의 눈에 보이기 시작한 것이다. 그 별에 대해 아무리 연구하고 논문을 쓴다 해도 전혀 소용이 없다. 논문이 통과될 즈음 이미 그 별은 저 하늘 멀리에서 사라져버리고 없어졌는지 모르기 때문이다. 그래서 세상은 무상하다고 하는 것이다. 이것을 팔리어로 아니차라고 한다.

아래에 있는 글은 오래 전 방콕 국제수도원 내 방 벽에 있던 붙어 있던 시문이다. 어느 독일 스님이 내 앞에 머물면서 쓴 글이라 하는데 확실치는 않다. 특이하게 왼쪽 세로 줄 단어들이 모여 Anicca 라는 단어를 만들고 있다. 그 밑 시문들도 다 이렇게 쓰여 있다.

A fresh and blooming flower today,

Never is it the same tomorrow:

Its petals slowly drooping

Colours of brightness soon fading:

Came the fear of losing, but

Alas! component things are ever changing.

신선하게 활짝 핀 오늘의 아름다운 꽃이라 해도
결코 오늘 같은 내일은 없는 것.
꽃잎은 서서히 떨어지고
눈부신 색깔은 곧 시들어버려
그 자태를 잃고 마는 슬픔에 빠지는데,
아아! 인연으로 구성된 것들은 모두 다 변천되고야 마는 것
이다.

❖

그 다음은 苦다. 중생들은 자유가 없다. 자기가 원하는 대로 살 수가
없다. 모든 것에 제약이 따르고 걸림이 있다. 삶 자체가 대단히 부자연
스럽고 억지스럽다. 그것은 보이지 않게 모두 다 죄업의 동아줄에 얽
혀 있기 때문이다. 범부는 육신이 제압을 당하면 격렬하게 저항하지
만 정신은 신이든지 누군가에 잡혀 있으면서도 원래 그런 것인 양 별
다른 반응을 보이지 않는다. 자신의 주인이 육신이라고 생각하기 때
문이다. 이것을 **기신론**에서 죄업에 묶여 고통받는 상태라고 했다.

　범부의 苦는 크게 두 가지다. 바로 生과 死이다. 이것을 벌리면
생로병사 네 가지가 된다. 다시 더 벌리면 여덟 가지로 나누어진다.
다섯 번째가 사랑하는 사람과 헤어지는 고통이고, 여섯 번째가 좋아
하지도 않는데 같이 살아야 하는 고통이며, 일곱 번째가 하고는 싶
은데 형편이 맞지 않아 하지 못하는 고통이다. 그리고 마지막에는
이 몸을 끌고 다니는 고통이다. 이 여덟 가지 고통을 범부는 매양 안

고 산다. 하지만 고통도 만성이 되면 그게 고통인 줄 모른다. 한 문수 작은 크기의 신발을 신고 뛰면 처음에는 아프다가 좀 더 지나면 감각이 없다. 범부는 딱 이 수준이다. 모두 다 고통에 무뎌질 대로 무뎌져서 苦의 감각을 잃어버렸다.

苦가 무엇인지를 배운 스님들이 苦가 어떤 것인지를 가르치고 있다. 그들은 고통의 무감각을 일깨우고 그들을 자유롭게 하고자 한다. 제대로만 받아들이면 엄청난 변화를 가져온다. 감각이 없어진 신발을 벗을 때 느끼는 그 청량감과 해방감은 오로지 벗는 자만이 안다. 그 외에는 그냥 산다. 마치 살을 파고드는 목줄로 고생하는 유기견들처럼 다 그렇게 산다. 그래서 중생의 삶 자체가 苦다. 이것을 팔리어로 두까라고 부른다.

Departing from our beloved ones.

Unavoidable and sorrowful :

Kinsmen, enemies and all alike,

Knowing well this is distressing :

How many worldlings live their lives fearing, but

Alas! component things are suffering!

사랑하는 사람들과 헤어진다는 것,

피할 수 없는 일이며 슬프기만 한 일.

가족들, 원수들 그리고 내 주위의 모든 상황들

이것이 나를 슬프게 한다는 것 너무 잘 알고 있는데,

얼마나 많은 세상을 이렇게 고통스러워하면서 살아야 하나.

아아! 인연으로 구성된 것들은 모두 다 고통스럽기만 한 것
이다.

※

불교에서는 윤회를 말한다. 여기에는 노소도 없고 미추도 없으며 남
녀도 없다. 윤회라는 말은 머물지 않고 맴돈다는 뜻이다. 인간은 현
모습을 그대로 유지할 수가 없다. 보이지 않게 서서히 변해간다. 어
린아이였던 내가 이만큼 살아오면서 천천히 늙어왔던 것처럼 지각
하지 못한 상태에서 세월의 무상함이 나를 죽음의 문턱으로 천천히
끌고 가는 것이다. 그러므로 나이가 많다고 우세하지 마라. 나이는
성숙의 보장이 아니다. 나무는 열매라도 맺어 배고픈 자들에게 베풀
기라도 하지만 인간은 살아온 옹고집과 적집된 죄업으로 결국 자기
몸 하나 지탱하기도 힘들게 된다. 그러기에 나무는 연륜이 쌓일수록
주위를 풍요하게 만들지만 인간은 나이가 많을수록 주위를 피곤하
게 만드는 것이다.

젊었을 때는 몸매가 좋아야 한다. 그 몸매를 보고 사람들은 싱그
러움을 얻는다. 나이가 차면 마음의 맵시인 심매가 좋아야 한다. 주
위를 정갈하게 하고 자식을 잘 기르려면 인간 세상을 유화시키는 상
식을 가져야 한다. 노인들은 행위의 맵시인 행매가 좋아야 한다. 이
행매가 받쳐주지 않으면 어디를 가든 천덕꾸러기가 된다. 나이가 많

다고 해서 반드시 어른이어야 하는 법은 없다. 그저 남에게 폐를 끼치지 않으면 자기 몫을 다하는 것이다. 사람들은 노인이 어른이기를 바라고 있지만 노인이 어른이 되어야 할 의무도 없고 자질도 없다. 그저 윤회하는 과정에서 늙은이로 되어 있을 뿐 그 이상도 아니고 그 이하도 아니다.

내가 나이가 많다는 것은 본인의 사정이지 젊은 사람들이 알아줘야 할 일은 아니다. 젊은이들이 자기들도 나이가 들 것이니까 노인을 보살펴야 되겠다는 마음을 가진다면 그저 감지덕지로 고마울 뿐이다. 그렇지 않고 억압적으로 노인 공경을 행사하려 한다면 참 소갈 없는 늙은이가 된다. 이런 사람은 쭉정이 상태로 세월만 보낸 고로장의 버릇을 가지고 있다. 평생 동안 자기 면적만 고집스레 차지하고 알곡을 방해하는 깜부기 역할만 해온 것이다.

중생의 마음은 만들어진 것이다. 만들어진 것은 변형된다. 그러므로 그 마음을 그대로 보존하고자 하는 자는 바보들이다. 마음은 조건에 따라 빠르게 유동할 수 있기 때문에 딱딱한 무쇠덩이처럼 그것이 자기 마음이라고 끝까지 지키고 내세울 이유가 없다. 얼마든지 의지대로 때와 장소에 따라 융통성을 발휘할 수 있다. 마음의 시원은 여러 학설이 있지만 불교에서는 제8 아뢰야식으로부터 기인한다는 것을 통설로 삼는다.

쇠는 두 가지로 나아간다. 하나는 부식이고 다른 하나는 강철이다. 중생의 마음은 중생 쪽으로 부식되어 내려온 문제투성이기 때문에 我라고 고수할 필요가 없다. 이 부식된 나를 털어내면 그 속의 강철 같은 내가 나온다. 그것이 내 진짜 마음이다. 我라는 교만과 집착을 부릴 필요도 없고 이유도 없다. 그러기에 무아라고 하는 것이다. 그것을 팔리어로 아나따라고 한다.

All rivers flowing, flowing

New waters feeding it each time:

All component things are ever changing

Thus, can there be a soul abiding?

Then it dawns upon those on awakening

Alas! there cannot be a self existing.

모든 강물은 흐르고 흘러간다.

거기에 새로운 물들이 계속적으로 들어온다.

인연으로 구성된 모든 것들은 변하고야 마는 법.

그런데 마음인들 어디 영구불변할 수 있겠는가.

이러한 사실을 알게 되어버리면,

아아! 거기에 나라는 것은 존재하지도 못하고 있는 것이다.

이 삼법인 세 가지를 제대로 파악하지 못하는 자들은 범부의 무지한 그물에 걸린 자들이다. 그들은 언제나 반대의 시각으로 잘못된 소견을 가지고 있다. 천지만물은 항상 그대로 있지 않다고 하면 반대로 세상은 항상 그대로 있다고 한다. 모든 중생은 고통 속에 있다고 해도 돈만 많이 벌면 모든 고통으로부터 벗어날 수 있다고 한다. 돈이 많아지면 많아지는 것만큼의 고통은 상상하지를 못한다. 그러다 보니 그들의 고통은 떠날 날이 없다. 중생세계를 만들어내는 나는 가짜라고 해도 진짜라고 생각한다. 그들은 진짜 자기를 놓치고 있다. 결론적으로 범부는 苦라는 큰 환란 속에 있는 것이다. **법구경** 말씀이다.

세상은 모두 다 苦다
이렇게 보는 사람은
苦로부터 벗어난다.
이것은 확실한 길이다.

범부의 몸으로 태어나 이런 가르침을 받고 현인의 반열에 오른다는 것은 인간사에서 기적 같은 일이다. 즉 부처는 중생을 부처로 만드는 일을 하시는 것이다. 중생은 생로병사의 고통에 허덕이지만 부처는 상락아정의 즐거움을 누리고 있다. 선택은 범부가 해야 한다. 고통이냐 즐거움이냐는 범부가 결정지어야 하는 문제이다. 그런데 범부들은 자기의 몸을 어떻게든 중생이 되도록 죄를 짓는 쪽으로만 쓰려고 한다.

자동차를 아무리 잘 관리해도 그 수명이 있다. 현재의 자동차를 밑천으로 하여 돈을 많이 벌면 다음에 좋은 자동차를 살 수가 있다. 인간의 몸도 마찬가지다. 아무리 다듬고 보듬어도 그 한계가 있다.

망가지기 전에 이 몸을 갖고 복을 많이 지으면 다음에 좋은 몸을 얻을 수 있다. 반대로 복을 짓지 않으면 다음번에 볼품없이 추한 몸을 얻을 수밖에 없다. 그 몸은 바로 아귀나 축생, 그리고 지옥중생의 모습이다.

❖

이 문단에서 원효 스님은 중생들의 삶 자체가 어떻게 진행되다가 어떻게 끝맺는지를 일목요연하게 잘 말씀해주시고 있다. 죽음의 문이 아닌 삶의 문으로 나가고자 하는 자들은 이런 대열에서 과감히 벗어나야 한다. 그래야만이 자기가 산다. 그것이 의식 있는 자가 자기에게 베푸는 최고의 선물이다.

破車不行 老人不修 臥生懈怠 坐起亂識

부서진 수레는 움직이지 못하는 것처럼 노인은 닦지 못한다.
누워서는 게으름만 피우고 앉아서는 쓸데없는 생각만 한다.

젊었을 때부터 닦아라

35

염불은 사실 대개의 불자들이 이미 하고 있다. 자신 속에 들어 있는 부처를 생각하는 것이 염불이기 때문이다. 하지만 이것을 입으로 드러내지는 않는다. 드러내면 칭명염불이 된다. 대표적인 것이 바로 나무아미타불이다. 이 칭명염불은 관상염불이나 실상염불보다 더 쉽고 더 효과적이다. 하지만 복 없는 범부들은 이 나무아미타불이라는 염불이 입으로 쉽게 나오지 않는다. 자신의 업장이 칭명소리를 밖으로 나가는 것을 막아버리기 때문이다.

잡아함경에 사람들은 입안에 도끼를 담고 태어난다고 하셨는데, 입에서 염불이 나온다면 그 입은 인간 세상에서 가장 성스럽고 아름다운 일을 만들고 있는 것이다. 하지만 범부는 쓰레기 같은 언어들만 쏟아내고 있다. 아무짝에도 필요 없는 말들만 주구장창 떠벌리고 다닌다. 그것은 오염된 생각의 찌꺼기들이기 때문에 어쨌든 밖으로 배출시켜야만이 자기 속이 시원해지기 때문에 그렇다.

하지만 마땅히 버릴 데가 없다. 그래서 사람들 속에다 막 던져

넣는다. 쓰레기를 불법 투기하듯 서로가 그냥 대중 속에다 이리저리 쏟아버린다. 그리고 저녁이 되면 집으로 오고 아침이면 또 버리러 나간다. 모두 다 그렇게 하기 때문에 딱히 표시가 나지 않는다. 그것들이 쌓여 인간 세상의 탁도를 높인다. 그러면서 사람들은 말한다. 왜 이렇게 인간 세상이 숨 쉬기조차 힘이 드는지 모르겠다고.

예부터 노는 입에 염불하라고 했다. 또는 나이가 많아지면 염불하라고 했다. 나이가 많으면 인생의 무상함을 느낀다. 똑같은 시간이지만 아이들의 시간과 노인들의 시간은 완연히 다르다. 젊은 시절에는 내 몸이 내 말을 잘 듣지만 노인이 되면 내 몸 하나 건사하는 것도 힘들고 벅차다. 그래서 이런 몸 두 번 다시는 받지 말아야겠다는 생각을 누구나 한다. 젊을 때는 희망도 많고 할 일도 많다. 하지만 늙고 병들면 지나온 모든 것들이 허무하고 공허하다. 그래서 다음 생애부터는 이런 부질없는 삶을 살지 말고 참다운 삶을 살아야 하지 않겠느냐는 마음에서 염불을 한다.

다시는 이런 부자유스럽고 죄 많은 몸을 받고 싶지 않은 사람들, 마음에나 물질에 어디든 걸림 없이 자유롭고 싶은 사람들은 염불로써 이 세상을 벗어나려고 한다. 하지만 입이 벌어지지 않는다. 죽어도 나무아미타불 소리가 나오지 않는다. 다른 말은 거침없이 술술 잘도 나오는데 유독 이 단어만은 입 밖으로 산뜻하게 나오지 않는다. 누가 들을까 봐 부끄럽기도 하고 생뚱맞게 느껴지기도 한다. 그러는 자신이 불편하고 어색하기만 하다. 자신을 죽이는 데는 이골이 났지만 반대로 자신을 살리고자 하니 서툴고 어둡기만 한 것이다.

346

부모에게 효도하고 싶어도 돈이 없으면 효도할 여유가 없다. 하고는 싶은데 여건이 따라주지 않아 오늘내일 미루다 보면 어느새 부모는 이 세상에 없다. 그때가 되면 땅을 치고 후회한다. 왜 진작 부모에게 효도를 안 했느냐고 가슴을 치며 자책한다. 하지만 다시 돌아간다 해도 그 당시의 여건으로는 부모에게 효도하지 못한다.

지금은 어느 정도 돈이 모여 안정을 찾다 보니 부모가 눈에 들어오기 시작한다. 똑같은 부모인데 옛날에는 부모가 그렇게 소중하고 존귀한 분인 줄 몰랐다. 이제 돈도 벌고 나이도 들어 부모를 찾지만 부모는 없다. 그래서 산소를 꾸미고 제실을 짓고 하는 것이다. 바로 이것이다. 마음에 여유가 있어야 부모가 보이기 시작하듯이 마음에 복이 있어야 아미타불 신앙이 가슴에 와 닿기 시작한다.

어린 아이들에게 부모에게 효도하라고 하면 픽 웃어버린다. 마찬가지로 복이 없고 성장이 덜 된 어른들에게 아미타불을 믿고 의지하라고 하면 바로 외면해버린다. 돈이 없으면 부모가 눈에 들어오지 않고 마음에 복이 없으면 아미타불이 와 닿지 않는다. 아무리 염불하라고 해도 공염불로 끝내버린다.

❖

시설은 크지만 열악한 여건을 가진 요양원에 가서 왕생에 대한 특별 법문을 해준 적이 있다. 거의가 다 힘들게 살아온 고독한 노인들이었지만, 그래도 아직까지 의식이 또렷한 사람들만 모아 아미타불 염불을 권하고자 하는 취지였다. 먼저 그들이 피부로 느끼고 있는 인생의 허무와 삶의 무상을 설했다. 그들은 깊이 동감했다. 그러고 나서 그들에게 극락세계에 태어날 수 있는 방법인 아미타불 염불을 진심으로 권했다.

아미타불은 우리들의 본성이다. 이 본성은 보석과도 같이 지혜롭고 영롱하다. 그런데 오염된 흙에 싸여 있다. 너무 오랫동안 더러운 흙무더기에 덮여 있다 보니 그 본성을 찾아볼 수 없게 되었다. 이것을 털어내야만 보석이 빛을 발할 수 있다. 그처럼 우리의 본성은 죄업에 의해 완전히 포박된 상태로 굳어져 있다. 이 죄업을 털어내야만 한다. 그런데 이것은 어지간한 연장으로는 벗겨지지 않는다. 함부로 벗겨내다가는 본성이 손상받을 수 있다.

대수롭지 않은 오물은 물로 씻을 수 있다. 오염의 농도가 짙으면 단순히 물로써는 불가능하다. 그때 다양한 세제가 필요하다. 우리의 마음도 단순히 도덕으로써 씻어낼 수 있을 정도로 오염된 상태가 아니다. 강력 세제가 필요하다. 그것이 바로 아미타불이라는 칭명염불이다. 염불은 죄업의 세정 역할을 하고 삼독의 해독 역할을 한다.

아미타불이라는 이름은 무량광과 무량수라는 뜻을 가지고 있다. 무량광이라는 말은 영원토록 빛을 낸다는 뜻이고 무량수라는 뜻은 영원하게 존재한다는 말이다. 이 세상에 존재하는 모든 것은 유한함을 가지고 있다. 영원하게 존재할 것 같은 태양도 시간이 다하면 사라지고 항구하게 출렁일 것 같은 바다도 언젠간 말라버리고 만다.

하지만 아미타불은 영원히 극락세계에 계신다. 한결같이 중생을 그 자리에서 기다리고 계시는 것이다. 이것은 마치 집을 떠난 자식이 귀환할 때 길을 쉽게 찾도록 밤새도록 처마에 등불을 켜놓고 기다리는 모정과 같은 것이다. 아미타불은 극락세계의 대문에서 전 우주의 중생들에게 광명을 놓고 계신다. 그 광명을 보고 그 세계에 들어가면 결국 자기도 살고 아미타불도 산다. 처마에 걸린 등불을 보고 집안에 들어가면 자기도 살고 가슴 졸이며 자식을 기다리던 어미도 사는 것과 같은 논리다.

대품경에 비록 범부가 산란한 마음으로 염불하여도 모든 고통을 면하고 그 받게 되는 바 공덕이 한량이 없다고 하셨다. 요양원에서 이렇게 설명을 해줄 때는 모두 다 어떻게든 염불을 해서 이 고통스런 세계로부터 완전히 떠나야겠다는 생각을 가졌다. 하지만 얼마 후 확인한 결과는 그 누구도 염불을 하지 않고 있다는 것이다. 시간이 날 때마다 모여서 잡담을 하거나, 텔레비전 속의 배우들을 보면서 왈가왈부하면서 한가롭게 소일하고 있었다. 바라보고 있자니 참 답답했지만 더 이상 어떻게 해줄 수 없는 일이었다.

＊

극락세계는 어디에 있을까. 아미타경은 이렇게 설하시고 있다. 여기로부터 서쪽으로 10만 억 국토를 지나면 한 세계가 나오는데, 그 국토의 이름이 극락세계라고 되어 있다. 왜 하필 서쪽일까. 동쪽도 있고 남쪽도 있고 북쪽도 있을 텐데 굳이 서쪽이라고 방향을 지목하신 의미는 무엇일까.

동쪽은 해가 뜨는 곳이다. 해가 뜬다는 말은 세상의 시작을 말한다. 다시 뭔가를 기획하고 새롭게 벌여나간다는 의미이다. 범부들은 한 해의 시작이 되는 원단에 기를 쓰고 해맞이를 나간다. 첫 해에 새롭게 떠오르는 태양의 웅대한 기운을 받아 자기가 생각하고 꿈꾸는 세계를 한번 이루어보겠다는 희망을 품기 위해서다. 즉 동쪽을 희망의 방향으로 보는 것이다.

그러면 자연적으로 동쪽의 반대쪽이 되는 서쪽은 어떤 의미를 지닐까. 물론 서쪽은 마무리하는 곳의 뜻을 가지고 있다. 동쪽이 전개라면 서쪽은 귀납이다. 동쪽이 날개를 펴고 비상하는 곳이라면 서쪽은 날개를 접고 휴식하는 곳이다. 이 말은 요동하는 중생으로의 삶을 그만 접고 적요한 부처로의 세계로 들어간다는 의미이다. 즉 서방이란 단순히 방위로서 고정된 서쪽을 말하는 것이 아니라, 끊임없이 도전을 말하는 중생세계에서 그만 부딪히고 이제 그만 돌아서 원래 자리로 돌아가 쉬라는 뜻이다.

생로병사하는 중생이 역으로 다시 안으로 되돌아가면 연원의 자리가 있다. 그곳을 환원의 자리라고 하며 그 세계를 원래의 마음자리라고 한다. 그 마음자리가 바로 극락인 것이다. 그러므로 극락은 중생의 마음속에 있다고 하는 선종의 교설은 틀린 말이 아니다.

문제는 그 마음이다. 극락은 있다고 하는 사람의 마음속에만 존재한다. 학교는 분명히 있다. 하지만 학교가 없다고 우기는 사람에게는 그 학교의 모든 것이 부정된다. 그는 학교를 받아들이지 않는다. 교육도 수련도 해야 할 필요가 없다고 하는 사람에게는 학교 자체가 무의미하듯이 극락세계도 가야 할 곳이라고 인정하는 자에게

만 존재하는 것이다.

중생의 마음 가운데 들어 있는 극락세계가 태동할 때 밖에 건립된 실존의 극락세계와 연결된다. 학교에 가야겠다는 생각을 가질 때 학교가 다가오듯이 내면의 극락세계가 작동해야만 우주 제일의 부처 학교인 극락세계가 그 사람을 끌어당길 수 있다. 그때 그 사람은 극락세계에 갈 자격과 지켜야 할 계율과 나아가야 할 방향을 잡을 수 있는 것이다. 쇠는 자석에 따라 방향이 바뀐다. 나무도 태양을 따라 가지가 뻗어나간다. 중생도 마음의 근원인 아미타부처님이 계시는 곳으로 방향을 잡는 것이 지극히 정상이고 순리이다.

고성염불삼매보왕론에 보면 바다에서 목욕하는 사람들은 모든 강물을 다 사용하듯이 아미타불을 염불하면 모든 부처님과 보살들의 이름을 다 사용하는 것이 된다고 했다. 즉 아미타불만 부르면 모든 부처님과 관세음보살, 대세지보살에 이어 일체 보살들까지 전부 다 자기 이름을 부르는 것처럼 그 사람을 도와주신다는 뜻이다.

아미타불이라는 염불에 이렇도록 대단한 효력이 있다고 하는데도 그릇이 작고 근기가 저열한 범부는 아미타불이라는 염불보다 지엽적인 기도를 쓴다. 검고 푸른 물이 넘실대는 바다를 무서워해 작은 웅덩이와 비닐 물통에 만족하는 아이들처럼, 마찬가지로 아무리 아미타불 신앙이 최고라고 해도 그것을 받아들일 근기가 되지 않으면 관음신앙에 이어 그분의 진언신앙까지 내려갈 수밖에 없다. 그것이 신묘장구대다라니이고 더 지엽적인 40수 진언들이다.

아미타불의 좌측 협시보살이 관세음보살이다. 관세음보살은 극락세계의 전령사다. 즉 중생들을 극락세계의 아미타불께 인도해가는 인례보살이다.

관세음이라는 말은 글자 그대로 세상의 소리를 본다는 뜻이다. 이 말은 **열반경** 8대자재아 중에서 다섯 번째에 해당되는 내용이다. 범부들은 눈으로만 보고 귀로만 듣는다. 하지만 여덟 가지 자유자재가 갖추어지면 눈으로 듣고 소리로 보는 능력을 얻게 된다. 인간의 감각기관은 태어날 때부터 한 가지 기능으로만 정해져 있지만 대보살들은 자기의 감각기관을 필요에 따라 다양하게 쓸 수가 있다.

법화경에서는 관세음보살에게 기도를 하면 그 소원을 들어준다고 하셨다. 누구든 지성스레 부르면 그분은 다양한 모습으로 나타나 그들을 위험에서 구제해주신다고 되어 있다. 이 말씀은 우선 배고프고 욕망에 찬 범부들을 매혹시키기에 충분하다. 그래서 욕심 많고 배고픈 사람들이 자신의 소원을 어떻게든 이루고자 관세음보살 도량을 찾아다니면서 일구월심 그분을 부르고 있다.

하지만 아무도 그분이 의도하는 바를 깨닫지 못하고 있다. 분명 그분은 모든 위험과 곤란으로부터 구제해주신다고 하셨다. 하지만 그 구제는 여기서가 아니다. 그분을 따라 극락세계로 나아갈 때 지상의 모든 고통이 사라진다는 뜻이지, 이 땅에서 개개인의 한스런 소원을 이뤄준다는 말씀은 결코 아니다.

그러므로 그분께 기도한 공덕으로 바라던 소원이 이루어졌다고 한다면 그것은 가만히 있어도 이뤄지는 잡다한 소원일 뿐이다. 마치 약을 먹지 않아도 시간이 지나면 치유되는 감기처럼 자질구레한 소원은 복덕에 의해 자연 해결되는 것이므로 구태여 관음보살님의 신통력을 들먹거릴 것까지도 없다.

그 옆에 대세지보살이 있다. 대세지는 큰 세력을 가지고 중생들을 이끌어 극락세계에 다다르게 한다는 뜻의 이름이다. 굉장한 힘을 가지고 무궁한 신통의 위력을 쓰시기 때문에 누구든 그분께 자기를 의탁하면 걱정 없이 안전하게 극락세계까지 데려다준다.

관세음보살과 대세지보살 두 분이 대표적으로 이 남섬부주의 중생들을 극락세계로 인도해가시는 분들이다. 이분들 외에도 무량무변의 숫자만큼 많은 분들이 우리를 돕고 있다. 어떻게든 고통받는 중생들을 극락세계 데려가려고 고군분투하시는 분들이다. 그분들의 이름을 통틀어 대성자모인례왕보살이라고 한다.

❖

나무는 어릴 때 휘어야 한다. 굳으면 꺾이지 잘 휘어지지 않는다. 사람도 마찬가지다. 방향을 잡으려면 한 살이라도 어릴 때 그쪽으로 틀어야지 나이가 들고 의식이 굳어버리면 새롭게 방향을 잡기가 심히 어려운 것이다.

사람들은 말한다. 젊을 때는 관세음보살을 부르다가 나이가 들면 아미타불을 부르라고 한다. 하지만 근기와 복덕에 의해 신앙하는 대상이 다르지 나이에 의해 달라지는 것은 아니다.

지옥의 왕이 새로 들어온 지상의 죄인에게 물었다.

"내가 보낸 세 명의 사자를 보지 못했는가?"
"보지 못했습니다."

아무리 극미세한 것들이라 해도 나노전자현미경으로 다 들추어 내고, 아무리 극대한 우주라 해도 허블천체망원경으로 다 살펴보지 만 이 세 분의 메신저는 웬일인지 쉽게 보이지 않는다. 이분들이 바로 노인과 병자와 죽은 자들이다. 이 셋을 보고 인간은 자신의 상태를 파악해야 한다. 그리고 무엇을 지금 현재 우선적으로 해야 하는지 결정해야 한다.

사실 범부들은 주위에 넘쳐나는 이 세 가지 모습들이 그렇게 깊이 가슴에 와 닿지 않는다. 날만 새면 새로운 희망과 계획을 짠다. 희망, 사랑, 출세, 진급, 영원, 참 아름다운 언어들이다. 사탕발림 같은 이런 가짜 언어들의 유혹에 인생 전체가 감쪽같이 속고 있다. 이 것들은 그냥 언어일 뿐이지 범부의 욕심을 최종적으로 충족시켜주는 것은 아님에도 범부는 그것을 모른다.

불나비가 그것이 꽃이 아니라 불인 줄 알면 왜 자신을 불태우면 서까지 계속해서 달려들겠는가. 결국 범부의 삶은 공중에 뜬 환상의 무지개라는 것을 지옥에 가서야 처절히 알게 되는 것이다. 그렇게도 많던 세 명의 사자들이 왜 그때는 그렇게 무심히 내 옆을 스쳐지나가 버렸는가를 한탄하면서 뜨거운 회한의 눈물을 흘리게 되는 것이다.

원효성사는 노인들을 부러진 수레에 비유하셨다. 노인들에게 무슨 억하심정이 있어서 그런 말씀을 하신 것이 아니다. 젊었을 때부터 열심히 수행을 시작해 늙어가면서 가행정진으로 매진하라고 하신 것이다. 그분의 채찍질이 살갗에 닿을 때 구제의 손길이 느껴진다.

지금도 늦지 않았다. 시작하라. 인생 뭐 대단한 것 같아도 죽음의 시간에 되돌아보면 정말 별거 아니다. 아이들에게 5만 원짜리 지폐가 대단한 거 같아도 어른들이 써보면 정말 헤프게 쓰인다. 큰 가치도 없는 인생 의미 없이 살다 가느니 이제부터라도 게으른 자신을 바짝 당겨 영원히 살 수 있는 쪽으로 방향을 틀어야 한다. 어영부영하며 머뭇거리다가는 지옥불이 부른다는 **법구경** 말씀을 기억해야 한다.

幾生不修 虛過日夜 幾活空身 一生不修

인생이 얼마나 되기에 마음을 닦지 않고 쓸데없이 밤낮을 보내고
헛된 육신 얼마나 더 살리려고 일생 동안 마음을 닦지 않는가.

죽기만을 기다리는가

36

마음은 문제투성이다. 범부가 갖고 있는 마음은 팔레트 위에 덧칠해 놓은 물감과도 같다. 팔레트가 깨끗해야 물감이 가진 원색을 화폭에 옮길 수 있다. 하지만 덧칠된 물감 위에 다시 또 다른 물감을 부어버리면 온갖 잡색으로 혼합된다. 그러면 원래 갖고 있던 순수의 원색이 없어진다. 그러므로 새 그림을 그리려 한다면 팔레트 나이프로 혼합된 색을 벗겨내고 그 바탕을 깨끗이 씻어야 한다.

현재 범부의 마음도 그렇다. 범부의 마음은 과거 전생을 살아오면서 온갖 인연의 찌꺼기들로 떡칠이 되어 있다. 이 바탕으로 세상을 보게 되면 세상이 떡칠로 보인다. 그래서 인간 세상을 혼탁의 예토라고 하는 것이다. 그 예토 속에 정토가 있다. 마치 떡칠된 물감들을 제거하면 팔레트의 원판이 나오는 것과 같은 이치다. 문제는 어떻게 그 덕지덕지 붙어 있는 과거 전생의 죄업들을 제거하느냐는 거다. 그 죄업들을 경전에서는 오염이라고 표현하고 있다. 이 오염된 것들을 긁어내고 정토를 드러내는 것이 바로 불교의 수행이고 목적이다.

오염에는 여섯 단계가 있다. 첫째는 집착과 맞아 떨어지도록 오염된 것이다. 이것은 전장에서 말하였듯이 범부의 수준이다. 범부는 이 집착을 치유하는 데 백약을 써도 무용지물이다. 이것은 꼭 어린 아이들이 그들 수준에 맞는 장난감을 갖고 노는 것과 같다. 그들의 눈에는 헝겊으로 만들어진 인형이 최고로 예쁘기 때문에 건드리면 큰일이 난다. 아니면 플라스틱 총이 최고로 멋지기 때문에 또래가 손을 대거나 뺏으면 눈물이 폭포를 이룬다. 하지만 그렇게 목을 매던 인형이나 총이라도 크고 난 다음에는 언제 그랬나 할 정도로 미련 없이 버린다. 이처럼 범부가 목숨을 걸고 지키고자 하는 세상의 모든 것들은 범부가 삼현으로 성장할 때 자연스럽게 버려진다. 그때가 되면 이 세상을 다 준다 해도 마 도로 가져가라고 손사래를 친다. 그때라야만이 범부는 이 세상으로부터 자유로워진다. 거친 집착으로부터 벗어난다.

둘째는 과거에 살아온 숙습과 맞아 떨어지도록 오염된 것이다. 숙습은 과거의 습관과 얻어들은 정보를 말한다. 이것들이 바탕이 되어 금생에 세상을 보는 기준이 된다. 이것은 일종의 선입견과 같은 것이다. 선입견은 현생에서만 만들어지는 것이 아니라 전생에서 만들어져 오고 있는 것이다. 그것을 업력이니 본능이니 한다. 범부는 이것을 버리는 데 있어서 획기적 기회를 얻지 못하면 자유의지로 이것을 포기하지 못한다. 그 기회는 이것들을 포기해도 아무 탈 없이 충분하게 잘살 수 있다는 보장이 될 때다. 그렇지 않는 한 범부는 결코 과거의 삶으로부터 자유로워질 수 없다.

셋째는 지식과 맞아 떨어지도록 오염된 상태다. 항상 해온 말이지만 범부가 아는 것은 아무것도 없다. 자기 진짜 이름도 모른다. 소유의 개념에서 부모가 꼬리표를 달아준 것이 자기의 이름이라고 생각할 뿐 진짜 자신의 이름은 모른다. 이 부모에게 소속되기 전에 나의 전 부모형제가 누군지 생각이 나지 않는다. 어디서 와 어디로 가는지도 모른다. 전 부모와 이 부모와는 어떤 관계이기에 이 집에 태어났는지 도통 아는 바가 없다. 떠돌이 유기견처럼 이 집에 안겼다가 저 집에 안겼다가 하면서 편의상 돌봐주는 분을 부모라고 부르지만 이분들이 과거에 나하고 어떤 관계로 맺어졌는지 알 수가 없다.

현재 내가 안다는 것은 모두 다 외부로부터 전해들은 정보일 뿐 스스로 아는 것이라고는 깨알만큼도 없다. 그 정보를 만들고 전달해주는 자도 또한 아는 것이 하나도 없다. 다른 정보에 의해 복사되고 매일 수정되는 지식 자료일 뿐이다. 중생들은 가엾게도 일체의 가치 기준을 여기에 의존하여 점수를 매기고 등수를 정한다.

❖

넷째는 눈앞에 보이는 세계와 잘 맞아떨어지지 않도록 오염되었다는 것이다. 똥을 보고 파리가 달라붙듯이 세상을 보고 범부는 달라붙는다. 범부가 세상에 초연할 수 있다는 것은 쇠똥구리가 쇠똥을 그냥 지나가는 것만큼 어려운 일이다. 범부는 세상에 미친다. 아이들이 TV에 혼을 빼앗기듯이 범부는 세상에 미쳐 전부를 투자한다.

359

불교에서는 망념을 벗어나면 이런 허상의 세계가 없다고 한다. 기독교는 이런 세계를 만든 야훼만이 진정한 조물주라고 한다. 그래서 신에게 복종하고 그 창조의 의도를 찬양한다. 그러나 **대반열반경**에서는 부처님을 믿는 자들은 절대로 다른 천신을 믿지 말라. 그것은 허위다라고 하셨다.

불교는 단연코 이 세상이 꿈속과 같다고 한다. **십권경**의 말씀도 바로 이것을 해설하신 것이다. 꿈을 깨면 생시가 나타나듯이 깨달으면 정토가 나타난다고 한다. 그러므로 불교와 기독교는 교리적으로 결코 융합될 수 없다. 하지만 기름과 물이 이 세상에 필요로 존재하듯이 이 둘은 인간들의 필요에 의해 양립되고 있는 것이다.

태양만이 빛을 주는 전부는 아니다. 어둠을 즐기고자 하는 자들에게 별들과 달빛은 태양 이상으로 필요한 존재이다. 진품이 나타나면 짝퉁이 나타나고 약이 나타나면 독이 나타난다. 짝퉁이라고 해서 모두 다 무시할 것만은 아니다. 그것이 필요한 사람에게는 꼭 있어야 할 물건이기 때문이다. 그처럼 독약이라고 해서 무조건 피해야 할 것만은 아니다. 병세에 따라 잘만 쓰면 영약 이상으로 효과를 볼 수 있기 때문이다.

이 단계의 오염은 세상이 사실처럼 보이더라도 더 이상 세상에 끄달리지 않을 정도로 성숙된 상태를 말한다. 순진하고 둔한 아낙은 TV에 나오는 멜로드라마를 보면 사족을 못 쓰고 거기에 달라붙는다. 탤런트들의 연기 하나하나와 대사 한 마디 한 마디에 목숨을 건다. 그때 누가 건드리면 절단난다. 시모가 물어도 대충의 답만 한다.

아주 죽어라 거기에 몰입을 한다. 하지만 큰 어른은 그 프로에 무심하다. 화면은 움직이지만 그 드라마의 세상에 관심이 없다. 이런 경우다. 오염은 되어 있지만 눈앞의 세상이 나를 어떻게 하지는 못하는 수준이 이 정도인 것이다.

다섯째는 자기와 잘 안 맞아 떨어지도록 오염되어 있다는 것이다. 사람들은 자기를 기준으로 세상을 살고 있다. 모든 것이 자기중심적이다. 하지만 그 과정은 언제나 고통이고 그 결과는 필연의 죽음을 가져온다. 그 이유는 자기라는 마음을 갖고 살기 때문에 그렇다. 이 단계에 올라서면 가짜 자기가 진짜 자기를 죽음의 세계로 몰고 가는 동력을 잃게 된다. 자기 자신이라는 옹이가 빠지게 된다.

여섯째는 자기를 만드는 작용이 없게끔 오염되어 있다는 것이다. 자기라는 말은 我를 말한다. 我는 이 단계에서 만들어진다. 시작을 허용하면 자기가 나온다. 이 자기가 중생의 원인이다. 이제 그 원인까지 거슬러 올라와 있다. 이것만 최종적으로 제거하면 부처가 된다. 왜냐하면 중생을 만들어내는 我라는 요소가 제거되어버리기 때문이다. 我를 제거하면 문제투성이의 마음이라는 것이 없게 된다. 마음이 없어지게 되면 오염이 붙을 숙주가 사라져버린다. 그래서 언제 어디에 있더라도 그 마음이 번뇌에 물들지 않는다. 연꽃처럼 언제나 고고하게 순수청정을 유지한다. 이때가 되면 마음은 거울처럼 있는 그대로 사물에 감응한다. 그러면 세상을 정확히 볼 수가 있다. 그때 일체 고통이 사라지고 모든 장애에서 해방되는 것이다.

그러므로 자유를 찾으려거든 정진하라. **아차말보살경** 말씀이다.

수행자는 부처님의 가르침을 받기 위해 원근을 가리지 않는다. 물도 불도 피하지 않는다. 왜냐하면 그 가르침을 받고자 지칠 줄 모르는 구도열을 발하기 때문이다. 앞으로 나아가라. 방향은 안으로의 회귀이다. 의심하지 마라. 개구리가 바다를 의심하고 반딧불이 태양을 의심하는 것만큼 우둔한 일이 없다. 성인이 말할 때는 들어야 산다. 말을 들어라. **수따니파타**의 말씀이다.

Arise ! Sit up!
Of what use are your dreams?
How can you who are sick
And pierced with arrow of grief,
Continue to sleep?
Arise! Sit up!
Train yourself to win peace.

일어나라. 앉아라.
무슨 꿈을 꾸고 있는가?
슬픔의 화살에 맞아 병든 자들이
어떻게
계속 잠만 잘 수 있는가.
일어나라. 앉아라.
안락을 얻도록 자신을 닦아라.

❖

이 대목에서도 원효 스님은 계속해서 자기를 구제하는 수행으로 하루 빨리 나아가기를 재촉하시고 있다. **정법염처경**에서는 게으름이 온갖 잘못 중에서 가장 나쁜 잘못이라고 말씀하셨다. 원효 스님의 말씀이 바로 이 말씀이다.

身必有終 後身何乎 莫速急乎 莫速急乎

이 육신은 반드시 종말이 있는 것이니
그렇다면 다음 육신은 어떻게 할 것인가.
정말 급하게 서둘러야 하지 않겠는가.
정말 급하게 서둘러야 하지 않겠는가.

다음 생은 어떻게 할 것인가

저금을 하지 않는 사람은 겁나는 사람들이다. 그 사람들에게는 미래가 중요하지 않다. 그들과 같이 있으면 삶이 거칠 수밖에 없다. 하루 벌어 하루를 먹고 살기 때문에 미래에 대한 희망이 없다. 저금을 하는 사람은 노년을 준비하는 사람들이다. 그런 사람들이 정신적으로 더 성장하면 다음 생애를 준비한다. 여기서 떠나 저쪽에 가서 살려면 돈이 있어야 되는 것처럼, 이 세상에 살다가 저 세상으로 가 살려면 복을 지어야 한다는 것을 그때서야 알게 되는 것이다.

내생을 준비하지 않는 사람들 또한 위험하기는 마찬가지다. 현재가 있다면 미래가 있고 금생이 있다면 내생이 있다는 것은 자명한 사실인데, 그들은 내생에 대한 대비책 없이 내생을 맞이하려 한다. 아주 간 큰 사람들인지 미래의 자신을 포기해버린 자들인지는 몰라도 이런 부류들과 같이 지내다가는 큰 곤란을 당하게 된다.

집안 여기저기 처박아 놓았던 쓰레기를 치우면 정말 속이 다 시원해진다. 얹혀 있던 체증이 쑥 내리는 것 같은 기분이 든다. 보통 사람들은 여기까지다. 한 급수 더 올리면 마음에 처박아 놓은 번뇌의 찌꺼기를 치우려고 한다. 이 찌꺼기는 오래되어서 냄새가 이만저만이 아니다. 하지만 범부들은 그 냄새를 맡지 못한다. 왜냐하면 그들의 마음은 이것보다 더 냄새나고 더 더럽기 때문이다. 보통 사람들은 정기적으로 목욕을 다닌다. 더러우면 옆에 사람들이 돈 주고 가서 좀 씻으라고 종용을 한다. 사람들의 수준은 여기까지다. 한 급수를 더 올리면 정기적으로 마음의 때를 씻으러 절에 가고자 한다. 사람들은 돈 주고 목욕하는 것은 당연한 지불이라고 하면서 시주하고 마음을 씻는 것은 아주 떨떠름하게 생각한다.

그러므로 어떻게든지 자기의 수준을 올려야 한다. 이 세상은 냉정한 수준 싸움이다. 내 수준이 올라가면 내가 사는 세상 수준이 올라오고 내 수준이 내려가면 내가 사는 세상 수준이 내려간다. 악어는 악어끼리 교미를 하고 도마뱀은 도마뱀끼리 교미를 한다는 사실을 알아야 한다. 다 자기 수준에 맞는 자들끼리 얽히고설키어 세상을 살아가는 것이다.

어떤 물건을 두느냐에 따라 가게의 인테리어가 달라지고 손님들 부류도 갈라진다. 보석을 두면 보석에 맞는 가게가 꾸며지고 고물을 두면 고물에 맞는 전방이 차려진다. 그처럼 마음이 아름다우면 육신이 곱게 만들어지고 마음이 추하면 육신이 아무렇게나 만들어진다. 아름다움은 복이 많음을 뜻하고 추함은 복이 없음을 말한다. 아름다운 가게는 여유 있는 사람들이 찾아오고 고물가게는 가난한 사람들이 무상출입을 한다. 전자는 예의를 갖춰 들어오고 후자의 가게는 담배를 물고 거침없이 들락거린다.

　마음에 복이 담겨 있으면 사람들이 함부로 하지 못한다. 귀한 보석은 아무렇게나 다루지 않는다. 흙이나 자갈은 발로 차지만 금덩이는 신주단지처럼 모시는 이유가 다 이런 것이다. 그런데도 사람들은 물건보다 가게에 신경을 쓴다. 즉 마음보다 육신을 더 소중히 여긴다. 악착같이 돈을 벌어 육신을 먹여 살린다. 육신이 살찌면 마음은 빚을 진다. 육신을 기름지게 하기 위해서 죄를 짓기 때문이다.

　복을 지으면 마음이 안락하다. 죄를 지으면 육신은 편하지만 마음은 가시방석이다. 하지만 범부들은 육신의 삶에 방점을 찍는다. 모든 것을 육신에 기준하여 평가하고 움직인다. 육신은 마음이 머무는 집이고 마음은 집의 주인이라고 해도 그 말을 들으려 하지 않는다. 단지 그들이 알고 있는 기준을 죽을 때까지 완고하게 고수한다.

❖

불교는 지성 있고 복 있는 자들에게 설해진 방향 지침서다. 복이 없으면 부처님 말씀이 귀에 들어오지 않는다. 절에 가서 아무리 좋은 법문을 들어도 마음에 새기지 못한다. 집에 오면 다 잊어버린다. 설령 집까지 가지고 온다고 해도 누구에게 줄 곳도 없다. 받을 사람들도 다 복이 없기 때문에 부처님 법문에 아예 관심조차 기울이지 않는다. **십상경**에는 불법을 정확히 받아들이지 못하는 부류들에 대해 말씀해놓으셨다.

1. 고통에 몸부림치는 지옥에서는 불법을 들을
   정신적 여유가 없다.
2. 생활에 쪼들리어 삶에 허덕이게 되면 불법이 귀에
   들어오지 않는다.
3. 어리석으면 불법이 가슴에 와 닿지 않는다.
4. 배부르고 등 따시면 불법이 필요 없다고 한다.
5. 극지방과 오지에서는 진정한 불법을 만날 수 없다.
6. 장님과 귀머거리, 벙어리는 불법을 정확하게
   받아들이지 못한다.
7. 세상살이에 너무 영악하고 똑똑한 자들은 불법을
   순수하게 받아들이지 못한다.
8. 부처님 전이나 뒤에 태어나는 자들은 불법을 그대로
   받아들이지 못한다.

범부는 좋은 음식점을 이야기 하면 귀가 솔깃해한다. 육신이 호강할 수 있는 기회이기 때문이다. 좋은 음악회나 전시회를 보러 가자면 감각 신경이 예민하게 반응한다. 뭔가 새롭고 재미있는 것을 볼 수 있다는 희망 때문이다. 그러나 우리를 끌고 다니는 진짜 주인인 마음에 대해서 말할 것 같으면 모두 다 하품을 하고 귀를 닫아버린다.

法門이라고 할 때 門은 글 文이 아니라 문 門 자를 쓴다. 중생세계의 문을 닫고 부처세계의 문을 연다고 해서 門 자를 쓰는 것이다. 고통과 괴로움이 치연한 화택의 중생세계가 싫다면 중생세계의 문

을 박차고 뛰쳐나와야 한다. 그것을 가르치는 것이 불교다.

보통 복 없는 사람들은 법문을 듣고 세 가지 반응을 일으킨다. 첫 번째는 무슨 말인지 아예 모른다. 이런 사람들은 머리를 쓰지 않기 때문에 삶이 편안하다. 하지만 다음 생애는 결코 안락하지 않다. 쇠는 그냥 두면 녹이 나와 쇠를 파먹는다. 범부의 머리도 좋은 방향으로 쓰지 못하면 바로 녹이 슬고 만다. 모르면 배워야 한다. 그런데 그들은 배우려 들지 않는다. 자신을 살리기 위함이라는데 배우려 하지 않는다. 그냥 눈만 껌벅이고 반응이 없다. 그러면서 때가 되면 먹는 것은 대단히 밝힌다. 자기의 영혼을 살리는 데 이토록 인색한 자가 가 있어야 할 내생의 자리가 짐작이 가지 않는가.

둘째는 나하고 상관없는 이야기로 듣는다. 아무리 중생들 또는 범부들이라고 해도 나 말고 다른 사람들 이야기겠지 하는 형식으로 이해한다. 바라밀 수행을 해야 한다고 하면 나는 못 한다고 바로 포기를 선언해버리는 사람들이 이런 유형들이다. 그러면서 그것은 돈 많은 사람이나 한가한 사람, 또는 똑똑한 사람이나 하는 것이지 나처럼 배운 거 없고 돈 없고 가난한 사람은 하려고 해도 엄두가 나지 않아서 못 한다고 지레 엄살을 떤다. 이런 사람들은 복을 지을 기회를 주어도 그 기회를 잡지 못하고 걷어차버리는 사람들이다.

셋째는 법문은 잘도 들으면서 실행에는 옮기지 않는 사람들이다. 저번 스님하고 똑같은 말씀을 하시는구나. 뭐 새롭게 들을 게 없네 하는 부류들이다. 똑같은 법문이라도 듣는 사람의 수준이 달라지면 다른 느낌으로 받아들여진다. 그런데 듣는 본인이 바뀌지 않고 있으니 항상 똑같은 소리로밖에 들리지 않는다. 이런 사람들에게는 일체 선지식들이 줄을 이어 설법을 해주어도 조금도 변화가 일어날 수 없다. 다만 많이 들었다는 교만심만 높아져 배고픈 원숭이가 되어간다. 영양가 없기는 앞사람이나 이런 사람이나 다 똑같다.

이 세 부류들은 다음 세상에 흉악한 악도로 들어갈 것이다. 그것도 자기 발로 직접 찾아 들어가 자리를 잡고 고통을 기다릴 것이다. 다음 생애는 어떻게 할 것인가. 금생은 그렇게 울며불며 대충 살아왔지만, 다가오는 내생은 이제 어떻게 할 것이냐고 원효 스님께서 우리 멱살을 잡고 세차게 흔들며 다급히 묻고 계시는 것이다. 이 충격적인 소리를 듣고도 자신을 위해 급히 해야 할 일이 뭔지를 생각하지 않고 어물쩍 그대로 넘어간다면, 이 사람은 그냥 사람이 아니다. 분명히 목석이거나 5식의 동물임에 틀림없다. 부처님도 열반에 드시면서 마지막으로 피를 토하듯이 절절이 제자들에게 당부하셨다.

All things are impermanent,
Work out your deliverance with earnestness!

모든 것은 무상하다.
자신을 구제하기 위해 최선을 다하라.

그렇지 않으면 **삼뮤따니까야**에서 말씀하시는 것처럼 끝없이 이 세상에 윤회하면서 영원히 고통받게 될 것이다.

A time will come when the ocean will dry up and be no more,

but there will be no end of suffering for those who roam and wander,

hindered by ignorance and fettered by carving.

바다가 다 말라 흔적이 없어지는 날이 온다 해도
사바세계를 방황하며 그 속을 헤매는 중생의 고통은
끝나지 않을 것이다.
무지의 장애와 욕망의 족쇄로 채워져 있는 한.

A time will come when Mount Meru will burn up and be no more,

but there will be no end of suffering for those who roam and wander,

hindered by ignorance and fettered by carving.

수미산이 다 타 흔적이 없어지는 날이 온다 해도
사바세계를 방황하며 그 속을 헤매는 중생의 고통은
끝나지 않을 것이다.
무지의 장애와 욕망의 족쇄로 채워져 있는 한.

A time will come when the earth will be devoured by fire
and be no more,

but there will be no end of suffering for those who roam
and wander,

hindered by ignorance and fettered by carving.

이 지구 땅 덩어리가 화염에 잿더미가 되어
그 흔적이 없어지는 날이 온다 해도
사바세계를 방황하며 그 속을 헤매는 중생의 고통은
끝나지 않을 것이다.
무지의 장애와 욕망의 족쇄로 채워져 있는 한.

하지만 이 고통으로부터 벗어나고자 수행하는 자에게는 희망이
있다. **데라가타**의 말씀이다.

Attained has been this deathlessness by many
And still today this state can be attained
By him who strives in earnestness,
But none will reach it without effort.

많은 사람들이 죽음으로부터 벗어났다.
오늘날도 그것은 가능하다.

수행에 최선을 다한 자들에 의해서이다.

하지만 노력하지 않는 자에게는 아무것도 없다.

❖

마지막으로 원효 스님은 자신을 구제하는 일이 급하지 아니한가. 정말 급한 일이 아닌 것인가 하고 다그치신다. 발등에 불이 떨어지는 정도가 아니라 눈썹이 타고 있다는 사실을 알라고 꾸짖으신다. 자신 외는 그 누구도 우리를 구제해줄 수 없다. 스스로가 우리의 구원자이며 메시아다. 우리 스스로가 고통의 세계에서 나가려 하지 않는데 누가 우리를 끄집어내주겠는가. 우리 자신이 우리를 구제하지 않는데 누가 뭣한다고 우리의 고통을 귀담아 들어주겠는가. 그분의 간곡한 목소리가 귓가에 쟁쟁하다. **수따니파타**의 마지막 말씀이다.

Dusty is indolence.

Dust comes in its wake.

with knowledge and vigilance,

Draw out the arrow of suffering from yourself.

게으름은 때와 같다.

때는 게으름에서 일어난다.

가지고 있는 지식과 온 정열을 다하여

자기에게 때로 박힌 고통의 화살을 뽑아내도록 하라.

發願文

南無 極樂導師 阿彌陀佛

南無 觀音勢至 兩大菩薩

南無 大聖引路王 菩薩摩訶薩

중생들을 극락세계로 인도하신 부처님 말씀을 전적으로 믿습니다. 그 세계를 증명하신 역대 조사스님들의 말씀도 의심 없이 믿습니다. 극락세계는 중생이 가야 할 마지막 안온지라는 것도 확실히 믿어마지 않습니다.

저는 반드시 극락세계에 태어나고 싶습니다. 고통의 사바세계는 이제 정말 싫습니다. 지각없는 사람들과 시시비비를 벌이면서 정신없이 허둥대며 산다는 것 너무 힘들고 답답합니다.

늙어가는 것도 싫습니다. 유수 같은 세월에 내맡긴 저의 목숨은 이제 나이가 들어 폭풍우가 몰아치는 바다 위의 외로운 돛단배 같아 더욱 더 싫습니다.

병드는 것도 싫습니다. 죄업에 얽매여 있는 중생은 어떤 병이든지 반드시 짊어져야 하는 운명을 갖고 있습니다. 저는 병들어 아픔에 신음하는 것은 정말 싫습니다.

죽는 것도 싫습니다. 그러나 이 땅을 밟고 살아간 사람치고 아직도 살아 있는 사람은 하나도 없습니다. 저도 어차피 죽어야 할 몸이지만 죽는 것은 차마 싫습니다.

사랑하는 사람들과 헤어지는 것도 싫습니다. 밤에 붙어 자던 새들도 아침이 되면 뿔뿔이 흩어지는 것처럼 사랑하는 사람들과 눈물로 이별하는 이 삶은 정말로 싫습니다.

미워하는 사람들과 살고 싶지 않습니다. 좋아하지 않는 사람들과 인연에 의해 부대끼며 살아간다는 것은 정말 참기 힘든 고역입니다. 제가 원하지 않는 사람들과 한평생 호칭하며 살아가야 한다는 것은 정말 싫습니다.

가지고 싶은데도 가지지 못하고 빠듯하게 살아야 하는 박복한 삶은 이제 싫습니다. 가난한 삶은 싫습니다. 저도 부자로 넉넉하게 살고 싶습니다. 이제 쪼들리는 삶은 지겹도록 싫습니다.

비가 오나 바람이 부나 계절이 바뀌나 나이를 먹거나 항상 먹이고 입히며 씻고 보살피는 내 육신이지만 해가 거듭할수록 자꾸 나의 말을 듣지 않습니다. 이것은 가짜의 내 몸이기 때문에 그렇습니다. 이제 이 가짜의 몸을 잘 이용하여 내 맘대로 살 수 있는 진짜의 내 아름다운 육신을 찾고 싶사옵니다.

저의 주인은 일법계 대 총상 법문 체가 되는 진여의 마음입니다. 대지혜 광명을 갖고 있어야 하지만 앞이 보이지 않는 인생을 살고 있습니다.

변조법계하여야 하지만 고작 한 시간 앞도 예측하지 못하는 삶을 살고 있습니다. 진실식지하여야 하지만 제대로 아는 것은 아무것도 없습니다.

자성은 청정하다 하지만 제 마음은 죄업에 억눌리어 혼탁하기만 합니다. 상락아정의 기쁨을 누리고 살아야 하지만 그 반대의 삶을 참으로 힘들게 삽니다.

늘 청량한 기분이어야 하는데 가슴은 답답하고 머리는 열뇌에 들끓고 있습니다. 불변한 마음이어야 하는데 조석지변으로 변하는 내 자신이 한없이 밉기만 합니다.

그래서 저도 더 나은 세상을 향해 극락세계에 가 태어나고 싶습니다. 그곳에서 아미타부처님을 뵙고 관세음보살님의 자비와 지도를 받고자 하옵니다.

거기서 대 지혜 광명과 변조법계와 진실식지와 자성청정심과 상락아정과 청량 불변 자유자재한 내 진짜의 모습을 찾고자 하옵니다. 삼사와 육신통 칠불성에 이어 십팔불공법을 갖고 중생이 아닌 부처의 삶을 영원히 영원히 자류롭게 살고 싶사옵니다.

저도 극락세계에 태어나고자 발원합니다. 발원이 사무치면 이루어진다고 합니다. 사무치는 발원으로 극락세계에 태어나고자 합니다.

10종 장엄과 48대원이 성취된 그곳에서 저의 자성인 진여를 정법으로 훈습시켜 숙세로 적집된 죄업의 무명을 걷어내고 지혜의 광명을 내뿜고자 합니다.
사바세계에서 열심히 복덕을 짓겠습니다. 그 복덕을 극락세계로 가는 여정의 양식으로 삼겠습니다. 오로지 이 목적을 위하여 한평생을 작복과 염불로 매진하겠습니다.

삼세 모든 부처님과 일체 모든 보살님은 이 발원을 증명하여 주소서. 진정으로 원왕생 원왕생 하는 발원 깊은 불자 하나가 여기 있음을 증명하여 주소서.

애절한 신심으로 두 손 모아 발원하는 이 가엾은 중생의 발원을 애
민 섭수하여 주소서.

願生西方淨土中 九品蓮花爲父母 華開見佛悟無生
不退菩薩爲伴侶 摩訶般若波羅蜜

南無 本師 釋迦牟尼佛
南無 消災延壽 藥師如來佛
南無 西方 極樂世界 阿彌陀佛

발심수행장

© 공파, 2016

2016년 2월 19일 초판 1쇄 발행
2023년 11월 3일 초판 4쇄 발행

지은이 공파 스님
발행인 박상근(至弘) • 편집인 류지호 • 편집이사 양동민
편집 김재호, 양민호, 김소영, 최호승, 하다해 • 디자인 쿠담디자인
제작 김명환 • 마케팅 김대현, 이선호 • 관리 윤정안
콘텐츠국 유권준, 정승채, 김희준
펴낸 곳 불광출판사 (03169) 서울시 종로구 사직로10길 17 인왕빌딩 301호
      대표전화 02) 420-3200 편집부 02) 420-3300 팩시밀리 02) 420-3400
      출판등록 제300-2009-130호(1979. 10. 10.)

ISBN 978-89-7479-296-1 (03220)

값 20,000원